中國古代文學十大主題

—— 原型與流變

王　　立　著

比較文學叢刊

文史哲出版社印行

國立中央圖書館出版品預行編目資料

中國古代文學十大主題 ：原型與流變 ／ 王立著
．-- 初版．-- 台北市 ： 文史哲，民８３
面 ； 公分． -- （比較文學叢刊 ；2）
參考書目：面
ISBN 957-547-809-6(平裝)

1. 中國文學 - 歷史　2. 中國文學 - 評論

820.9　　　　　　　　　　　　83006389

比較文學叢刊　②

中國古代文學十大主題

著　　作：王　　　　　　　　立
出 版 者：文　史　哲　出　版　社
登記證字號：行政院新聞局局版臺業字五三三七號
發 行 人：彭　　　　正　　　　雄
發 行 所：文　史　哲　出　版　社
印 刷 者：文　史　哲　出　版　社
　　　　臺北市羅斯福路一段七十二巷四號
　　　　郵撥〇五一二八八一二　彭正雄帳戶
　　　　電話：（〇二）三五一一〇二八

定價新臺幣四四〇元

中 華 民 國 八 十 三 年 七 月 初 版

本書經行政院新聞局同意出版字號為
新聞局局版臺陸字第一〇〇〇四九號

中國古代文學十大主題

—— 原型與流變

目　録

主題學研究回籠……………………………… 陳鵬翔………1

序…………………………………………… 董乃斌………9

緒論………………………………………………… 1

中國古代文學中的惜時主題 ………………………… 27

一、「及時行樂」與「乘時而動」………………… 27

　　——《詩經》《楚辭》中的主題發端

二、「應時」與「待時」………………………… 32

　　—— 先秦散文中的時間意識

三、「盛衰極反」與「樂極悲生」………………… 35

　　—— 「天人合一」與主題的再次高峰

四、「得失隨緣」與「修道延年」………………… 39

　　—— 循環觀念、道釋思想與主題餘脈

五、永恆追求與相對完善………………………… 44

　　—— 惜時之於文人心態和文化心理

中國古代文學中的相思主題 ………………………… 55

一、「春去秋復來，相思幾時歇」………………… 56

　　—— 相思主題的歷史回顧

1

二、「不曾遠別離, 安知慕儔侶」 ················· 59

　　── 相思情切的外在契機

三、「蕩子行不歸, 空床難獨守」 ················· 63

　　── 情慾燃燒的深層動源

四、「雖知未足報, 貴用叙我情」 ················· 65

　　── 深情摯意的昇華方式

五、「想聞散喚聲, 虛應空中『諾』」 ··········· 67

　　── 情感外化的特殊表徵

六、「或春苔兮始生, 乍秋風兮暫起」 ········· 70

　　── 相思律動的時間特點

七、「寄遙情於婉變, 結深怨於蹇脩」 ········· 73

　　── 相思之作的彈性結構

八、「直道相思了無益, 未妨惆悵是清狂」 ··· 76

　　── 主題的美學精神與文化意義

中國古代文學中的出處主題 ················· 85

一、「君子之道, 或出或處」 ····················· 85

　　── 出處意念的不絕如縷

二、「用之則行, 舍之則藏」 ····················· 88

　　── 孔孟出處態度述評

三、「曳尾塗中」與「身去意存」 ················· 91

　　── 《莊子》《楚辭》中的出處嗟嘆

四、「山居是其宜」與「終返班生廬」 ········· 96

　　── 謝靈運與陶淵明的出處之別

五、「山中宰相」與「終南捷徑」 ················· 101

　　── 出處之念的緣起及核心之旨

六、「以處者爲優，出者爲劣」……………… 105

　　── 出處糾葛中的文人士大夫心態

七、「壯志鬱不用」，「泄爲山水詩」……………… 109

　　── 出處情結之於文學流脈

中國古代文學中的懷古主題……………… 119

一、「利用歷史來對現實作出裁判」……………… 119

　　── 懷古主題開端的價值取向

二、「借史事以詠己之懷抱」與「經古人之成敗詠之」……… 124

　　── 懷古主題發展的基本軌跡

三、「世俗之性，好褒古而毀今」……………… 127

　　── 懷古的文化與心理成因

四、「懷古者，見古跡，思古人」……………… 132

　　── 懷古主題常見的表現特點

五、「然則古何必高，今何必卑哉」……………… 138

　　── 懷古主題的餘緒餘弊

中國古代文學中的悲秋主題……………… 147

一、「清愁自是詩中料，向使無愁可得詩」……………… 147

　　── 秋愁詠嘆的歷時性巡覽

二、「愁因薄霧起，興是清秋發」……………… 151

　　── 秋的物候特質與人的對象化解悟

三、「搖落秋爲氣，凄涼多怨情」……………… 153

　　── 悲秋的社會性與文化氛圍

四、「秋令人悲，又能令人思」……………… 157

　　── 悲秋系統的美感穿透力

五、「愁極本憑詩遣興，詩成吟詠轉凄涼」……………… 161

　　　　── 悲秋與士大夫文人心理

六、「何人解識秋堪美，莫爲悲秋浪賦詩」⋯⋯⋯⋯⋯⋯⋯　165

　　　　── 悲秋主題對中國文學的負價值

中國古代文學中的春恨主題⋯⋯⋯⋯⋯⋯⋯⋯⋯⋯⋯　173

一、「東風不爲吹愁去，春日偏能惹恨長」⋯⋯⋯⋯⋯⋯⋯　173

　　　　── 春恨的美感成因

二、「芭蕉不展丁香結，同向春風各自愁」⋯⋯⋯⋯⋯⋯⋯　177

　　　　── 春恨正宗及諸多變體

三、「天荒地變心雖折，若比傷春意未多」⋯⋯⋯⋯⋯⋯⋯　183

　　　　── 春恨效應的實現過程

四、「曾聞秋士最易生悲，況說傾城由來多怨」⋯⋯⋯⋯⋯　186

　　　　── 春恨悲秋美感體驗比較

五、「春風堪喜還堪恨，才見開花又落花」⋯⋯⋯⋯⋯⋯⋯　191

　　　　── 春恨與民族審美接受心理

中國古代文學中的遊仙主題⋯⋯⋯⋯⋯⋯⋯⋯⋯⋯⋯　201

一、「安得不死藥，高飛向蓬瀛」⋯⋯⋯⋯⋯⋯⋯⋯⋯⋯　201

　　　　── 遊仙主題的文學史討源

二、「精神超越與肉體永恆」⋯⋯⋯⋯⋯⋯⋯⋯⋯⋯⋯⋯　207

　　　　── 遊仙主題內涵的兩大層面

三、執著於過程與身殉於祈壽⋯⋯⋯⋯⋯⋯⋯⋯⋯⋯　211

　　　　── 超文化追求中的積極質素

四、務實尚眞與內在補償⋯⋯⋯⋯⋯⋯⋯⋯⋯⋯⋯　215

　　　　── 惜時與遊仙的人性價值比較

五、離經叛道與神思遠翥⋯⋯⋯⋯⋯⋯⋯⋯⋯⋯⋯　219

　　　　── 仙聲神氛的文化與審美價值

中國古代文學中的思鄉主題⋯⋯⋯⋯⋯⋯⋯⋯⋯ 229

一、鄉音不斷 ⋯⋯⋯⋯⋯⋯⋯⋯⋯⋯⋯⋯⋯ 229

　　—— 思鄉主題的文學史檢視

二、聞聲而起 ⋯⋯⋯⋯⋯⋯⋯⋯⋯⋯⋯⋯ 234

　　—— 鄉情萌動的多發契機

三、登高以望 ⋯⋯⋯⋯⋯⋯⋯⋯⋯⋯⋯⋯ 239

　　—— 思鄉表達的原型意象

四、安土重遷 ⋯⋯⋯⋯⋯⋯⋯⋯⋯⋯⋯⋯ 243

　　—— 思鄉心態的社會成因

五、念故戀群 ⋯⋯⋯⋯⋯⋯⋯⋯⋯⋯⋯⋯ 246

　　—— 思鄉意念的心理動源

六、感傷怨慕 ⋯⋯⋯⋯⋯⋯⋯⋯⋯⋯⋯⋯ 250

　　—— 思鄉與相思的情感內涵比較

七、鄉愁難消 ⋯⋯⋯⋯⋯⋯⋯⋯⋯⋯⋯⋯ 254

　　—— 思鄉主題的正負文化價值

中國古代文學中的黍離主題⋯⋯⋯⋯⋯⋯⋯⋯⋯ 263

一、「嘆黍離之愍周兮,悲麥秀於殷墟」⋯⋯⋯⋯⋯ 263

　　—— 黍離原型初始與流播

二、「慨故都禾黍,故家喬木,哪忍重看」⋯⋯⋯⋯⋯ 267

　　—— 黍離之痛成因透視

三、「黍離麥秀之悲,暗說則深,明說則淺」⋯⋯⋯⋯ 271

　　—— 黍離主題表現特點舉要

四、「故宮禾黍之感,有餘痛焉」⋯⋯⋯⋯⋯⋯⋯ 275

　　—— 黍離主題的文化意義與價值遷移

中國古代文學中的生死主題⋯⋯⋯⋯⋯⋯⋯⋯⋯ 285

一、「知死不可讓,願勿愛兮」…………………………… 285

    —— 生死之念的理性支點

二、「圓首含氣,孰不樂生而畏死」…………………… 290

    —— 生死主題的人性延展

三、「死生亦大矣,豈不痛哉」…………………………… 294

    —— 生死主題原型意象略示

四、「有是胸襟以爲基,而後可以爲詩文」…………… 299

    —— 生死之痛的審美價值

五、「續以《薤露》之歌,座中聞者皆爲掩涕」………… 305

    —— 生死主題的曲折擴散

後記…………………………………………………………… 313

主題學研究回籠：

序王立的《中國古代文學十大主題》和
《中國古典文學九大意象》 陳鵬翔

王立先生是中國大陸利用主題學的理念來探討中國古典文學最有成就的年輕學者，1987 年結業中國社科院文學所第二期高級進修班，然後曾在煙台師院中文系任教，後轉入曲阜師大中文系任職副教授迄今。從 1988 年寫成《中國古代文學十大主題》迄今，又先後完成《中國古典文學九大意象》以及中國古典文學中的俠士與復仇兩主題的著作各一本，五、六年內即完成四本書，速度成果都非常驚人。學術界應該感佩的還應該是，王教授這四本書都探宏觀視野(即所謂「大題小作」也)，這非學術淵博，平時勸奮不易竟功，他不僅有膽識，且能結合目前較新穎的主題學、神話原型批評、心理分析和接受美學等學科知識，給古典文學研究開拓新疆域，這才應該受到我們重視。

我跟王教授素昧平生，能把他的妹姊篇《中國古代文學十大主題》和《中國古典文學九大意象》推薦給台灣的讀者，當然感到很高興。王的主題學研究繫於中國古典文學之內，跟我們搞中西比較文學所倡導的比較研究雖仍有距離，可他在國家文學內對柳樹、竹和雁等這九大意象「史」的開拓溯源，又把我在〈主題學研究與中國文學〉(1983)一文中把中國主題學的根源推溯到鄭樵在《通志》上所說的一段話再往前推到六朝梁太子蕭統所著《文選》中詩賦的主題分類(大陸版，頁 2)，且又把我在〈主題學〉一文所主張的主題學

研究應探討主題與作家以及與時代的關聯(頁 15)這種理念實踐了,這不能不令我感到欽佩。

　　主題學自從六十年代末七十年代初期復甦以(Levin 的兩篇文章,杜勒謝的〈從母題寫到母題〉以及威斯坦和姚斯特著作中的篇章可爲例證),西方研究神話傳說人物如普羅米修士、唐璜和浮士德等的經典著作已相繼面世,麥柯弗(Major Gerald Mcgough,1934—)的博士論文《主題史/主題學:歷史綜述與實踐》(1975)可爲這十年間的時間界標。自八十年代以來,應用英文寫成的主題學理論和文章當在十篇左右(包括歸岸 1993 年哈佛出版的著作中那篇〈主題:主題學〉)、著作當在四本左右,難怪去年甫由哈佛大學出版社出版的一本論文集要取名《主題學批評的復興》(*The Return of Thematic Criticism*),包括該書論者沙勒茲(W.Sollors)、杜魯松(R.Trousson)和吉爾曼(S.L.Gilman)等都異口同聲指出,近年來美國學界已重新對主題學發生興趣(頁 XIV,290 和 294),這未嘗不是一個可喜的現象①。而在中文方面,我用中英文草成的那篇〈主題學研究與中國文學〉一直是大陸中文比較文學界的教材或參考資料,受到這文章啓發的論文和著作除了王立的以外,我手頭實在沒有統計資料。在台灣,據我所接觸,碩士論文像王金生的《白兔記故事研究》(1986)和洪淑苓的《牛郎織女研究》(1987)等都是在有意識吸收主題學理論或者參考了我的論文後寫成的(因爲他們不是向我請敎過就是論文口試時找了我去當委員,故可確定也),很可惜都尙未能進入到主題學理論的拓展,甚至連主題學理論裡的主題(theme)不僅指抽象的概念(即語意的層次)也同時指具象的人物(即所謂的「前譬喻性的」主題人物,亦即句構的層次)這個簡單卻是非常重要的概念都無法搞

清楚,故他們的論述仍只能停滯在考述神話傳說人物的源流系統
——亦即停滯在傳統的主題史研究上——, 無法像柏勒普
(V. Propp)那樣採取並時性分析法,把故事解剖與重構(decompose
and recompose), 然後突顯它們的深層結構並把它們句構化、符碼
化或圖表化。同樣的缺夫也可以在大陸學者的主題研究論著中見
到。不過不管怎麼說,台灣受到主題學理論的啓發而寫成的論文
當不在少數②。可是正如李漢亭在五、六年前所寫的一篇綜覽性
文章所指陳的:

> 跨國性的主題學論題,應該是台灣可以大量墾拓的對象,因
> 爲中國在文化上主導東亞數千年,民俗故事或一般觀念給
> 予四鄰的影響相當充沛。若以接受而言,印度佛教母題影
> 響中國文學處同樣不少。種種因緣皆顯示台灣學者擁有足
> 夠的文化資源,可以在跨國性的主題學領域中發揮所長。
> 然而,事實遠非如此:專書不論,單篇論文處理的仍以本國
> 民俗主題母題的演變爲主,跨出門檻者極少,原因何在?
> (頁53)

台灣學界爲何還那麼缺乏實質比較性的主題學論文? 李漢亭以爲
是西方這一套理論本身的歧異所造成的後果,我卻無法苟同。我
認爲,一來當然是我們對這一套理論的介紹做得不夠;但是,最關
鍵的應是我們學界本身缺乏宏觀思想,以致培養出來的學生都急
功好利,不能虛心去找教授討教,不能把語文此一工具搞好。西方
自1985年底開始,已爲主題學召開了六次研討會或國際會議,這
些會議成果不是出版成學報的專號就是以專書面世(沙勒茲,頁
xiv-xv和301),看來到了80年代末年起,眞的是決心要結束對
主題學的「憎惡」③。

　　主題學發靭於十九世紀末德國的民俗學,其發展線索迄今約爲:

　　㈠十九世紀末以迄五十年代──主題史(Stoffgeschichte);

　　㈡六十年代至八十年代中期── 主題學 (thematics 或 thematology);

　　㈢八十年代中期以來──主題學題目被納入流行的各課題之中(根據沙勒茲, 這些課題有族群本體、族群性、族群中心論、女性軀體、女性隱喻、女性本體、婚姻、性慾、社會階級和社會身份等等【頁 xii】)。

但是,我們必須指出,理論的發展與實際主題研究並未全方位互輔以及相支援,因爲有些實踐研究未必是有意識地在理論的引導下完成的。早期對某一主題的源流考索採取的是異時性研究法,到了柏勒普和李維史陀對主題的深層結構分析流行後,主題學從此側重的是並時的句構研究法,可主題的語意剖析並未從此就消失。同樣地,到了 1984 年之後,在理論上像柴歐考斯基(T. Ziolkowski)那樣,仍以繫聯文學作品中的「主題、母題和意象」跟其「社會、文化以及歷史背景」(頁 ix)的做法並未絕跡(也不可能絕跡),惟更值得我們注意的恐怕還應是像朱可夫斯基(A. Zholkovsky)和薛柯夫(Yu. Shcheglov)的衍生/表達性詩學。這兩位蘇俄結構主義理論家仍舊沿襲柏勒普於 1928 年在《民間故事型態學》一書中所揭櫫的企圖──即把一位作家的著作歸結成一兩個句子──, 他們企圖把文學研究模式化④。他們要找出「主題→文本」的標準衍生序,亦即確立主題與文本的「契合邏輯」(朱可夫斯基, 頁 28)。朱氏認爲,「主題是明確歸結出來的一些指涉性或語碼範圍常數,文本即根據表達性技巧從這些常數中推演得來」(頁 25)。換言之,

文本即由發揮表達性技巧而得到。表達性技巧（expressive devices，簡作 EDs）是結合主題與文本的一些運作法則（operational rules），根據朱和薛，這些法則只有後列十種而已：具體化、擴增、重複、變異、細分、對比、協調、結合、預備和減縮（朱可夫斯基，頁 25；薛和朱，頁 2）。問題是，我們在實踐運用這些法則/單元在分析文本時，我們常會發覺，這十個表達性技巧可能會合併產生新的表達性技巧，如是觀之，則它們的數目必然會超過十個。比這個更嚴重的問題是，我們用甚麼法則來引導規範這種種結合？（丁格特，頁 99）

　　朱和薛的衍生詩學係從作者的角度著手（writer‐oriented），他們所建立的是「主題 EDs 文本」這個衍生文本模子；相反地，另一批從事主題科學研究法的學者像必琳斯（G. Prince）和林蒙/柯南（S. Rimmon‐Kenan）則從讀者的角度著手，從事的是文本「主題化」（「theming」為必琳斯一文的標題）的建構。以必琳斯的理論來看，他非常重視閱讀時的情境，據他說：「欲加以主題化的文本總是包括了主題分析者的情境。甚至更明白地說，我老是建構我做主題分析的作品」（引見丁格特，頁 102）。跟朱和薛全然不顧閱讀時的情境不同，必琳斯認識到不同的讀者會做不同的主題化。由於害怕流為徹底的主觀論，他還提出了表現的均衡、中心性、架構的具體性和範圍四項約束以為限制，當然這些都只是一些依據經驗歸結而得的原則而已，並不需太多的文字論述。

　　在這篇序文裡，我約略描述了一下主題學研究在中西的進展，尤其側重在強調理論的開拓上，用意無非在提醒大家，主題學批評已在回籠之中。中文世界所從事的仍是非常傳統的主題史或相當基礎的主題學研究。我們仍舊缺少對理論的深入探討，中西類同主題的系統性比較研究。王立教授這幾本著作當是我研究主題學

時的必備教材或參考書, 在肯定之餘, 希望國內外學者能再接再
厲, 茁壯比較文學此一深具發展的支流。

註　譯

①有關西方主題學理論的書目, 讀者早期可參考威斯坦的《比較文學與文學
理論》(Bloomington：Indiana UP, 1973), 頁 295－96；雷文的〈母題〉, 收入
Dictionary of the Highary of Ideas, Philip P. Wiener 等編 (New York：
Charles Scribner's Sons, 1973)：Ⅲ.243－44 以及 Theodore Ziolkowski,
Varieties of Literary Thematics (Princeton：Princeton UP, 1983), 頁 201－
27；近期可參考 Werner Sollors 編的 *The Return of Thematic Crificism*
(Cambridge, M.A：Harvard UP, 1993), 頁 301－21。

②民國七十五年六月底我去陽明山參加王金生的碩士論文答辯, 會後曾永
義兄對我說：「你那篇論文給我們學界帶來不少主題學研究論文」。自七
十三年七月我在《中外文學》發表〈主題學研究與中國文學〉迄今, 除了本
文提到的王金生和洪淑苓的論文外, 還有蕭登福的《漢魏六朝佛道兩教之
天堂地獄說》(台北：學生, 1989) 和《先秦兩漢冥界及神仙思想探原》(台
北：學生, 1990)、林幸謙在政大研所所撰並由我指導的《生命情結的反思：白
先勇小說主題思想之研究》和黎話仁的《現代中國文學的時間觀與空間觀》
(台北：業強, 1993), 當然這裡所列的著作並非全都受到我的影響。

③布列蒙 (C. Bremond) 和巴維爾 (T. Pavel) 給他們編的專號《主題的變異》
Communications 47 (1988) 寫了一篇後記叫做〈結束憎惡〉(La fin d'un
anathème)；「anathema」有「被憎恨之物」或「被詛咒之物」的意思, 沙勒茲在
其序文中提到這篇後記之標題的意義非常「恰切」(頁 xiv, 即應結束對主
題學理論以及研究的憎惡偏見。

④他們自 1962 年即開始合作提倡結構主義詩學, 但第一篇翻譯成英文在英

美世界發表的論文（由 L.M.O'Toole 爲之，發表在 *Russian Poetics in Translations* 第一輯上頭）卻要遲至 1975 年；此後，他們的論文才在《詩學》、《詩學與文學理論》和《新文學史》等英文學報上出現，並受到西方學者的注意。朱可夫斯基的第一本英文著作《主題與文本》於 1984 年由康乃爾大學出版。在西方，他們的結構主義詩學分別被稱爲蘇俄衍生詩學、文學能力的「主題——文本」模子或表達性詩學，模式化即爲「主題EDs文本」模子（「表意性技巧」共有十個，可參見 Zholkovsky，頁 25 以及 Shcheglov & Zholkovsky，頁 2）。

引文書目

王立。《中國古代文學十大主題》。沈陽：遼寧教育，1990。

王金生。《白兔記故事研究》。台北：文化大學碩士論文，1986。

李漢亭。〈台灣比較文學發展與西方理論的歷史觀察〉，《當代》29 期 (1988)：頁 48－59。

洪淑苓。《牛郎織女研究》。台北：台灣大學碩士論文，1987。

陳鵬翔。〈主題學研究與中國文學〉，收入拙編《主題學研究論文集》（台北：東大，1983）：頁 1－29；英文略有修正，題爲 "Thematology East and West: A Survey and Theoretical Exploration," *Tamkang Review* 14.1 －4(1983－84)：63－83.

Diengott, Nilli. "Thematics: Generating or Theming a Text?" *Orbis Litterarum* 43 (1988)：95－107.

Dolezel, Lubomir. "From Motifemes to Motifs." *Poetics* 4 (1974)：55－90.

Gilman, Sander L. "Themes and the 'Kernel of Truth'," in *The Return of Thematic Criticism*, ed. Werner Sollors (Cambridge, Mass.：Harvard UP, 1993)：294－96.

Guillen, Claudio. "Themes: Thematology." *The Challenge of Comparative Literature*, trans. Cola Franzen. Cambridge, Mass.: Harvard UP, 1993. 191 – 239 and 367 – 72.

Jost, Francois. "Motifs, Types, Themes." *Introduction to Comparative Literature*. Indianapolis: Pegasus, 1974. 173 – 224.

Levin, Harry. "Thematics and Criticism." *Grounds for Comparison. Cambridge*, Mass.: Harvard UP, 1972. 91 – 109.

– – – . "Motif." *Dictionary of the History of Ideas*, 4 vols, ed. Philip P. Wiener, et al. New York: Charles Scibner's Sons, 1973. III: 235 – 44.

McGough, Major Gerald. "*Stoffgeschichte*"/*Thematology*: *A Historical Survey, Synthesis, and Practical Applications*. diss. Vanderbilt, 1975.

Propp, Vladimir. *Morphology of the Folktale*. 2nd ed. rev & ed. by Louis A. Wagner. Austin: U of Texas Press, 1968.

Shcheglov, Yu. & A. Zholkovsky. *Poetics of Expressiveness: A Theory and Application*. Amsterdam: John Benjamins, 1987.

Sollors, Werner. Introduction to *The Return of Thematic Criticism*. xi – xxiii.

Trousson, Raymond. "Reflections on Stoffgeschichte," in *The Return of Thematic Criticism*. 290 – 93.

Weisstein, Ulrich. "Thematology." *Comparative Literature and Literary Theory*. Bloomington: Indiana UP, 1973. 124 – 49.

Zholkovsky, Alexander. *Themes and Texts*. Ed. Kathleen Parthe. Ithaca: Cornell UP, 1984.

Ziolkowski, Theodore. *Varieties of Literary Thematics*. Princeton: Princeton UP, 1983.

序

董乃斌

　　這本書的作者王立同志，是我去年新結識的年輕朋友，一位勤奮而聰明的青年學子。在進入中國社會科學院文學研究所舉辦的第二期高級進修班之初，他就帶著他的寫作計劃和我進行過交談。我也曾不揣冒昧地提出過意見，甚至包括某些質疑。當然，我對他勇於探索、勤於著述的精神和志向，是非常欣賞並感到由衷喜悅的。

　　對於當代有志於從事文學研究工作的同志來說。選擇古典文學作爲研究對象，或竟以此爲終生事業，是需要有一點勇氣、膽略和犧牲精神的。不少同志常把古典文學研究比喻爲「重工業」，套用一句經濟學術語來說，它常常是「投入多而產出少」。也就是說，它需要較多時間精力的投資，需要克服比一般文學研究多得多的困難。例如，首先是語言文字障礙，其次涉及資料的搜羅剔抉，有的原始資料短缺，連發現一條新的也不容易；有的卻是材料太富，因此在裁選擇取時又極費周章。對於作品本文和有關資料還有一個因時代隔閡所造成的理解差距問題。作爲現代人，要能體會古代社會生活，古人思想、心理，比較準確地把握作品本義，則非有一番涵泳、體悟乃至精神超越的功夫不可。也許這一切都還不算最難。更大的難點還在於對於前人研究成果的繼承與突破上。中國不但文學創作傳統深厚，文學研究的傳統也極爲

深厚，僅近世以來，專門的研究著作就不勝枚舉。這既是一筆寶貴的遺產，同時也是科學研究路上一座座矗立的高峰。不了解這筆遺產，不熟悉和掌握這筆遺產，我們的研究就失去了根基和出發點，但是要做到真正地了解、熟悉乃至掌握又談何容易！而且，當代的研究者還絕不能到此止步。繼承的目的，是為了發展，要發展就必須在前人所達到的高度上有所創新、有所突破，而翻越前人已經達到的高峰，恐怕正是困難的癥結。由於以上種種情況，所以從事古典文學研究的同志，往往需要付出比一般文學評論和文學研究工作者更為艱巨的勞動，需要更吃得起苦，更耐得住寂寞，更頂得住浮名近利的誘惑和實際生活的種種壓力。

古典文學研究在當今時代文學研究的總體系中究竟應該佔據怎樣的地位與份量，是一個有待探討的問題。從目前的實際狀況看，這種地位和份量呈現著下降趨勢。造成這種趨勢的原因是多方面的。當代歷史進程、社會發展和人民群眾的現實需要，是具有根本性的外因；古典文學研究對象的固有特徵和這種研究相對脫離現實的缺陷，則是重要的內因。此外還有其他種種具體原因。應該說，這種下降趨勢的造成，並非偶然現象；要想扭轉它，也不是一人一時可以辦到。而且，事實上，這種下降趨勢也未必就是壞事—— 我國廣大民眾，特別是青少年，減少了對於故紙堆的興趣，而去喜愛新的富有生命力和時代氣息的文藝，從而導致文學研究界把重點轉移到現、當代文學和文藝理論方面，這既很自然，更值得慶幸。但是，這只是問題的一個方面。另一方面，中國源遠流長、光輝燦爛的古典文學，特別是其中對中國文化、中國人文化心理發生過深刻影響的許多傑出作家和優秀作品，又並沒有隨著產生他（它）們的時代之消逝而失去存在價

值，他（它）們依然不同程度地活在當代人的心目之中，仍然在通過種種途徑、種種方式影響著廣大民衆的思想情操，特別是青少年的成長，影響著新的社會主義精神文明的建設進程。因此，古典文學研究在當代又必須有其一定的地位。需要有一部分人去研究它，掌握它，努力使它更好地爲當代人服務，使它成爲建設當代文化的一個有機組成部分。現在國外漢學研究隨著中國國際地位的提高而日趨繁榮，中國古典文學是衆多海外學者關注的「熱門」，尤其是我們的東瀛友鄰，在某些方面研究得更是頗爲深細。我們如不對此有一個清醒的認識和長遠的安排（如吸引一批年輕有爲的同志投身於此項工作），那就會使當代社會主義精神文明脫去必要的一環，也無以適應國際漢學界的發展變化態勢。

我對於王立同志提出的研究課題和他所立下的志向，之所以感到由衷的喜悅，上面所說即是主要原因。如果古典文學研究也同任何事業一樣，需要幾個梯隊的話，那麼，年富力強的王立同志大概可以算是年齡層次最低最有希望、最任重而道遠的一個梯隊了。王立同志剛過而立之年，時代和社會已經給他準備了遠優於我們當年的條件，我相信，只要他鍥而不捨地努力下去，他將來的成績必定可以大大超過我們這輩人。

這部專書的所有章節，我未能一一細覽，但有些章節曾在刊物上發表，因此，我陸續地讀過一些。根據我的粗淺體會，我覺得它們大體上有以下幾個特點。

首先，它們都能夠把文學視爲文化體系的一個組成部分，把文學放在文化的大背景之下加以考察，通過文學作品一種主題的孕育形成和在不同時代的演變發展，深入到對於民族文化心理（主要是文人心理）的探討中去，表現出比較高的立意、比較開

闊的視野和比較新穎的審察角度。在具體分析中，它們又竭力衝破習見的作家作品評論的模式，而試作綜合貫通的分析，並力圖把這種分析提高到哲學的層次、理論的高度。

其次，它們都較多地吸收、借鑒了近年來引進我國的西方文論，這主要體現在主題學研究方向的確定，神話—— 原型批評、心理分析、接受美學等研究方法的運用上。看得出作者非常用功，涉獵了不少最新的文藝理論譯著，努力加以消化理解，並將其放在中國古代文學作品和文學史的具體實際中進行比較、辨析和運用。

再次，它們也較多地吸收、借鑒了我國人文科學兄弟學科的研究成果，因此諸如文化史、思想史、哲學史、美學史研究中的許多較新提法，往往可以在其中看到。這說明本書作者是在有意識地進行某種橫向聯繫，這對於開拓古典文學研究的路子，是有啓發意義的。

我以為，作為一個古典文學研究的初學者，能夠注意上述幾個方面，並取得一定成績，是不容易的，是令人歡欣鼓舞的。古典文學研究的天地應該十分廣闊，路子應當多種多樣。不妨有人堅守清代樸學訓詁、箋解、考據的門徑，不妨有人繼續撰寫傳統意味的作家作品評論或鑒賞批評，當然，也不妨有人像王立同志那樣，把新觀念、新方法試用於研究之中，為古典文學的綜合性專題研究另闢一條新蹊徑，另開一個新生面。王立同志的努力，無疑是很有意義的。

但是，正因為他所進行的是一種新的嘗試和探索，其論述中幼稚不成熟、粗糙不細緻、偏頗不妥貼乃至完全不正確之處，無疑是存在的。書中所列「十大主題」，即使對於古典文學來說，

恐怕也只具有舉例的性質，而且它們的概括和劃分，也不免有交叉、模糊、不盡準確之處。書中的具體論述固然不乏精彩，但生硬勉強之處也時有所見。中國古典文學遺產，猶如汪洋瀚海，王立同志目前所涉獵、所了解的，畢竟只是一小部分；西方文論引進時間不長，又屬另一文化體系，王立同志自然難以在短期內做到對它們掌握得精純爛熟，其實際運用亦自難以天衣無縫。可是正如魯迅先生所說，「少作」是可以「愧」而不必「悔」的，「出屁股，銜手指的照相，當然是惹人發笑的，但自有嬰年的天眞，決非少年以至老年所能有。況且如果少時不作，到老恐怕也未必就能作，又怎麼還知道悔呢？」

　　王立同志這本書是他在古典文學研究方面的「少作」。儘管它未免稚嫩，我想，仍然是會得到諸位前輩和同輩學友的扶持和愛護的。然而，我們固不必對這本「少作」多所苛求，卻同時希望王立同志以此為起點，樹立更高的奮鬥目標，一面繼續打好古典文學的基礎（對於我們來說，這可以說是一件永無盡頭的工作），一面不斷提高思想理論水平。其實，這兩點不僅是對王立同志的期望，也是我們中年學人對自身的應有要求。那麼，就讓我們以此共勉吧。

　　　　　　　　　　董乃斌　1988 年元月於北京

緒　論

　　文學是歷史之光的心靈折射。作為中國文化中璀璨的篇章之一，中國古代文學具有驚人的連續性，歷代文學作品又集中地體現了中國文人心態的超穩定性、文學藝術表現的傳承性。本書試圖用當代西方的「神話——原型」理論作主要支點，綜合近年來我國古典文學研究，尤其是宏觀研究的一些最新成果，尋繹最能反映中國古代文人對自然、社會、他人與自我這四種基本關係的十大文學主題。通過對十大主題的產生、發展等流變軌跡的描述與諸原型意象、慣常表達方式的生成、使用情況的剖析，探究中國文學的一些內在流變規律。

　　許久以來，如近期有的論述透闢指出的：「舊有文學史模式基本上是從認識論出發的，它把作品看作一面鏡子，僅僅是社會現實和歷史事實的機械反映。它看到的只是作品與社會之間的關係，而恰恰忽視了創造作品的主體——人。這樣，它便抽去了文學自身最為重要的內容：作家的感性衝動與激情」；「文學的本體最終只能到人——真實的具有極豐富的感性力量和生命衝動力的人當中去尋找。」①本書認為，十大主題具有超越歷史的時空的普遍性、延展性，集注了中國文人、中國文學對人的價值、人生意義的關注與思考。借助於十大主題的歷時性線索的把握，我們可以進行多維視野的考察、透視與追蹤，將古代文學現象、中國

1

文人群體審美心理、文化性格、精神形態的不同層面、取向、特點和規律，有一個整體通觀又具體而微的了解，從而更爲深刻地洞察中國文學中國文化的底蘊。

一、主題類分的歷史依據

始於《周易》的中華民族「類化」思維方式，使得中國文學尤爲敏感於不同類生活題材的劃分，每類題材賦予其較爲穩定的思想主旨與表現形式。這種類分可溯自我國現在最早的文學總集──梁太子蕭統的《文選》。其將賦分爲：京都、郊祀、耕籍、畋獵、紀行、遊覽、宮殿、江海、物色、鳥獸、志、哀傷、論文、音樂、情，計十五種；詩分爲：補亡、述德、勸勵、獻詩、公宴、祖餞、詠史、百一、遊仙、招隱、反招隱、遊覽、詠懷、哀傷、贈答、行旅、軍戎、郊廟、樂府、挽歌、雜歌、雜詩、雜擬等，計二十二種。不難看出，這種類分的標準不統一，有的按文體歸類，如「樂府」、「雜詩」、「雜擬」，而不管其具體表現的內容如何。這多半由於選錄者雖認識到「詩賦體既不一，又以類分」，但他要「以立意爲宗」，又兼顧「以能文爲本」，②終不免爲形式所左右。

唐代以後，伴隨著純文學藝術形式的愈臻成熟，作品類分展示了人們更爲敏銳的藝術感受力與思維分辨力。除《藝文類聚》等大型類書宣告問世外，③白居易還曾這樣概括抒情文學類別：「予歷覽古今歌詩，自《風》、《騷》之後，蘇李以還，次及鮑、謝徒，迄於李、杜輩，其間詞人聞知者累百，詩章流傳者鉅萬，觀其所自，多因讒冤譴逐，征戍行旅，凍餒病老，存歿別離，情

發於中，文形於外，故憤憂怨傷之作，通計今古，什八九焉，世
所謂『文士多數奇，詩人尤命薄』，于斯見矣。」④這已突破了單
純類分作品的範圍，而由藝術與現實關係上深入探究主體的創作
動機，對此元稹亦明確敘及：「每公私感憤，道義激揚，朋友切
磨，古今成敗，日月遷逝，光景慘舒，山川勝勢，風雲景色，當
花對酒，樂罷哀餘，通滯屈伸，悲歡合散，至於疾恙窮身，悼懷
惜逝：凡所對遇異於常者，則欲賦詩。」⑤

　　宋人在編纂了《文苑英華》等幾部更完備的大型類書的同
時，將一些知名的大作家作品分類成集，如《分類補注李太白
集》、《集千家注分類杜工部詩集》。而《百家注分類東坡詩集》
竟有三個版本，各分為五十類、七十八類和三十類。後者為：
「紀行、遊覽、古跡、詠史、述懷、寓興、書事、閑適、貽贈、
簡寄、酬和、酬答、送別、燕集、懷舊、仙釋、慶賀、傷悼、禪
語、嘲謔、時序、寺觀、居室、花木、泉石、書畫、題詠、詠
物、和陶、樂府。」⑥作為宋人輯佚的最早的詩話總集——《詩
話總龜》（前集），則將詩話分為四十六門，即：「聖制、忠義、
諷諭、達理、博識、幼敏、志氣、知遇、狂放、詩進、稱賞、自
荐、投獻、評論、雅什、警句、唱和、留題、紀實、詠物、宴
遊、寓情、感事、寄贈、書事、故事、詩病、詩累、正訛、道
僧、詩讖、紀夢、譏誚、詼諧、樂府、送別、怨嗟、傷悼、隱
逸、神仙、藝術、俳優、奇怪、鬼神、佞媚、琢句。」⑦顯然，
這些類分已頗具思致，其雖似細密精工，仍不夠科學。此外羅燁
《醉翁談錄》講到小說題材時，將其分為：「靈怪、煙粉、傳奇、
公案、樸刀、桿棒、妖術、神仙」八類。

　　元代著名的《瀛奎律髓》，可謂一代集大成的類分詩集，舉

凡分四十九類:「登覽、朝省、懷古、風土、升平、宦情、風懷、宴集、老壽、春日、夏日、秋日、多日、晨朝、暮夜、節序、晴雨、茶、酒、梅花、雪、月、閑適、送別、拗字、變體、著題、陵廟、旅況、邊塞、宮閨、忠憤、山岩、川泉、庭宇、論詩、技藝、遠外、消遣、兄弟、子息、寄贈、遷謫、疾病、感舊、俠少、釋梵、仙逸、傷悼。」雖基本按內容題材遴選,仍失之雜亂煩瑣。

明代朱權《太和正音譜》將雜劇分為:「神仙道化」、「隱居樂道」等十二類;胡應麟《少室山房筆叢》將小說分為「志怪」、「傳奇」、「雜錄」、「叢談」、「辯訂」、「箴規」六種。至清代,頗具美學眼光的葉燮,承前舉元白之說,由現實情境之於創作主體心態關係入手,接觸到了作品類分的根本點。其評論杜甫:「詩隨所遇之人之境之事之物,無處不發其思君王、憂禍亂、悲時日、念友朋、弔古人、懷遠道,凡歡愉、幽愁、離合、今昔之感,一一觸類而起,因遇得題,因題達情,因情敷句,皆因甫有其胸襟以為基。」⑧此由創作主體審美心態中不同的情感取向來考察創作動機,已開始進入到本書的「主題」意義的層面上了。

弗萊在他的原型批評理論集大成作《批評的解剖》中認為,必須強調區別虛構文學與主題文學二者。⑨主題文學(thematic literature)指的是與虛構文學相對的抒情性和寓意性文學作品。弗萊倡導用一種「遠觀」(stand back)的文學眼光,以人類學的理論擴展視野,把文學的各種現象—— 體裁、題材、主題、結構乃至作品名稱—— 放到文化整體中去考察。為了確證中國古人將文學作品類分的思維連續性,我們在此看看當代學者如何輯注、論析古代抒情性作品的。

王重民《敦煌曲子詞集叙錄》談及詞初盛時，言其「有邊客遊子之呻吟，忠臣義士之壯語，隱居君子之怡情悅志，少年學子之熱望與失望，以及佛子之贊頌，醫生之歌訣，莫不入調⋯⋯其言閨情與花柳者，尚不及半，」⑩任二北輯校敦煌曲，分爲二十類：疾苦、怨思、別離、旅客、感慨、隱逸、愛情、伎情、閑情、志願、豪俠、勇武、頌揚、醫、道、佛、人生、勸學、勸孝、雜俎。⑪陳伯海論建安時代作品：「以內容而言，感時、刺政、述懷、酬贈、邊塞、山水、詠史、遊仙、言情、賦物，各類題材都有新的開掘。」⑫袁行霈評五代宋初詞：「⋯⋯所抒發的，又幾乎不出於傷春、悲秋、離別、相思的範圍，詞人只有借著歌妓的聲吻抒發自己的感慨。」⑬從古至今的這種「主題—題材—內容」的類分方法啓示我們：與無可回避的現實生活題材相聯繫，中國文學中的確存在著一些恆久性的「主題」。

二、本書「主題」的內涵及民族特徵

任何命題如果離開了或忽視了本身應當界定的範圍內蘊，就失卻了存在的科學性。本書使用的「主題」一語，與現今常見的含義有別。

主題（theme）一語，是西方文學理論中的概念，我國與之相對應的古代文論術語是「意」、「立意」。西方十九世紀末盛行起「主題學」這一學科，誠如被譽爲「同類著作中最好的」《比較文學與文學理論》一書作者所總結的：「從歷史上看，文學研究中被稱作主題學（thematology, stoffeeschite）的這一分支，從一開始就遭到了十分強烈的懷疑乃至否認，以至到了今天，要消

除這種根深蒂固的偏見似乎還很困難。」⑭而這之中的弱點之一就是「術語上的不確定性」。這是因爲在不同民族文學的背景上使用這些術語時，其語義隨著其文化流向而改變，並不總是一致的。

相當一部分人將「主題」從心理學角度上理解，認爲其是表明創作主體主觀態度的一種意義（作品中同問題或思想有關的方面）。「主題就是個人對世界獨特的態度。一個詩人心目中主題的範圍就是一份目錄表，這份目錄表說明了他對自己生活的特定環境的典型反應。主題屬於主觀的範圍，是一個心理學的常量，是詩人天生就有的。」⑮由此派生出「動機」（motives），認爲文學的意義是詩人個人體驗的結果，他按這種經驗形成的模式在創作過程中捕捉與之相對應的題材，因此創作主體的想象力就產生了藝術。

另一種意見認爲，「母題和主題屬於主題學的範疇，而不是意義的單元。」⑯因爲意義旣是指作品中同問題或思想有關的方面，其仍屬於內容的範疇，很容易讓位給更深刻的意蘊（significance）。這樣「文學中內容和意義之間的關係常常由意象和象徵、母題和問題、主題和思想之間的關係反映出來。」⑰繁瑣的考究與精細的梳理使問題會更顯得頭緒紛繁，讓我們從主題與母題的區別中得到更清晰的認識。

與上述列舉「主題」含義不同，「母題」（motif）一語，通常的解釋是：「在一部藝術作品中重複出現的顯著（主要）的主題成分」；⑱「顯著的重複出現的主題的成分或者特點，中心主題的決定性意義」；⑲「與主題相關的某種特別的情境或特別的觀點」；⑳即指文學作品中反復出現的人類的精神現象和基本行

爲。母題的數量雖有限（有人統計總數不過一百多個），但涵蓋範圍很廣，一些反復出現的詞語、觀念或意象都能構成之，其主要是指在具體作品中的藝術手法來說的。母題呈現出較多的客觀性，是中性的；由於這（也許不是一個）母題的出現，使得作品主題在未經作者點明的情況下奇妙地展露出來，主題就這樣熔注和顯現了不同作家的主觀性。母題在具體作品中往往有一定的出現頻率，而蘊含某種思想意旨的主題卻並非如此。特定的情境常常包含一個特定的母題，而同樣的情境可能表現爲若干個不同的主題，主題的數目是無法統計的。而中國文學中的作品主題往往經久不變，因此易揀選出犖犖大者。主題一語，緣此也就既可指具體、個別作品的中心意旨，又可指一類作品的共性思想傾向，有時便具有母題的那些歷史延續性和應用普遍性的特點。母題一般都帶有相當成分的象徵意義，正是借重了這種象徵性之後，作品才得以含蓄地表現較爲明確與深刻的主題。

由於中國文化與中國文學的特殊性，本書在使用「主題」等語時，採取了較爲慎重而有選擇的態度。書中儘量避免提及「母題」，以免讓人將其與本書使用的「主題」一語混淆。當然這不是最好的解決辦法，好在進行這種嘗試性探討時本書並不想取得「終極眞理」，而只是聊備一家之說。除了一些極具影響的早期代表作之外（其實這些也可以爲後世詮釋者作多種多樣的解釋闡發），本書的「主題」一語，不是絕對化地特指某一具體作品的主題，而是指瀰漫於幾乎整個古代文學中的若干類較爲集中專注的情感線索、思想意旨及其相關的藝術表現形式。由於形式與內容的密不可分性，這裡的「主題」也就帶有一定的母題性。落實到某一具體作品，就其個別性說來，這種主題也就很可能只是其

副主題或組成要素之一。共時性的文化意義是在歷時性的動態模式中被把握的，個別的作品是在廣義的主題系統中被認同接受的。主題的多維又形成了歷時性流播過程中的動態性。傳統文化心理籠罩下的中國詩學理論上對多義性的倡導、民族思維方式的模糊性等等原因，也造成了本書特指的這種「主題」的滲透、輻射的文化條件。十大主題中的每個主題下均可以有若干個母題，如相思可有軍卒婦相思、商賈婦相思，思鄉可有羈宦思鄉、戍邊思鄉等等，限於篇幅，書中未遑細論。而每個母題的具體抒情脈絡與情節展露，又離不開所屬主題系統因子的滲透。可以認為，這種「主題」，是幾乎所有古代文學抒情之作和相當數量敘事性作品（偏重於表達情意而較少虛構的）的不可或缺的部分，在某個角度上說也許是主要部分。它沿著人的深層文化積澱形成的內在情感指向代代傳承，有著較為穩定的意象、題材與情感詠嘆模式，它不同於作品的具體內容本身，後者更有著隨機性與偶然性。因此，所謂文學的繼承性主要即表現在這種「主題」構成的內在情感線索中，文學的創新又主要體現在這些主題內部變異、重組所形成的重心更移上。這種恆久性主題系統中的諸多個體，其重要的特質是不局限於一時一事，即孤立的個別的情、事、物上，而是帶有各個主題內在系統的「全息性」，主題自身的文化染色體遍佈於系統範圍內幾乎每篇作品的通體蘊味之中。

於是，如前提及，就一篇具體的抒情性文學作品來說，往往除一個較突出的主題外，還或隱或顯，或多或少地含有其他主題的質素，而後起的小說戲曲等文學樣式，更在其豐富的內容中包蘊著諸多「主題」。這種例證在古典小說戲曲研究中不難碰到。像《三國演義》、《水滸》、《紅樓夢》、《長生殿》等等，都很難用

單純的、抽象的主題來概括。本書意義上的主題，在這裡已化爲具體的母題性要素，編織進了作品的內在肌理之中。於是前期抒情文學諸主題的美感與文化上的基因，在後世敘事文學中往往內化爲形式的技巧與套語，其影響並不是明露的、線性對應式的，而是深在的、網狀集束交織著的。許多作品，確非某一主題所能包舉涵蓋，而是借助於若干個主題的系統質的功能，有序化地組合在一個完整的藝術整體中，構成相對完整的意境神韻肌理風貌，噴放著藝術的感染力。

　　行文至此，本書中的「主題」意旨已頗具「母題」的性質。一般認爲，「母題」多存在於小說、戲劇一類的敘事性文學中，有著較爲固定的意象、表現形式或情節遞轉結構。但中國古代文學，猶如中國史學是「官僚們寫給官僚們看的歷史學」㉑一樣，其正宗嫡系乃是士大夫文人寫給君主、同僚與自己看的雅文學。魯迅指出中國文學不外乎分廟堂文學與山林文學兩大類，其都同爲「主人」幫忙與幫不上忙有關，「稱中國文學爲官僚文學，看起來實在也不錯。」㉒因爲中國的隱士與官僚接近，文學便也隨之接近了。唐代以前，敘事性文學不甚發達，詩歌等抒情文學爲主要文學形式，其內容旨趣亦已基本定型。探討中國文學十大主題，本書也就有理由以唐前（包括唐）爲主。聞一多強調說：「從西周唱到北宋，足足兩千年的工夫也夠長的了，可能的調子都已唱完了，到此，中國文學史可能不必再寫，假如不是兩種外來的文藝形式── 小說和戲劇，早在旁邊靜候著、準備屆時上前來『接力』，是的，中國文學史的路線南宋起便轉向了，從此以後是小說戲劇的時代。」㉓限於時代與材料，聞先生對元明清抒情文學有所忽視。然而，其明言中國文學正宗爲詩詞，重心在前

期，則立論精審。不謀而合的是，靑木正兒《淸代文學批評史》開篇即謂：「中國詩文的形態，至唐已大體完成，宋雖開始進入以唐爲基礎及模範，加以運用的仿古的時代，但它不一定就是盲從，而是在此範圍內漸次開拓出新時代獨自的境界。」㉔以文學的歷史發展流變「遠觀」之，持論雖與聞先生小有差異，但亦相當公允。宋以後的詩文曲賦，雖各有獨擅之美，但畢竟前此積累過多，不免於在前人旣定的大體「範圍內」因革通變。後起的戲曲小說，亦飽受傳統文化浸潤與文人心態的制約，可謂先河後海，主要存在於抒情文學中的十大主題依然頑強地、不同程度地綿延、交織在諸多戲曲小說作品之中。

由上可見，以中國文學史現存作品及其類分積習爲基礎，以西方比較文學一大分支——主題學中的基本概念爲參照系，這種符合中國文學特質的「主題」一語當在本書中如此界定：

1.從意義上看，其具有同創作主體「立意」與這種「意」在慣常題材上表達的一種普遍性。人對自然、社會、他人、自我這四個基本審美指向（關係）決定了詠嘆與描述題材的選擇，而作爲文化人又對某些特定題材不斷賦予特定的「意」，原生義與衍生義，從而構成了某些類題材愈發契合某些主題；

2.從歷史延伸角度上看，其與「母題」有著類似的延展性美學功能與文化效應，後者對各主題隸屬下的若干母題發生深在的制約作用。

這十大主題即：惜時、相思、出處、懷古、悲秋、春恨、遊仙、思鄉、黍離、生死。

中國文學前期，以上述十大主題爲主體構成的「主題文學」爲核心；後期以小說戲曲爲主題構成的「虛構文學」爲主，而前

期的主題文學又規定、制約著後者，滲透到後者發展運作的內在肌理中。

三、主題存在的美學基礎及內在聯繫

　　在多種文化因素中，存在著一種基礎的文化。正是這種「根文化」，帶來了一系列的派生文化，如家禽飼養帶來了馬車、牛犁、碾磨等等。文學中亦存在著一種「根文學」。有如根文化是科學發展主要動因一樣，根文學有力地規定、誘發著文學與人審美指向的形成、更移與發展。與榮格等人闡述的種族集體無意識、民族群體潛意識等由原始遺風、神話巫術給予西方文化及心理以深刻影響相比，中國則由於儒家文化較早的歷史化、倫理化加工整合，壓抑扭曲了神話原型的正常流播。對此，近代「古史辨派」早就進行了辨偽考證。因此，所謂中國的「信史」，許多其實並不可信。除了為數不多的早期作家（如屈原）以外，中國文學創作主體因「整個神界樣態顯得零亂而缺乏系統」，㉕更多的原型輻射來自《詩》、《騷》的「根文學」。人性之光向四個基本指向的投射，也必然在這種文化機制左右下。現實社會中的人是在一定的關係中生活著，「不管個人在主觀上怎樣超脫各種關係，他在社會意義上總是這些關係的產物。」㉖早自漢代，人對外界的關係就被倫理教化價值觀如此強調：「人性有男女之情、妒忌之別，為制婚姻之理；有交接長幼之序，為制鄉飲之禮；有哀死思遠之情，為制喪祭之禮；有尊尊敬上之心，為制朝覲之禮……」㉗因而，儒家文化既作為著重於妥善解決人際關係的倫理型文化，其整合作用也就離不開對個性本能需求的框範，對綱常

倫理的提倡，遂造成了中國文學中人的本能衝動種種受到擠壓後的變形表現，而這些表現於儒家文化的「大傳統」下的「雅文學」最爲顯著。

受人類學家雷德斐（Robert Redfield）的「大傳統」（great tradition）與「小傳統」（Little tradition）之說，以及西方史學界的「精英文化」（elite culture）與「通俗文化」（popular culture）觀念的啓發，有的海外學者認爲存在著兩種中國文化，「大體說來，大傳統或精英文化是屬於上層知識階級的，而小傳統或通俗文化則屬於沒有受過正式教育的一般人民。」㉘儒家文化雖主張以禮樂的大傳統來化民成俗，但漢以後到 17 世紀通俗文化飛躍發展前，中國大、小傳統基本上是分隔的。而這期間正是中國古代文學的主要存續區間。當然，小傳統也不斷侵蝕著大傳統，後者又不斷「提煉」著前者，將其「雅化」。本書十大主題也是基於這種認識，將代表士大夫精英文化的雅文學作爲中國文學正宗，以之爲主要論述分析對象。

心理學曾將人的動機分爲生理性和心理性兩大類，而後者又分爲成就動機、親合動機和探求動機。㉙以十大主題觀之，惜時、出處、黍離、悲秋之中有很大成分的成就動機；親合動機以思鄉、懷古爲著；探求動機莫過遊仙；而相思（或許有部分春恨之作）則兼生理、心理動機。每個主題都含有各種心理動機，而「思鄉」、「出處」又呈現著親合與成就動機對立衝突的情態。專制制度、禮教傳統的隔阻，歷代征戍、行旅、戰亂等種種原因造成的現實景況又迫使人正常的生理、心理動機得不到滿足實現，遂造成思鄉、相思之盛。陳寅恪先生曾謂：「吾國文學，自來以禮法顧忌之故，不敢多言男女間關係，而於正式男女關係如夫婦

者，尤少涉及。蓋閨房燕昵之情意，家庭米鹽之瑣屑，大抵不列載於篇章，惟以籠統之詞，概括言之而已。」㉚相思主題的繁盛根源於此。

但是儒家文化拙於對生死問題的解釋，其漠視死亡和死生命定的態度實在與人的求生良願距離太遠；早自殖生本土的道敎與西漢中期後漸入中土的佛敎，對生死問題卻各有一整套理論體系闡發開釋，這便與人的癡望一拍即合。因此，惜時、遊仙作爲生死之念的派生物之一，又不同程度地滋生與綿延，何況其本身即各帶有在現實與非現實世界中實現自我的要素。

至於出處糾葛，乃爲中國文人不甘寂寞又不能忘懷現實的民族性格寫眞。歷代對處隱的推崇備至恰見眞正忘情於世何等不易。進退仕隱、遊移兩端是封建專制制度、君主獨裁殘酷現實讓人內心矛盾無法化解的必然；而每痛感於自我價值的不爲社會肯定，難免要目擊道存地在自然物候面前分外敏感，不自覺地慣於抒發春恨、悲秋之慨；且對旣往的留戀緬懷與反思，對現文化的不滿與怨憤，又自然是黍離、懷古主題的繁榮原因。

十大主題之間，存在著微妙而錯綜複雜的關係，下面試舉數例。

出處與生死。除本能的憂生懼死之嗟外，封建時代士大夫文人「伴君如伴虎」、宦海浮沉的惶恐，使其在生死之憂中常有歸處之詠；但建功立業的「成就動機」、高官厚祿、名利雙收的誘惑又催人甘冒風險而銳意仕進。「公若登台輔，臨危莫愛身。」㉚現實種種規定性又決定了人即便甘冒仕途風波之險而不可得，於是爲世所棄又不滿足於保身的嗟怨便不絕如縷，這兩個主題間常常重合交叉，時有衝突。

相思與思鄉。中國古代文學中的「相思」，廣義講亦指思念親友。本書取狹義，而將餘者劃入思鄉主題。而鄉思鄉情很多亦包括男女之思，這在歷代邊塞詩中俯拾即是。但相思重生理，思鄉重倫理；相思重期待中的未來的設想，思鄉重回憶中昔日的甜蜜。相思一旦其空間隔阻拆除，男女歡聚，相思便頓然化解；思鄉即便人歸故里，鄉情卻仍彌久不散。相思與思鄉主題這二者雖都因文化傳統原因而隆盛，相思多半是由於禮教倫理的限制阻遏，思鄉卻大多由於禮教倫理的提倡鼓勵。年齡構成的生理特點亦使兩者各有側重，中青年多相思，而晚年在外者則更多思鄉。

生死與相思。由於生命個體含有的原始衝動的熾烈愛慾得不到實現，強烈的企冀追求使之力圖超越生死之限來獲取，遂出現了如《搜神記·河間郡男女》、《離魂記》、《倩女離魂》、《牡丹亭》一類人鬼之戀的作品。「情不知所起，一往而深。生者可以死，死可以生。生而不可與死，死而不可復生者，皆非情之至也。」㉜雖死猶且相思，為這刻骨銘心的相思追求不止，愈見相思之烈與追求的價值。相思改變了人的生死觀，正由於這能夠衝破、超越死亡之限的相思，死為之得到了新的界定，有了新的意義與價值。唯有死，才有相思如願。於是二者都有了系統新質。而思鄉卻極少有這種生死不渝的執著。

出處與惜時。有限生年內主體要實現自身人格價值，就必然要非自由地去出山佐君，不失見知見遇的機緣。但惜時不僅有建功立業、完成社會使命的一面，還有保存天年、及時行樂的一面。於是出而不成，無奈歸處之際，落魄者便每每格外標舉惜時，有如要及時用世出山那樣，精打細算地利用有限時日閒處盡樂，得享聲色之福。或出或處，是惜時的兩個對立的極端性實現

方式；而惜時爲求得自我實現的兩種潮動，亦爲主體在或出或處人生境遇下必然採取的價值選擇。當然其組合方式又往往是非線性對應的，如在野閒居的辛棄疾時時念出，而居官朝隱者們亦全身保命而賞山樂水。

此外，像悲秋與出處、相思與春恨、遊仙與生死、生死與惜時等等主題間，抑或一個主題同另幾個主題間，都存在著緊密的有機聯繫。中國文人要實現自我價值，免不了與現實政治衝突，出處兩難境地中想抽身遠翥，超越現實，常作遊仙之語；出而不得的歸處，或隱山林，或思歸里；求仕求學征戍行旅免不了常念鄉思；國祚衰亡、山河易主又令人心生黍離之痛，發思古懷舊之幽情；愛情與事業的追求是難盡滿足的，每借相思春恨之忱吐露；而歲歲年年物候更移，不由得失意人不作春恨悲秋之狀；人的肉體生命終歸有限，及時行樂與建功立業又驅動其惜時；面對必然的人生歸宿── 死亡，無法回避地要促人生死反思，力圖超越現實人生的規定性。總之，十大主題，雖各有著不同的審美內涵與功能效應，卻都是中國文學中人的本質力量，人性價值的集中的體現。此正需要我們作人、史結合的整體察照，心靈與文化的近審遠觀。

四、民族接受心理及其對創作的反饋

弗萊認爲：「原型是一些聯想群（associative clusters），與符號不同，它們是複雜可變化的。在既定的語境之中，它們常常有大量特別的已知聯想物，這些聯想物都是可交際傳播的，因爲特定文化中的大多數人都很熟悉它們」；「某些原型深深地植根於傳

統的聯想之中，幾乎無法使它們與那些聯想分開。」㉝從「賦詩言志」的時代起，中國文人就養成了一種由作品整體中抽繹、敷演出某些意義，在內心世界裡認同發揮的習慣。對一些作品的闡釋的那種爲我所用的多維性傾向，亦使得中國文學十大主題之端倪分別地得到了發展、豐富與強化。如對《關雎》等篇意旨的解釋即是明顯的一例。而不同主題發端的同源性又是人的天性、文化心理等共同決定的，主題間的交叉碰撞隨歷史的前進而複雜化，形成了各自的系統「聯想物」。

榮格指出：「從科學的、因果的角度，原始意象（按：原型）可以被設想爲一種記憶蘊藏，一種印痕或者記憶痕跡，它來源於同一經驗的無數過程的凝縮。在這方面它是某些不斷發生的心理體驗的沉澱，因而是它們的典型的基本形式。」㉞早自幼年誦讀背誦家學師承等傳統學習方式的熏陶，使得中國文人對「根文學」記憶蘊藏都有著豐富而牢固的儲備。於是，十大主題各自慣常的意象、語言、題材、抒情模式……直至本身的風情意脈便幾乎無一遺漏地構成了主體深層記憶中的「原型模」。其具有種種妙不可言的暗示、象徵功能，作爲語詞符號本身在主題的「言語接受圖式」中建立了相對穩定的聯繫，內在地構成了中國文學接受主體闡釋理解領域的十大主題系統。每遇外在信息傳入，片斷的雜多的信息就被主體深層結構中的原型模所圖式化，吸附、整形、納入到十大主題各自不同的心理流程之中。

十大主題原型的吸附同化功能，很大程度上借助於一種既定的功能性語境。如相思與思鄉言別時必及柳，稱悲時必望月；而相思極言思念之苦導致的幻視幻聽、時空錯覺等心理變態；思鄉在唐前多由胡笳羌笛琵琶引起，唐宋後多由杜鵑等鳥鳴引出。鄉

思之於隴水、陽關、登望等聯繫，正如惜時多見流水、日月行促而生恨。生死之嗟中常有牛山、峴山、北邙等故實地名，一似黍離之痛中的麥秀銅駝荒草。種種定型化了的風物掌故人名地名不厭其煩地充斥於十大主題中。許多作品中的起興、套語看似閒筆，實際上正爲的是將欣賞者帶入某個特定的主題系統中，使人頓生「審美期待」。

　　當代接受美學認爲，積澱著特定文化習俗、情趣個性、審美理想的主體心理結構中，潛存著一種伴隨著需求、渴望的素養能力，以此作爲欣賞接受時無可回避的參考框架。既然閱讀過程中的想像並不是漫無邊際的，十大主題原型的暗示性就不可低估。具體個別的作品文本含義是多重多維的，但飽受十大主題澤溉的主體期待卻有選擇性與單向性，在賞鑒時他們破譯藝術符號的方法是程式化了的。他們所期待的是文化傳統、文學主題及其個人的人生主題中所企盼珍愛的。於是，那些熟悉而親切的興象、套語便起著一種特殊的媒介作用，喚醒了主題系統整體在人心中的記憶，所謂「有些話語看起來在作品中是無用的，但作品的靈魂正在其中。」㉟而由於樂此不疲地崇古尙古，大量典故的重複使用，又助長了「套語」的生成。「這就是一組有限而反復出現的主題、典型和情勢，」「中國人對於『套語』有所偏愛，推其原因，或由於民族的內在傾向，是一種喜歡將宇宙之萬物，放置於一定的地位，而使這一安排成爲永世典範的偏好。」㊱因此，十大主題中看似陳詞濫調的慣用套語，實際上已發生了某種功能性變異，其不單有著本身具體的、直接與表述的情緒事件哲思相聯繫，而且有著主題的系統質，與所喚起的接受主體特殊經驗、記憶相諧振。

　　由於漢字的難解性與古代文化發展的限制，代表著雅文學的十大主題流播面一般首先是在知識階層，而後再以不同形式向民間擴散的。中國文學創作主題首先是接受主體，其創作正如同欣賞時那樣，每一次都在不同程度地重溫、感受著以往閱讀的經驗。飽讀詩書的中國文人，其藝術感受的過程即伴隨著對前代經典、精品的尊崇。因而在其創作衝動時精神形態的運動，免不了在某個或某幾個「主題」河床中行進，帶有著「原型模」的印痕。普實克曾指出「中國詩歌中所表現的個性和創見性少得出奇」。雖然針對的是主觀性很強的抒情作品，但須知正是這類作品為中國文學的正宗、主體，因此他的意見就不應被我們忽視了，「被規範化了的不僅是文學形式，而且還包括文學主題」，「……無一不是對相當平凡的情感所進行的一成不變的表達。只是在很罕見的情況下才能偶爾接觸到個人經歷的蛛絲馬跡。」㊲這個中國文學「局外人」的斷語頗令人警醒。我們並不完全同意、重複上述意見，但中國的抒情文學極為重視與習慣於在十大主題的「原型模」中進行個性情感表露、藝術形式的演進，以至於創作與欣賞的「正反饋」循環，則是基本的歷史事實。

　　從人的認識機制上來說，如皮亞傑指出的，人在精神上傾向於吸收他能有機融合的東西，「認識既不能看作是主體內部結構中預先決定了的—— 它們起因於有效的和不斷的建構；也不能看作是客體的預先存在著的特性中預先決定了的，因為客體只是通過這些內部結構的中介作用才被認識的，並且這些結構還通過它們結合到更大的範圍之中（即使僅僅把它們放在一個可能性的系統內）而使它們豐富起來。」㊳這是一種「同化」傾向，而心理定勢是對同化的實現。新的創造只能首先在舊框架中進行，因為

進入創作狀態中的中國文人每一次閱讀都不是第一次閱讀，每一次體驗都不是第一次體驗。每個思想浪花、情感潮動激蕩在主體內心時，都情不自禁地受各主題傳統方式制約，在其內涵與表現方式之中求變異，依附著原型來自覺不自覺地進行藝術思維。所謂「唐人句云：『鄉心正無限，一雁度南樓』；宋人句云：『正思秋信到，一葉墜中庭』；古今人下筆，往往不謀而合。」㊳這種古人爲之困惑的普遍現象，正是一種「集體無意識」及其支配下的心理定勢與情緒記憶，由此界定了創作主體的題材域與情感場。凡與十大主題相關的題材、意象、情緒、表現方式等往往被歷代文人所誇大、突出。當然，如《管錐編》講比喻功能時所言：「蓋事物一而已，然非止一性一能，遂不限於一功一效。取譬者用心裁別，著眼因殊，指同而旨則異，故事物之象可以孑立者應多，守常處變。」㊵主體受人生不同事件、情緒乃至時代文化氣氛刺激的程度方式各異，還要進行著順應調節，對各主題及其不同流向繼承揚棄的比重也時有變化，這調節是對同化的補充，由此又孕育著、衍生著新的意象情愫。

中國古代文學十大主題在文學史各個時期盛衰不一，形成了一種互補共進的歷史狀貌。如漢魏時的惜時、思鄉調濃；魏晉時的遊仙、生死語多；晉宋間的出處之嗟，齊梁與晚唐北宋的相思之盛；中晚唐與元代的懷古，南宋與清初的黍離之痛……以及纏綿不絕的春恨悲秋詠嘆，凡此種種，十大主題原型發展與流變呈顯出一種「偏重律。」

首先，各個主題在不同時代與時期各有偏重。雖然其餘各主題仍舊盛衰不一地演進，但總歸由於某些特定的歷史原因，人的文化心態具體指向集注於某一或某幾個主題。如明人即從一個側

面發現：「晉宋以前多仙詩，唐宋以後多鬼詩，婦人詩盛於漢，沙門詩昉自晉惠遠、道猷輩，羽士詩竟於唐，若吳筠、曹唐輩。藝苑旁流，盡斯五者。」㊶其實這偏重現象不獨於詩。其次，各主題在不同時代不同體裁中發展不平衡。如出處主題之於先秦諸子散文中較盛，在漢大賦中少見；漢至晉思鄉賦極多，而漢詩中相對說來鄉思較少，故謝靈運《歸塗賦序》稱：「昔文章之士，多作行旅之賦」；又遊仙之作於宋詩幾無，而宋詞中屢見，等等。第三，每個主題內在流向歷時性發展不平衡。如遊仙主題中的務實與戲言兩大系列於漢樂府與魏晉文人詩中各有側重；又惜時主題中及時行樂與建功立業指向在《詩經》、《古詩十九首》、元曲部分作品和其在《楚辭》、建安詩歌、初盛唐及宋末抒情之作裡各有側重。第四，每個創作主體在不同的人生階段因遭際心境和時代文化氛圍而對各主題及其內在流向偏重各殊。從年齡上看，中青年文人多相思懷古，老年文人多思鄉懷古，而前者往往是借思古幽情抒壯志難酬之恨，後者多為無可奈何的終古之嘆；前者多以相思寄君恩難遇之怨，後者多以思鄉尋求精神的撫慰與歸宿。兩者的遊仙也多不一樣，前者重在執著的精神超越與追求，後者則實在是懇切抒發企冀肉體生命永恆的癡願。此外，同一個人，在不同主題、不同人生課題面前扮演著社會心理學上講的「角色」是各不相同的。熱心仕進者亦思鄉戀土，談論歸處；春風得意者也悲秋；執著於現世惜時的也常口吐仙語……每個創作者對特定主題的一些慣用表現形式、題材、意象等等的使用，都是時有側重，且間或變化的。

　　上述現象與規律成因，除了外在文化情氛熏染及主體個人稟賦氣質與其處境遭逢等構成的個體審美素質、心理結構、價值取

向等要素外，還存在著文學的生產與消費過程中複雜的內在制約關係。當代接受美學認爲：「類似於語言的歷史，恆定不變的和多變的因素可以揭示一個系統中的功能質，因爲文學也是一種語法或句法，自身具有相對穩定的關係，傳統的和非規範化的類型，以及表達方式，風格類型和修辭格的安排。相對於這種安排的是更加千變萬化的語義學領域：文學主題、基型、象徵和隱喻等」；「我們一旦通過生產與接受的過程式關係的功能解釋克服自發的文學傳統的實質性概念，就有可能在文學形式與內容的演變後面，認識到理解世界的文學系統的重新組構，因而我們就可以理解審美經驗過程中視野的變化。」㊷本書就是從十大文學主題原型與流變的勾勒剖析中，試圖將研究觸覺伸展到較爲廣袤的領域，以期部分地找到一些文學史之謎的答案，對文學史諸現象規律有進一步認識，略舉數例如下。

一是對體裁流變的影響。如出處主題之於賦，騷賦重在出而不得的怨悱，「學詩之士逸在布衣，而賢人失志之賦作矣」。㊸大賦則極少談這話題，而自張衡《歸田賦》始正式向思處轉化，伴隨「出劣處優」觀念的強化而言志抒情成分增強，終取代大賦。思鄉主題之於賦體向古詩的嬗變，相思主題之於詩歌向長短句的嬗變，亦如此類。二是對某類題材盛衰的影響。如遊仙、出處主題對山水文學的促進，懷古主題之於歷史題材創作的勃興（如對詠史詩、歷史劇與歷史演義創作的決定作用等）。三是創作中象徵隱喻與闡釋批評的社會性、政治化傾向的不斷增強。各個主題原生階段不同於衍生變異階段，此以春恨、相思爲最，所謂以閨房兒女之言託君臣之感，訴《離騷》、《變雅》之義，不由得後世人不郢書燕說，杯弓蛇影。四是對整個古代文學基調風神的影

響。像悲秋之於憂患色彩；黍離、懷古之於感傷情調；遊仙、出處之於超越、離異、否定意識等等。五是對後期戲曲小說等敘事文學的浸染。如戲曲的詩化、抒情化，小說引詩詞寫人狀景以及人物心態的模式化、文人化等等。各主題歷時性動態發展使得一些文學現象共時性多元延展。

中國古代文學史是一個整體。從十大主題的存在價值上看，正是後世諸多作家不約而同地踵隨與改創，界定了起自《詩》、《騷》的十大主題性質；正是十大主題的發展流變，確立了各主題系統原型意象及其內在豐富深刻的文化蘊涵。主題發端時埋下的基因成型於系統的種系結構當中，充實著系統的各個層面，使得人的價值、人生的意義與人生命的意念情緒在其中得到了充分的有序化展示與表現，使得我們今天得以對十大主題在文化視點上作如是觀。

杜夫海納講到，作品中情感性的顯示才真正構成審美經驗，「真正的主題存在於作品本身，它只有在作品中才能被感知，只有以作品處理它的方式才能被把握。兩個不同的作品可能有同一個主題，只要這些作品的審美要素不同，它們表達的意義也就不同。不管我們怎樣通過界定、概括和說明來談論主題，我們都必定不能忠於作品。」④這裡的「主題」一語指具體作品主題，與本書主題的概念內涵有聯繫又不盡相同。但從接受美學角度看，絕對而孤立地理解、解釋具體作品中純粹性的「主題」的確不可能，作品總離不開其自身所在的可多向引申的流動性的主題系統。文學史既是一個多面體，我們就應該有勇氣去進行面面觀。誠然，「對過去的每一種理解都包含著某種誤解，因為我們並不是站在歷史之外觀察和評判歷史的，我們對歷史的看法本身就是

歷史的產物。」㊺但是至少，對十大主題作當代意識觀照下的某些價值判斷，使我們有可能部分地揭示作者本人與前人未能省察的潛在思想主題及其深層含義，以此透視古代文學的文化意義。

註　釋

①見蔣述卓等：《從文學本體論出發看中國文學的發展》，《新華文摘》1987年第10期。

②《文選序》，見《中國歷代文論選》，上海古籍出版社1979年版，第330頁。

③《舊唐書·經籍志》、《新唐書·藝文志》著錄的大部頭類書即有《文思博要》、《三敎珠英》、《文館詞林》、《策府》、《瑤山玉彩》、《碧玉芳林》、《累璧》、《類文》、《元氏類集》、《東殿新書》、《北堂書鈔》、《檢事書》、《玄覽》、《玉藻瓊林》、《藝文類聚》、《集類》等，其中《文館詞林》打破了《昭明文選》在文體下不分「類」的格局，在其「詩體」下，又細分爲「言」、「部」、「類」三個層次。參見台灣學者方師鐸著：《傳統文學與類書之關係》，天津古籍出版社1986年版，第139頁。

④《序洛詩序》，《全唐文》，中華書局1983年版，第6897頁。

⑤《叙詩寄樂天書》，《全唐文》，第6634頁。

⑥參見劉尚榮：《〈百家注分類東坡詩集〉考》，《社會科學戰線》1982年第2期。

⑦參見阮閱：《詩話總龜》，周本淳校點，人民文學出版社1987年版。

⑧《原詩·內篇》卷一，《清詩話》第572頁。此外薛雪《一瓢詩話》亦師承此說，見《清詩話》，上海古籍出版社1978年版，第678頁。

⑨參見：葉舒憲選編：《神話—— 原型批評》，陝西師大出版社1987年版。

⑩《敦煌遺書論文集》，中華書局1983年版，第57頁。

⑪任二北：《敦煌曲初探》，上海文藝聯合出版社1954年版，第267頁。

⑫《中國文學史之鳥瞰》，《文學遺產》1986年第5期。

⑬《詞風的轉變與蘇詞的風格》，《社會科學戰線》1986年第3期。

⑭⑮⑯⑰〔美〕烏爾利希·韋斯坦因：《比較文學與文學理論》，劉象愚譯，遼寧人民出版社1987年版，第121—125頁。

⑱〔美〕馬利安·韋伯斯特有限公司：《新大學生辭典》第9版，斯浦林菲爾德出版社1984年版，第774頁。

⑲《韋伯斯特大辭典》第3版，第1475頁。

⑳〔加〕《約克文學術語及詞源辭典》，約克出版社1976年版。

㉑〔英〕傑弗里·巴勒克拉夫：《當代史學主要趨勢》，楊豫譯，上海譯文出版社1987年版，第150頁。

㉒《魯迅全集》第7卷，人民文學出版社1982年版，第383頁。

㉓《聞一多全集》第1卷，三聯書店1982年版，第203頁。

㉔陳淑女譯，台灣開明書店1969年版。

㉕謝選駿：《神話與民族精神—— 幾個文化圈的比較》，山東文藝出版社1986年版，第160頁。

㉖《馬克思恩格斯全集》第23卷，人民出版社1972年版，第12頁。

㉗《漢書·禮樂志》。

㉘余英時：《士與中國文化》，上海人民出版社1987年版，第129頁。參見該書第四部分。

㉙參見張春興、楊國樞：《心理學》，台灣三民書局1980年第4版。

㉚《元白詩箋證稿》，上海古籍出版社1978年版，第99頁。

㉛杜甫：《奉送嚴公入朝十韻》，仇兆鰲：《杜詩詳注》，中華書局1979年版，第912頁。

㉜湯顯祖：《〈牡丹亭〉題詞》，人民文學出版社1984年版。

㉝《批評的解剖》，見葉舒憲選編：《神話——原型批評》，陝西師大出版社1987年版，第155頁。

㉞《榮格文集》第15卷，普林斯頓大學出版社，第443—444頁。

㉟梅特林克語，《外國現代劇作家論劇作》，中國社會科學出版社1982年版，第38頁。

㊱DeBon GvnTher（德邦），見《中國古典文學論叢》冊一，詩歌之部，台北中外文學月刊社版，第197頁。

㊲〔捷〕普實克：《普實克中國現代文學論文集》，李燕喬等譯，湖南文藝出版社1987年版，第84頁。

㊳《發生認識論原理》，商務印書館1985年版，第16頁。

㊴袁枚：《隨園詩話》卷七，人民文學出版社1962年版，第220頁。所引詩句參見本書「思鄉」、「悲愁」主題。

㊵錢鍾書：《管錐編》，中華書局1979年版，第39頁。

㊶胡應麟：《詩藪·外編》卷一，上海古籍出版社1979年版，第160—161頁。

㊷〔聯邦德國〕H.R. 姚斯：《走向接受美學》，見《接受美學與接受理論》，周寧、金元浦譯，遼寧人民出版社1987年版，第47頁。

㊸《漢書·藝文志》。

㊹《審美經驗現象學》，見《世界藝術與美學》第7輯，韓樹站譯，文化藝術出版社1986年版，第140頁。

㊺〔匈〕豪澤爾：《藝術社會學》，居延安譯編，學林出版社1987年版，第185頁。

中國古代文學中的惜時主題

在傳統的民族文化心理中，重視人在宇宙自然中的位置，形成了「天人合一」的普遍觀念；重視人在社會生活中的遭際，形成了以人爲本位，以天命爲形式的實際立身行事原則。盛極衰至，物有竟時的自然規律，使得作爲社會實踐主體的人，很早就對其自身生命歷程的有限性體認到了。於是，一個以人、人生爲中心的惜時文學主題很早便濫觴於中國文學發端。在紛紜複雜的文學現象中，它雖只是中國文學諸多主題中的一個，但卻於現世人生最切近相關，可謂中國文學的百川之始，其凝聚力、衝擊力經久不息，形成了自身相對穩定的思想主旨與表現形式。

一、「及時行樂」與「乘時而動」

── 《詩經》《楚辭》中的主題發端

往不可見，來不可測，永恆而神秘的時間呵！令人神往又使人敬畏！每個人都在時間的長河中生長衰亡，任何人也無法窮盡它。早在西周金文中就有了祈眉壽一類的嘏辭。「祈眉壽」幾乎成了每篇銘文中不可或缺的內容。宋代出土的西周晚期《楚公逆鎛》銘文：「逆其萬年又多囗（保其身），子孫其永寶。」吳器《者減鐘》銘文：「用祈眉壽繁釐，於其皇祖皇考，若召公壽若參

壽……子子孫孫，永保是尙。」①《詩經》中該主題也微露端倪。

「人的自我意識只能通過對外部世界的認識才能達到。」②人的惜時感也正是在對外界的體認中逐漸萌生的。《曹風·蜉蝣》從蜉蝣命短聯想到人生的短促：「心之憂矣，於我歸處」；雖久暫有別，可生必有死，最終歸宿是萬生同赴的，透露了人生苦短、盛時不再的凄楚。《小雅·頍弁》寫（人生）「如彼雨雪，先集維霰。死喪無日，無幾相見。樂酒今夕，君子維宴」；《唐風·蟋蟀》的「今我不樂，日月其除」等，也都從自然外物聯想到人生之秋，生命之暮的倏忽即至。在內心深沉憂患情緒外射的同時，詩人不能不產生珍重現世時日、及時行樂的行爲指向。如《唐風·山有樞》所言：「子有酒食，何不日鼓瑟？且以喜樂，且以永日，宛其死矣，他人入室」，於是更爲珍惜有生之年，肯定與關注人和人生的價值。

中國古代文學中的「惜時」與「及時行樂」思想關係甚密。以往大多數論者將及時行樂一概歸結爲貴族階級專有屬性，不免有失於偏狹。因爲人所共有的正常生理本能需要是不容忽視的。《說文》曰：「樂，極也，歡也」；《尙書·大禹謨》言：「罔淫於樂」（疏：謂性與天道無所不適）；《易》謂：「樂天知命故不憂」；《呂氏春秋·務大》稱：「……然後皆得其所樂。」可見，「樂」有適性、因性、歡極等多重含義。「適」是被動的，「因」則帶有較多的主動成分。「樂」不單包括個人食色享受，也帶有盡主體之所能，及時生活，與有限光陰爭奪時間的進取精神。其既建立在不屈從客觀規律性、努力發揮人內在潛能的基礎上，也就不應簡單視爲消極頹廢。時間對每一個人都是公平的，而能有一種不願虛擲光陰、苟且度日的緊迫感，本身就是積極的人生態度。《漢

書·地理志》曾肯定:「《詩》、《風》唐、魏之國也……其民有先王遺教, 君子深思, 小人儉陋, 故唐詩《蟋蟀》、《山樞》、《葛生》之篇……皆思奢儉之中, 念死生之慮。」朱熹《詩集傳》亦稱:「……其地土瘠民貧, 勤儉質樸, 憂深思遠。」這種為生存而奮爭中所湧現出的惜時感, 確帶有兩種截然不同的內在流向: 及時行樂和及時立業。例如, 同是一首曹操的《短歌行》, 唐人見出這是「言當及時為樂」;③清人則認為:「此嘆流光易逝, 欲得賢才以早建王業之詩。」④兩種內在流向之間又有著密切的聯繫。

　　無可否認, 及時行樂包括以生理性為主的「食」、「色」內容。馬克思指出:「人作為對象性的、感性的存在物, 是一個受動的存在物; 而由於這個存在物感受到自己的苦惱, 所以它是有情慾的存在物。情慾是人強烈追求自己的對象的本質力量。」⑤隨著人類文明的進化, 這種本質力量異化為兩個極端: 一是貪慾, 一是禁慾。前者如恩格斯在《費爾巴哈論》中所說的:「自從階級對立產生以來, 正是人的惡劣的情慾──貪慾和權勢慾成為歷史發展的槓桿。」人過分的享受慾求導致無數罪惡產生, 這在倫理價值系統中被評價為「惡」, 然而, 正是它促動了人去奮發追求, 在人類社會歷史發展中價值未可低估。過去我們否定及時行樂, 實際上是以否定得到這種行樂條件的手段為前提的, 不能因為否定巧取豪奪、損人利己就連帶著否定享樂本身。除了以惡的手段求得及時行樂包含著主體奮求因素外, 如果所行之樂為自己勞動創造所得, 又何罪之有? 至於禁欲則是扼殺人性。在這一點上, 與基督教不同, 儒教是「發乎情止乎禮義」。千百年來的內在阻抗力與外在壓抑力, 製造了無數扭曲的靈魂、失衡的心態、畸形的人, 此正是「對人的本質真正佔有」的異化表現。而

傳統文化對兩性間的情慾尤爲諱莫如深，認爲「不淨」，須化情滅慾。對此，魯迅曾強調，食慾和性慾是人的本能，「食慾是保存自己，保存現在生命的事；性慾是保存後裔，保存永久生命的事」；「一要生存，二要溫飽，三要發展」；那些久受壓抑的人，「爲社會所逼迫，表面不能不裝作純潔，但內心卻終於逃不掉本能之力的牽掣。」⑥破除這種愚昧虛僞的禁慾主義，將行樂之慾適當節制與誘導，是高揚馬克思主義人道主義，實現價值觀念、文學觀念更新的重要一步。

《思維方式》一書的作者懷特海指出：「生命這個概念暗含有某種自我享受（self-enjoyment）的絕對性。這必然意味著某種直接的個性，它乃是一種吸收自然界物理過程所提供的許多有關材料使之成爲一種存在的統一體的複合過程。生命就暗含著從這種吸收過程產生的絕對的、個體的自我享受。……這種『過程』包含一種屬於每一『機會』的眞正本質的創造性活動的概念。它乃是把宇宙間的這樣一些因素吸引出來使之變爲現實存在的過程，這些因素在這個過程以前只以未實現的潛能的狀態存在著。自我創造（self-creation）的過程就是將潛能變爲現實的過程，而在這種轉變中就包含了自我享受的直接性。」⑦我們在這對惜時主題進行價值判斷時，重要的在於揭示這種惜時情感流程對人潛能的激發。《列子》稱：「人不婚宦，情慾失半；人不衣食，君臣道息。」⑧可見古人早已認識到自我享受不光在於人本身的基本需要，正是由於要尋求歡樂，在對象化滿足中實現自身的存在價值，人才產生了對生活的更高更強烈的需求及其對現文化階段的不滿，於是不斷地改進、創造、煥發潛能，從而推進了歷史前進與人類發展。上述以人的生理慾求爲不竭動力源的及時行樂乃是

《詩經》給該主題的定調。其含孕著後世惜時之作積極的質素與趨向，給後世文人心態帶來了催奮人珍重年華、自強不息、及時有爲的遺傳因子。惜時，成爲後世文學創作主體最爲敏感與時時關注的重大題材與情趣意念之一，始作俑者留下的美感效應爲後人體驗思索人生眞諦時的一個深層意識中的「先結構」。

如果說，《詩經》惜時主要是人體認到生時有限而力求及時行樂，那麼，《楚辭》對時間的緊迫感則強烈自覺得多。因爲限於時代，先時人們對有限人生無可奈何成分較多，而到了《楚辭》這裡則開始對這種無可奈何表現出極大的痛苦情緒。《湘君》、《湘夫人》中有「時不可兮再得」，但屈賦集注的是精神追求的急切與不滿足。《離騷》：「汩余若將不及兮，恐年歲之不吾與」；「恐鵜鴃之先鳴兮」，時間關係著政治理想能否見容現實。詩人注目時光飛逝，擔心時機錯過：「恐美人之遲暮」，「恐天時之代序」（《遠遊》），恨不得讓日輪駐足，白晝永昶。「廣遂前畫兮，未改此度也；命則處幽吾將罷兮，願及白日之未暮也」（《思美人》）。在己，是「榮華未落」，「年歲未晏」，正值濟世興邦的盛時良辰；而在客觀外界，卻是「將暮」，「歲曶曶其若頹兮，豈（時）亦冉冉而將至」（《悲回風》），時光如流，催動著詩人急切求索。惜時於此超越了物質上的自我，充溢著崇高的社會使命感。爲了實現及時用世的政治目的，詩人百般飾美自己，於是「好脩」成爲整個屈賦的重大主題之一，⑨而「好脩」的本質正在惜時。刻不容緩的惜時與美政實現、自我本質見諸現實的熱望息息相聯。屈原的好脩忠君，是實現自我的手段，而並非泯滅自我。

《九辯》的「歲忽忽而遒盡兮，恐余壽之弗將」；「歲忽忽而

遒盡兮，老冉冉而愈馳」，自我的位置愈益突出。宋玉將自我價值隨時而殞的淒楚明確化，其筆下物候遞遷之於人心理聯繫分外讓人警醒，後世繼之者幾不假思索地在惜時情感驅動下馳神運筆。年輕的賈誼偏偏疾呼：「惜余年老而日衰兮，歲忽忽而不反」（《惜誓》）；詼諧的東方朔連連哀嘆：「年滔滔而自遠兮，壽冉冉而愈衰」（《七諫》）；劉向、莊忌也苦苦行吟：「欲容與以竢時兮，懼年歲之既晏」（《九嘆》）；「白日晼其將入兮，哀余壽之弗將。」（《哀時命》）宋人認爲：「《楚辭》『沅有芷兮澧有蘭，思公子兮未敢言』……『惟草木之零落兮，恐美人之遲暮』，皆愛君惜時之詞」，⑩察覺了該主題在文學史中的第一個高峰。

　　《詩經》惜時還多以滿足有限人生生理欲求爲鵠的，古樸渾成，天然野趣；《楚辭》則展示了創作群體強烈的社會欲求，乘時而動，皎潔拔俗。生產力發展，社會矛盾衝突加劇催動人文化形態的躍升。我們同意將人類社會生活分爲四大系統⑪，而以惜時主題觀之，《詩經》側重在物質生活與社會生活系統，《楚辭》側重在政治生活和精神生活系統。自此，該主題在偏向後者的規定性中發展。直至明中葉才有逆轉。

二、「應時」與「待時」

── 先秦散文中的時間意識

　　惜時之作廣泛存在於早期抒情文學中絕非偶然。「感性專注的事物，對於理智也不是一種秘密。」⑫其與先民的諸多理性觀念是互爲生發的。

　　《說文》曰：「時，四時也」；《釋名》解釋：「時，期也，不

失期也」;《廣雅》謂:「時,期也,物之生死,各應節期而止也。」可見「時」的觀念源自農業生產勞動。季節遞移,農時催人,客觀規律迫使人們爲了生存去思考。《尚書·堯典》載舜祭祖時說:「食哉!惟時」(「要解決民生問題,最重要的是注意人民耕作的時令」)。《尚書·皋陶謨》載舜作歌:「敕天之命,惟時惟幾」(「謹愼著天的命令,做事要把握時機。」⑬)。《尚書·洪範》:「歲月日無易」,借時間序列永恆不變喻君臣等級之不可移,見出對「時」的崇拜。

武王伐紂作《泰誓》,號召臣民「除穢惡」,「永清四海,時哉弗可失」,社會鬥爭中的時機亦稍縱即逝,且變動不居,不像自然之「時」的恆常往復。《論語·陽貨》有「好從事而亟失時,可謂知乎?」孟子稱讚孔子善權變應時則曰:「孔子,聖之時者也。」⑭由自然時間的特質還可以解悟一切時機的把握,如《易·隨彖》曰:「天下隨時,……隨時之義大矣哉!」人,除了當機立斷,平時也要克勤克儉,應時用事。《尚書·洛誥》中周公訓誡召公:「汝乃是不蘉(勉力),乃時惟不永哉!」見出人們開始自覺利用機遇,力避統治之時「不永」。又《左傳·襄公八年》:「俟河之清,人壽幾何」;《國語·越語》:「得時無怠,時不再來」;《戰國策·秦策》:「聖人不能爲時,時至而弗失」;《呂氏春秋·首時》:「天不再與,時不久留」等,都表明了展開、支配、占有時間的切望。總之這是要在時間、時機這一自然規律面前,發揮「應時」勿過的主動精神。

孔子感嘆「逝者如斯」、「日月逝矣,歲不我與」,⑮對時間的珍視在儒家積極用世態度下,又體現爲抓緊農業生產中的「時」,落實爲對民力、勞動價値的珍重。「節用以愛人,使民以

時」(「役使老百姓要用農閒時間」)⑯，這是孔子仁學思想的核心。《大戴禮記》引《牖之銘》有：「隨天之時，以（用）地之財，敬祀皇天，敬以先時」；《孟子》亦曰：「不違農時，穀不可以勝食也」，「雞豚狗彘之畜，無失其時」，「百畝之田，勿奪其時」⑰。而《墨子》主張「節用」，惜時觀念亦在其中。節用不單指物質，還包括對寶貴的人力資源的利用：「昔者聖王爲法曰：『丈夫年二十毋敢不處家，女子年十五毋敢不事人。』」《荀子》也講：「望時而待之，孰與應時而使之？」「積微，月不勝（如）日，時（季）不勝月，歲不勝時」，提倡讓人民「務其業而勿奪其時，所以富之也。」⑱這種同國計民生聯繫起來的惜時，帶有變革外部世界的積極性，成爲先秦「民本」思想的組成要素之一。其對後世影響既深且巨。「惠（恩惠）在於因時」⑲爲歷代統治者不約而同地予以重視，如明太祖朱元璋即曾謂：「『節用而愛人，使民以時』，眞治國良規。」⑳

　　《莊子》的惜時則是將時間、生死觀念淡化，著意將人的價值說得無足輕重。基於對自身本體的高度重視，莊子設立了取消物我、是非、對立的「物有然可」說：「天下……莫壽於殤子，而彭祖爲夭。」可畢竟「人生天地之間，若白駒之過隙」。明知「吾生也有涯」的莊子，並不是無視自然規律，而是力圖闡釋得更爲合理，採取抗爭無望下「外求不可反求諸身」的曲通之術。在「不樂壽，不哀夭」的背後，實爲一種無可奈何後的傷極至恨。這與《周易》「君子進德修業，欲及時也」，「君子見幾（微）而作，不俟終日」有別。莊子覺得：「操有時之具而托於無窮之間，忽然無異騏驥之馳過隙也，不能說其志意，養其壽命者，皆非通道者也。」㉑他是以守代攻，以養圖存，在有限中企求無限。

恰似黑格爾所言：「在這種抽象的世界裡，個人不得不用抽象的方式在他的內心中尋求現實中找不到的滿足；他不得不逃避到思想的抽象中去，並把這種抽象當作實存的主體—— 這就是說，逃避到主體本身的內心自由中去。」㉒從精神主體心理建構角度看，借助濃鬱的文學性，莊子獨標一格的惜時深植於民族文化心理的深層結構中，完善與補充著儒家的惜時觀。

可見，先秦時代的惜時是一種哲理與情思，體驗與認識交匯的意識結晶。正所謂：「時，時機也，亦時宜也。在於人者，動則謂之『乘』，靜則謂之『待』，陽動而陰靜謂之『隨』，要之不離乎當機與應宜者是。」㉓就惜時文學主題來看，《詩三百》多「隨」，明爲憂生惜時，而實願安穩度過有限的人生時日；《楚辭》多「乘」，竭誠盡智，躍動著詩人追求美政，完善人格理想的拳拳之心；而《莊子》則凝結爲「待」，苦苦探覓最佳方式，讓主觀順應客觀，自我融於外物，求得時間、生命與精神的保全與永恆。

三、「盛衰極反」與「樂極悲生」

—— 「天人合一」與主題的再次高峰

時間流逝乃宇宙運行之必然，但在人「內宇宙」的感受中，由於季節物候與社會事件的觸發，常常會體驗到一種外物（自然與社會的）物極必反，盛極衰生的生命律動。英國人類學家弗雷澤明確揭示了循環觀念是古老的巫術理論的發展：「……經過一定的時間，知識逐漸增長，排除了許許多多一廂情願的幻想，使得至少是富於思想的一部分人相信：春夏秋冬、節序更迭，並非

他們巫術儀式的結果，而是由於在自然景象轉換的後面有著更深刻的原因、更強大的力量在起作用。他們這時為自己描繪出植物生長和衰朽、生物誕生和死亡的形象，是有神性的東西，是神和女神的力量消長的影響。」但是，「雖然人現在把每年的循環變化基本上歸諸他們的神祇的相應的變化，他們還是認為通過進行一定的巫術儀式可以幫助生命本原的神反對死亡本原的鬥爭。」㉔可見，正是人的理性與需求深化了其對自然對象的體認。客觀的自然律動以人的情感哲思為中介，轉變為一種歷史的力量。在西方，由此產生了那些以神的婚媾、死亡、重生或復活來解釋生死榮衰的巫術戲劇主題；而在中國，由於民族文化心理中的實踐理性精神，這種意念情懷不是以情感式的模仿來展露，而更多的訴諸於理性格言的警訓。人的惜時情緒、自我價值的珍重必須要依循自然力量── 「天」的性格，古人不厭其煩地告誡：「盈而蕩，天之道也」；「盈必毀，天之道也」；㉕「物盛則衰，天之常數也，進退、盈縮、變化，聖人之常道也」；㉖「古之善為士者，……保此道者不欲盈，夫唯不盈，故能蔽不新成」；㉗「窮則反，終則始，此物之所有」；㉘「天子不處全，不處極，不處盈。全則必缺，極則必反，盈則必虧……」㉙凡如此類語，均可見出，不論是治國濟眾還是明哲保身，盛衰極反的嬗遞規律都引人高度怵惕，而秦速亡的歷史事實又令人進一步深刻地反省總結。

漢初承秦，不失良機及時行事的惜時尚籠罩時人的頭腦，如蒯通勸韓信：「時者難得而易失也，時乎時，不再來」，又諸作每每「以物體之下崩或高積示歲時之晼晚。」㉚然而漢人更多的是用「天人合一」的宇宙化模式與歷史性的綜合延伸惜時，《史記》於此最為顯著。像蔡澤勸應侯：「語曰：『日中則移，月滿則虧』，

物盛則衰，天地之常數也；進退盈縮，與時變化，聖人之常道
也。」幾乎全承《戰國策·秦策》之說。又李斯自嘆：「當今人臣
之位無居臣上者，可謂富貴極矣，物極則衰，吾未知所稅駕（結
局）也」；又褚少孫評議語：「夫月滿則虧，物盛則衰，天地之常
也」；更有「日中必移，月滿必虧，先王之道，乍存乍亡」；「物
盛而衰，時極而轉」；而「酒極則亂，樂極則悲，萬事盡然；言
不可極，極之而衰」，③則見出外在現實探討啓悟人尋究心理活
動流程。直到《漢書·竇田灌韓傳》亦有「夫盛之有衰，猶朝之
必莫（暮）也」；《韓詩外傳》有「持滿之道，抑而損之」；緯書
中有「聖王知極盛時衰，暑極則寒，樂極則哀；」②《淮南子·原
道訓》對此講得更透徹：「耳聽北鄙靡靡之樂，目齊靡曼之色，
陳酒行觴……解車休馬，罷酒徹樂，而心忽然若有所喪，悵然若
有所亡也。是何則？不以內樂外，而以外樂內；樂作則喜，曲終
而悲，悲喜轉而相生……」這種帶普遍性的情緒規律體認總結頗
持續了一段時間。《禮記·樂記》中有「樂極則憂」，「樂不可極」；
而由漢武帝《秋風辭》「歡樂極兮哀情多」，竟沿續到曹丕「清風
夜起，悲笳微吟，樂往哀來，淒然傷懷」；③「樂極哀情來，寥
亮摧肝心」；④「酒酣樂作，悵然懷盈滿之戒，乃作斯賦」；⑤直
至《抱朴子·暢言》還在申明：「樂極則哀集，至盈必有虧，故曲
終則嘆發，燕罷則心焦也」。《文選》載張華《女史箴》：「愛極則
遷，致盈必損，理有固然。」這種認識是人類各族共通的。如容
格指出赫拉克利特，「發現了所有心理學規律中最了不起的一條，
即對立物的調節機能，他稱它為 enantiodromia（物極必反），他
指的是這樣的意思：每件事物傾向於遲早轉向它的反面……」。
⑥在這人類文化心理普遍規律的各不相謀的「趨同」體認中，我

們的古人是毫不遜色的。

此後，染上了濃重悲涼色調的惜時主題又濃化了整個魏晉「主悲」時代氛圍。「人生有何常，但患年歲暮，幸托不肖軀，且當猛虎步」；㊲「人生居天壞間，忽如飛鳥棲枯枝」；㊳「心懍惕以中驚……恐年命之早零」；㊴又像撫髀肉涕曰：「日月若馳，老將至矣！而功業不逮……」㊵以及省察人生苦短，矚目眼前之樂的痛述，靠修煉求仙服藥尋覓長生之道的世風，㊶都灌注了愛生惜時之悲。而體現主題民族性、時代特徵並使之文學化了的，莫過於《古詩十九首》。戰亂頻仍，萬目時艱，文人自身命途多舛，淵源有自的憂患心理積澱與現實感受撞擊，主體備感人生之艱，生命之促：「人生天地間，忽如遠行客」；「浩浩陰陽移，年命如朝露；人生忽如寄，壽無金石固。」人，代復一代地生而至死，卻死不得復生，聖賢也不免歸宿荒丘，於是爲了使精神超越憂戚，就自然想到：「何不策高足，先據要路津」，與人生極限來爭奪時間。

對「傷彼蕙蘭華，含英揚光輝；過時而不採，將隨秋草萎」。前人體會出女子自喻年華不永，韶華難再之外的理性意義：「每讀此有超然獨立，撫壯及時之感」。㊷緣其在物候盛衰規律中突顯了時的觀念，啓示人們及時行事，免得事過而悔，時逝徒憾。又「四時更變化，歲暮一何速！」《阮亭古詩選》認爲此：「言歲月易逝，勞苦何爲？不如及時行樂，即《山有樞》之意也。」其實這同「爲樂當及時，何能待來茲」，「不如飲美酒，被服紈與素」一樣，是在景駛年催、亟亟不待的宇宙規律面前人的自我意識的頓然勃發，在永恆無限時空映襯下自慚形穢的驚嘆。其交織著人與萬物盛衰相伴的惜憾，分明是一種求而不得，又不自甘暴

棄的憤激之語，讓人感受到詩人嚴肅正視人生後那種熱愛生活，珍視自我的強烈內心騷動。

作爲主題發展的第二個高峰，《古詩十九首》又超越了《詩》、《騷》側重物質實用性、精神具體化的惜時，圍繞著人生、人的價值進行內省性的廣泛探索。它基於人的生理需要層次，由人的社會關係深入到內心世界，情感的多重指向又萬線歸綜，使之美感效應深邃而持久。這與「人的覺醒」時代進程同步。以「天人新義」爲核心的玄學思辨對人生價值的重新審定，同文學主題互爲推進。漢初《淮南子·原道訓》的「日回而月周，時不與人遊，故聖人不貴尺璧而重寸之陰，時難得而易失也」，到了《典論·論文》中就變成了：「古人賤尺璧而重寸陰，懼乎時之過矣」。這個「懼」，正是惜時心理成因，是人的自我意識瞬間感奮、心靈的搏動震顫，於是建構了解悟對象與自我、歷史與現實、自然與社會人生諸現象、重新審視人生價值的情感初階。《古詩十九首》等作品正是基於「懼」，將惜時主題沿人生自我的疆域臻於精緻，爲主題發展起了重要的中轉、定向作用。《莊子·天運》寫黃帝答北門成問樂：「一死一生，一債一起，所常無窮，而一不可待，汝故懼也。」將「懼」作爲樂曲引起聽衆心理效應三階段中的第一步：「樂也者，始乎懼，懼故崇；吾又次之以怠，怠故遁；卒之於惑，惑故愚；愚故道，道可載而與之懼也。」由此進入到一種與天道渾然一體的境界。回味老莊玄理的時代心理氛圍，使個人私情的自我表現逐步取代了社會倫理情感和群體意識的有意傳達，遂成爲魏晉文學自覺時代的美學核心。

四、「得失隨緣」與「修道延年」

—— 循環觀念、道釋思想與主題餘脈

現實社會中的人既然生活在動態化的宇宙時空中，感受著自然社會人生萬象紛呈的現象，體驗著客觀外界生命律動與自身交錯相通的情感，也就或遲或早有著某種所謂辯證運動的觀念產生，「一般說來，運動和生成可以不重複，不回到出發點，在這樣的情況下，這種運動就不是『對立面的同一』。但是，無論天體運動，或機械運動（地球上的），或動植物和人的生命——它們都不僅把運動的觀念，而且正是把回到出發點的運動即辯證運動的觀念灌輸到人類的頭腦中。」⑬因而，惜時不僅與盛衰悲喜、情緒哲思相關，還黏帶著一種周而復初的循環觀念。朱熹曾謂《楚辭·九歌》「壹陰兮壹陽」，是：「言其變化循環，無有窮已也」；《莊子·秋水》亦稱「年不可舉，時不可止，消息盈虛，終則有始」；《荀子·王制》有：「始則終，終則始，若環之無端也」；《鶡冠子》也謂：「美惡相飾，命曰復周；物極則反，命曰環流」，（宋·陸佃注：「言其周流如環。」）又《春秋繁露》卷七：「四法如四時然，終而復始，窮則反本」；《史記·高祖本紀》：「三王之道若循環，周而復始。」觀此，其影響到文學上的惜時主題勢所難免。

阮籍每多惜時之慨：「壯年以時逝，朝露待太陽；願攬羲和轡，白日不移光。」但現實嚴酷，惜時追求又不得不動搖，在一種綿裡藏針的柔弱中找尋復歸自然的蹊徑：「誰言萬事難，逍遙可終生」；「竟知憂無益，豈若歸太清」。⑭陶淵明也直呼惜時：「盛年不再來，一日難再晨，及時當勉勵，歲月不待人」；「古人惜寸陰，念此使人懼」，「感物願及時，每恨靡所揮」，⑮但他又

自我感覺著或可超越人生現世，返樸歸真：「寒暑有代謝，人道每如茲。達人解其會，逝將不復疑」；「縱浪大化中，不喜亦不懼；應盡便須盡，無復獨多慮。」㊻由感時惜時的「懼」，到超逸飄遠的「不懼」，見出實踐主體同時又是精神主體的人，在理想願望被現實無情否定時，精神主體不顧實踐主體的現實景況，竭力捕捉建構一種超然物表的情感歸宿來自我補償。如恩格斯指出的：「事物在前進中所沒有的無限，在循環中卻有了。」㊼永恆的一切在身與物化的曠達中實現，於是主體的惜時焦慮便有所寬釋。

　　然而，從傳統文化心理上看，中國人雖通曉循環觀念，但更相信的還是盛極衰至、樂極悲生的單維性。且「人情樂極生悲，自屬尋常，悲極生樂，斯境罕證……轉樂成悲，古來慣道。」㊽在這以自我為本位，極度惜時又不可得之際，莊子的超脫玄妙與思孟學派的循環觀念交織。值此，佛教漸入中土，迎合了人們的企盼。佛家「欲令眾生得清淨心」，開釋人們看破紅塵，「得失隨緣，心無增減」，「於相離相，於念離念」㊾塵世凡俗被看作過眼煙雲。佛教觀念為儒道兩家所同化吸收，增強了人對自然的親和感。時人指出：儒道兩者雖大有區別，卻有其共通點：「莊生之所以藏山，仲尼之所以臨川，斯皆感往者之難留。」㊿因為兩漢後成熟了的儒家雖重視藝術的外部規律即社會聯繫和社會功用，一定程度上阻遏性情抒發，但其對有限人生的珍視卻誘發作家去表現人與社會的關係。為玄學改造了的道家較重視藝術的內部規律，把人類本能推衍到物質的自然界中，推衍到人生哲理發掘上，深悟人生的肅穆。而道教則用惜時效應招收門徒：「人之處世，一失不可復得，況壽限之促，非修道不可延也」。(51)此亦見

出道教與道家的差異。道家是順應自然，而道教是不遺餘力求生惜時：「世之謂一言之善貴於千金，然蓋亦軍國之得失，行己之臧否耳。至於告人以長生之訣，授之以不死之方，非特若彼常人之善言也，則奚徒千金而已乎！」這種價值觀不斷得到強調：「不飽食以終日，不棄功於寸陰；鑒逝川之勉志，悼過隙之電速……」。㉜而力倡道生「頓悟成佛」之義的謝靈運則嘆惋著：「運行無淹（留）物，年逝覺已催」；㉝「駭彼促年，愛是長生，冀浮丘之誘接，望安期之招迎……」。㉞在求生惜時上，道教徒修身服食的招教也被佛門弟子吸收了。六朝惜時主題在這高峰後趨於平緩，但仍有「盛壯不留，容華易朽，如彼槁葉，有似過牖」；㉟「忽念奔駒促，彌欣執燭遊」㊱之詠。

　　初盛唐詩人作家筆下的惜時，具有廓大的宇宙感和豪邁情懷。這同佛教超越生死的意識有很大關係。「人生代代無窮已，江月年年只相似」；㊲「東隅已逝，桑榆非晚」㊳，雖不無感傷，終歸壯烈。王勃感於物候而作賦：「此作所以撫窮賤而惜光陰，懷功名而悲歲月」；㊴李白的「恨不掛長繩於青天，繫此西飛之白日」㊵更慷慨達情。中晚唐惜時歷史感漸盛，多蒼涼悽愴之忱。如「百年能幾日，忍不惜光陰」；㊶又前人評韓琮《暮春滻水送別》「行人莫聽宮前水，流盡年光是此聲」，是「勖以及時努力」，㊷「與李商隱《登樂遊原》傷好景難常，可謂異曲同工」。㊸李賀詩中的惜時更是打破了時空界限。《文苑英華》卷六二還載有蔣防的《惜分陰賦》，王起的《重寸陰於尺璧賦》等。

　　歌舞升平的北宋多圍繞人生聲色狗馬、感官享受的惜時，但也有《前赤壁賦》中的達觀。蘇軾亦在禪語入詩風氣中以此詠惜時之感：「兩手欲遮瓶裡雀，四條深怕井中蛇」，㊹謂人體如瓶，

精神如雀，極言四時（四條）之流逝不可抗拒。南宋末「國將不國」，岳飛的「莫等閒，白了少年頭」，㊅辛棄疾「惜春長恨花開早」，㊆劉克莊「嘆年光過盡，功名未立……」等等，㊇惜時充滿了報國的急切。元人小令中也不乏惜時精品，如：

> 「想人生七十猶稀，百歲光陰，先過了三十。七十年間，十歲頑童。十載尪嬴（瘦弱），五十歲除分晝黑，剛分得一半白日。風雨相催，兔走烏飛，（日月飛馭）仔細沉吟：都不如快活了便宜。」㊈

元曲中許多劇目的楔子、上下場詩常見到「花有重開日，人無再少年」；「月過十五光陰少，人到中年萬事休」㊉的套語，反映了時代重壓下人們苦無展志而本性不泯。惜時在悲觀的沉吟中有些冷落。明中葉人的思潮勃興，這之後惜時廣泛滲透到戲曲小說中，漸隆起主題的第三個高峰。《金瓶梅詞話》擴散了元曲中的「酒色財氣」價值觀，⑩屢言：「易老韶光休浪度，掀天富貴等雲空，不如且討紅裙趣，依翠偎紅院宇中」；「不如且放開懷樂，莫使蒼然兩鬢侵。」⑪又《琵琶記·中朝教女》：「光陰似箭催人老，日月如梭趕（趕）少年」；《紅樓夢》三十八回：「秋光荏苒休辜負，相對原宜惜寸陰」等等，也都以不同內在流向的惜時反映了人物各自豐富的內心世界。

面對古代文學長河中的惜時之作，上述勾勒自是掛一漏萬，特別是唐以後文學長河波瀾壯闊，思想領域三敎合流，要描述惜時主題這樣一個涉及內容複雜的文學現象，極易東面而向，不見西牆，但主題的文化價值猶在。

由於惜時之作濃鬱的哲理性，不可避免地給其表現上帶來了明顯的抽象化、議論化傾向。主題的原型意象不多，常見的無非

是流水、落日等，通常是主體在對此觀照、感知時反省自身，痛感在時間之流中行進於人生之旅。宋人曾恰切地指出：「古人詩勉人行樂，未嘗不以日月迅駛爲言。謝惠連云：『四節競闌候，六龍引頹機』；沈約云：『馳蓋轉祖龍，回星引奔月；』陸機云：『出西門，望天庭，陽谷既虛崦嵫盈，逝者若斯安得停』；司空圖云：『女媧只解補青天，不解煎膠黏日月』；孟郊云：『生隨昏曉中，皆被日月驅』，皆佳語也。至盧仝《嘆昨日》詩則曰：『上帝版版主何物，日車劫劫西阿沒。自古聖賢無奈何，道行不得皆白骨』；則又以不得行道爲嘆，非止欲行樂而已也。」⑫這裡不僅看出了主題內在的兩種流向，還注意到惜時的原型意象。其實「日月」一語重點在「日」，始自古老的日神崇拜，又經《離騷》「吾令羲和弭節兮，望崦嵫而勿迫」諸語強化之，同孔子的「逝川之嘆」等意象一道，匯成了惜時主題不夠壯觀的原型意象群。

五、永恆追求與相對完善

—— 惜時之於文人心態和文化心理

惜時主題在歷史運行過程中，逐漸形成了追求絕對時間與追求相對時間兩大系列。前者在憂生憂世中重視了人的精神主體價值，追求時間永恆，由此豐富強化了中國文人重視自我情感抒發、重視表現的特點，如屈原、莊子、李白、李賀的超越時間，向既往歷史與虛幻神遊中攝取意象，驅時我用。後者則追求有限人生價值，在自慰自勉中偏重實踐主體物質欲求的滿足，力圖合理有效地利用生命、充實、發展了重功利、文藝與現實親和的主體文化取向，如《詩經》、《古詩十九首》和元曲、明清言情小說

一些篇章便是此種情結寫照。

古人云:「夫死生是失得之大者,故樂莫甚焉,哀莫深焉。」⑦文學要展露人千端萬緒的情感意念,表現人苦辣酸辛的心靈歷程,就離不開人惜時意念的揭示。故惜時之嘆每每是中國文人窮通際遇時內在情感主調的「定格」。春風得意,躊躇滿志,惜時重在充實提高自我價值,建功立業;失意困頓,潦倒無望,惜時則寄情於山水聲色,及時行樂。但魏晉、中唐後都出現了一種趨向,即人們重視精神完善,在人與外界接觸中對客體整合,諧調內化爲人生美感圖式。功名的急切、蹉跎後的曠達都無不體現了短暫中求永恆、相對中求絕對的努力。前述兩大系列,在創作主體生活的不同階段和文學發展的各個時期此伏彼起地捶擊著,成爲古代文學寫意寫實結合,偏重寫意,抒發自我情志的民族特色成因之一。惜時主題在中國各體文學中貌異神同。詩莊詞媚,曲俗文雅。男子濟世救衆的陽剛之慨於詩多見,女子閨情愛戀或以此作喻的惜時嘆老便每見於詞,而曲中惜時往往爲欲得到人正常本能需求的激切呼喊。小說戲曲中的惜時常融鑄了創作者——中國文人自身榮辱升沉的經歷感受。其人物於男子不外乎追求得志時的奮勉,失意不遇時的恨嘆;於女子不外乎盛時難久的哀惋與時過香隕見棄於人的怨恚。中國敘事文學多人物自我抒情,詩詞與唱段於小說戲曲幾不可少,歷時性的惜時傳統積澱爲形式也算作內在成因之一。

諸多文學現象,特點與規律的成因正是通過文人心態的中介才形成的。惜時主題顯示了中國文人對「計時終點」時間的關注。「預計或希望將來發生的事件,根據到這個事件的時間來計算最近的時間」,⑭這謂之計時終點時間。古人早就確認時間是

單維流向的:「逝者如斯而未嘗往也」,因而對眼前與有限將來尤
爲關注。屈原雖在《天問》中發出「遂古之初,誰傳道之?」對
永恆時間回顧性的疑問,但眞正要使理想見諸現實,還是要「約
黃昏以爲期」,對不遠將來期待和預測。《左傳》對人物事件也是
多方預見。⑦《詩》、《騷》、《古詩十九首》對生命終極點的惶恐
憂慮,均體現了這種文化心理。一個有趣的事實是連名字稱謂上
也透露出類似的信息。僅以《漢書》略言,元帝時的「毛延壽」
衆所周知;《酷吏列傳》有「田延年」、「嚴延年」;《佞幸傳》有:
「李延年」;《匈奴傳》有「公孫益壽」、「甘延壽」;《外戚傳》有
「許延壽」。《儒林傳》有「焦延壽」,等等,均不離「延」,無非
是希冀著生命終極遲些到來。因而文學中嘆老嗟卑之語便綿綿不
斷:「悲人生之有終兮,何天造而罔極!」⑦⑥「寒往暑來而不窮,
哀極樂反而有終。」⑦⑦惜時感是千古文人的深層搖撼,具有多層
面的人性內涵,所謂「嘆老不一定就是消極的,它有時是出於一
種很積極的動機,催人珍惜時間,有所作爲。」⑦⑧緣此惜時態度
常作爲人格評定尺度:「大禹聖者,乃惜寸陰;至於衆人,當惜
分陰」;⑦⑨「君子爭寸陰而棄珠玉。」⑧⑩古人常以此自勉自慰,如
爲人念念不忘的故事:「王處仲賞『老驥伏櫪』之語,至以如意
擊唾壺爲節,唾壺盡缺,即玄德悲髀肉生意也。」⑧①不過,由於
內心世界的豐富性和情感噴發形態的多樣化,一些詩人作家窮時
故作曠達揶揄狀,達時以困厄凄苦語勵志調侃,故不可膠柱鼓瑟
視之。主題的內在機制是對人、人生價值的重視,它濃化了創作
主體的自我意識。於是惜時除帶來中國文學重表現、長於抒情等
特色外,還強化了主觀印象式品評作品的理論習俗,這也是增益
中國文人自我中心化意識且難於突破此種束縛的深在文化原因之

一，一定程度上又妨礙了其在新起點上的藝術衝浪。

主題也促動了中國文人心理中對事物盛極而衰，情緒悲喜相生的體認，這種盛衰悲喜觀由感知外物起，形成了人情感思維建構。如孫綽《蘭亭集後序》深切體會到的：「耀靈縱轡，急景西邁，樂與時去，悲亦系之。往復推移，新故相換，今日之跡，明復陳矣，原詩人之致興，諒歌詠之有由。」如此感受著時間，讓人慣於「興盡悲來，識盈虛之有數。」㊷敘事文學亦受此影響，如唐傳奇《霍小玉傳》寫其：「但慮一旦色衰……極歡之際，不覺悲至」；《金瓶梅》第七十八回的：「次第明月圓，容易彩雲散，樂極悲生，否極泰來，自然之理」；又《紅樓夢》開篇一僧一道勸頑石：「瞬息間又樂極悲生，人非物換」，第十三回秦可卿托夢鳳姐：「如今我們家赫赫揚揚已將百載，一日倘或『樂極生悲』……」明清小說中此類語句往往爲情節遞轉信號，人物命運結局的提示。前人還借此總結文學規律。如葉燮《原詩》：「詩之爲道，未有一日不相續相禪而或息者也。但就一時而論，有盛必有衰；綜千古而論，則盛而必至於衰，又必自衰而復盛……」王世貞《藝苑巵言》也有：「衰中有盛，盛中有衰，各含機藏隙。盛者得衰而變之，衰者自盛而言之，弊由趨下，……此雖人力，自是天地間陰陽剝復之妙。」

惜時主題還有力地作用於民族審美接受心理。惜時之作既是專制制度束縛不住人性、人本質力量的明證，又建構了人的審美觀照習慣。古代文人常用榮時憂枯、枯時悼榮之慨審視自然萬物；在傷春悲秋、由物及我的情感線索中建立生命化了的自然與自然化了的人生間聯繫；用聚時憂分，別時憶見之痛對待人事交往，在傷離惜別、由人觀己的倫理程序中強化親友與自身間的情

感紐帶；用盛時慮衰、衰時思盛之忱直面社會風雲，在傷時憫亂或憤世嫉俗中安排外界社會與個人小我間的關係。自然物候下萬物榮枯的感慨，時事顛沛下親朋別離的惜嘆，不見遇於君見知於世的鬱悶憤激，基點都在於一種不願庸庸碌碌度過有限人生的惜時感。種種原因使人自我本質得不到確證，惜時感折磨著無數有志之士的精神，他們焦慮、苦惱、悲憤，於是，民族憂患濃烈而執著，這之中充溢著深刻的道德觀念與巨大的理性力量。「賤尺璧而重寸陰」的價值觀念和「懼乎時之過」的警醒，都使得除醉生夢死、渾渾噩噩者外的幾乎所有人，在惜時之嘆觸動下共鳴，聯想起主題系統中一系列象徵隱喻和意象。惜時感伴隨著憂生憂世的感傷氛圍，其美感信息儲存增拓了後世作品客觀的思想容量與藝術魅力，這種整體性美感效應將社會、自然與宇宙人生盛衰興廢感歷史化，令人在動態性的外界圖景面前頓生蒼涼深邃之感。基於人某些生理機制，這種效應更富有本能性和持久性。久之漸形成覓求「言外之意」、「韻外之旨」，透過文藝載體表層結構追索深層意蘊的欣賞方式。這種意義下的「詩無達詁」論最宜於中國文學。

另外值得一提的是，中華民族的內向性格也由此得到了陶冶。日本學者說西方人重美，中國人重品，誠如是。這重品實質乃是對人自我的主體自尊。毋庸諱言，古人更多地將惜時之慨標榜於口頭，物化為文學作品來怡情冶性，卻不夠積極地付諸行動。「中國人向來就沒有爭到過『人』的價格」。㊳小農經濟對人性的圍限，專制政治對人權的遏制，傳統人格理想對人本能追求的束縛，將中國文人寶貴的惜時傳統擠壓、框範在自我內心空間中畸形發展。如馬克思指出的：「專制君主總把人看得很下賤」，

「君主政體的原則總的說來就是輕視人、蔑視人，使人不成其爲人。」⑧在中國歷史上，除個別時期外，公元七世紀後封建社會知識分子入世濟衆的必行之路是「攻讀─科擧─仕途」，捨此，惜時只是莊子那種自我慰藉式惜時的延伸而已。因此，所謂藝術是現實中難於實現願望的補償一說，可在此作爲絕妙的理論歸納。頑强地固守惜時傳統，欲惜時自重而苦不可得或不可盡得，對未來神往伴隨著對未來有限的惶恐，對理想追求凝結著追求不得的創痛，於是，一種外界沉重壓抑感與內心欲求激烈碰撞，生成並强化了內省式思維與深沉內向的民族性格。

　　全面深入地探討惜時主題，進一步總結其內在結構、運動規律、審美功能及其與中國文學、中國文化的關係，對發揚文學中人的主體性，推動文學觀念更新都極有意義。

註　釋

①郭沫若：《殷商靑銅器銘文研究》，科學出版社1961年版，第129頁。

②歌德語，轉引自滕守堯：《審美心理描述》，中國社會科學出版社1985年版，第368頁。

③吳兢：《樂府古題要解》卷上，《歷代詩話續編》上，第27頁。

④張玉谷：《古詩賞析》卷八，見《三曹資料匯編》，中華書局1980年版，第39頁。

⑤馬克思：《1844年經濟學──哲學手稿》，劉丕坤譯，人民出版社1983年版，第122頁。

⑥《魯迅全集》第1卷，第131頁，第3卷，第45頁，第1卷，第264頁。

⑦〔美〕M.懷特：《分析的時代》，杜任之主譯，商務印書館1981年版，第83─84頁。

⑧楊伯峻：《列子集解》，中華書局1979年版，第236頁。

⑨參見遊仙主題。

⑩范晞文：《對床夜語》，《歷代詩話續編》，中華書局1983年版，第410頁。

⑪參見張郾：《論人類社會的四種結構》，《武漢大學學報》1984年第4期。

⑫《費爾巴哈哲學論著選集》下卷，三聯書店1962年版，第139頁。

⑬引文據王雲五主編《萬有文庫》本。

⑭楊伯峻：《孟子譯注》，中華書局1980年版，第233頁。

⑮⑯楊伯峻：《論語譯注》，中華書局1980年版，第92頁、第180頁、第4頁。

⑰楊伯峻：《孟子譯注》，第5頁。

⑱《天論》、《強國》、《大略》，章詩同：《荀子簡注》，上海人民出版社1974年版，第184頁，第173頁，第302頁。

⑲鐘兆華：《尉繚子校注》，中州書畫社1982年版，第34頁。

⑳谷應泰：《明史紀事本末》卷十四，中華書局1977年版，第190頁。

㉑陳鼓應：《莊子今注今譯》，第71頁、第570頁、第94頁、第298頁、第779頁。

㉒《哲學史講演錄》第3卷，商務印書館1983年版，第8頁。

㉓《管錐編》，第377頁。

㉔《金枝》，徐育新等譯，中國民間文藝出版社1987年版，第472頁。

㉕楊伯峻：《春秋左傳注》，中華書局1981年版，第163頁、第1665頁。

㉖《戰國策·秦策》，上海古籍出版社1978年版，第215頁。

㉗任繼愈：《老子新譯》，上海古籍出版社1985年版，第93頁。

㉘陳鼓應：《莊子今注今譯》，中華書局1983年版，第696頁。

㉙陳奇猷：《呂氏春秋校釋》，學林出版社1984年版，第1618頁。

㉚參見錢鐘書：《管錐編》，中華書局1979年版，第175頁。

㉛分見於《史記》淮陰侯、范蔡、李斯、田叔、日者列傳和《平准書》、《滑稽列傳》。

㉜《樂緯動聲儀》，清馬國翰：《玉函山房輯佚書》卷五十四。

㉝㉟《與吳質書》，《戒盈賦》，《全三國文》，第1089頁，第1073頁。

㉞《善哉行》，逯欽立輯校：《先秦漢魏晉南北朝詩》，中華書局1983年版，第393頁。

㊱見《西方心理學家文選》，人民教育出版社1983年版，第415頁。

㊲東漢文人詩，見《先秦漢魏晉南北朝詩》，第341頁。

㊳曹丕：《大牆上蒿行》，《先秦漢魏晉南北朝詩》，第396頁。

㊴曹植：《感節賦》，《全三國文》，第1124頁。

㊵見《三國志·蜀書·先主備》注。

㊶參見《列子·楊朱》；《抱樸子·內篇》。

㊷李因篤：《漢詩音注》，光緒元年今雨樓刻本。

㊸列寧：《哲學筆記》，人民出版社1957年版，第319頁。

㊹《詠懷》第三十五、三十六、四十五，《先秦漢魏晉南北朝詩》，第503頁、第505頁。

㊺《雜詩》，《和胡西曹示顧賊曹詩》，見上書第1005頁、第1006頁、第980頁。

㊻《飲酒》，《形神影三首》，上書第997頁、第990頁。

㊼《自然辯證法》，人民出版社1971年版，第216頁。

㊽《管錐編》，第884頁。

㊾分見於：《佛祖統紀》卷六，《續高僧傳·菩提達摩傳》，《壇經》。

㊿僧肇：《物不遷論》，《中國佛教思想資料選編》第1卷，中華書局1981年版，第143頁。

○51《集仙錄》，《太平御覽》卷六十八《道部》十引。

○52《釋滯》、《勖學》，見《抱樸子》內編卷八，外編卷三，四部叢刊初編
　　縮本，上海商務印書館版，第41頁，第131頁。

○53《歲暮》、《先秦漢魏晉南北朝詩》，第1181頁。

○54《山居賦》，《全宋文》，第2607頁。

○55張率：《短歌行》，《先秦漢魏晉南北朝詩》，第1780頁。

○56辛德源：《短歌行》，《先秦漢魏晉南北朝詩》，第2648頁。

○57張若虛：《春江花月夜》，《全唐詩》，第273頁。

○58王勃：《滕王閣序》、《春思賦序》，《全唐文》，第1846頁、第1798頁。

○59同○58。

○60《惜餘春賦》，《李太白全集》，中華書局1977年版，第19頁。

○61杜荀鶴：《贈李蒙叟》，《全唐詩》，第1743頁。

○62宋宗元輯：《網師園唐詩箋》。

○63劉永濟：《唐人絕句英華》，人民文學出版社1981年版，第240頁。

○64蘇軾：《三朵花》，《蘇軾詩集》，中華書局1982年版，第1104頁。

○65《滿江紅》，《全宋詞》，第1246頁。

○66《摸魚兒》，《全宋詞》，第1867頁。

○67《沁園春·夢孚若》，《全宋詞》，第2594頁。

○68盧摯：〔雙調〕《蟾宮曲》，《全元散曲》，中華書局1981年版，第114頁。

○69參見唐文標：《中國古代戲劇史》，中國戲劇出版社1985年版，第196頁。

○70參見台灣《中外文學》1983年9月號。

○71戴鴻森校點：《金瓶梅詞話》，人民文學出版社1985年版，第171頁，第
　　335頁。

○72葛立方：《韻語陽秋》卷四，《歷代詩話》，第518—519頁。

○73陸機：《大暮賦序》，《全晉文》，第2011頁。

○74〔蘇〕艾爾金：《時間知覺》，見魯賓斯坦：《知覺心理學研究》，科學出

版社1958年版，第363頁。

⑦參見拙文：《〈左傳〉預見藝術的審美效應》，《青海師範大學學報》1987
年第 2 期。

⑦陸雲：《歲暮賦》，《全晉文》，第2031頁。

⑦鮑照：《傷逝賦》，《全宋文》，第2687頁。

⑦黃海澄文，見《光明日報》1985年 2 月26日。

⑦《晉書·陶侃傳》。

⑧《吳越春秋》七，《勾踐入臣外傳》。

⑧王世貞：《藝苑卮言》卷三，《歷代詩話續編》，中華書局1983年版，第
992頁。此本《世說新語·豪爽》。

⑧王勃：《滕王閣序》，《全唐文》，中華書局1983年版，第1846頁。

⑧《魯迅全集》第 1 卷，人民文學出版社1981年版，第212頁。

⑧《馬克思恩格斯全集》第 1 卷，人民出版社1965年版，第411頁。

中國古代文學中的相思主題

在人類文化長河中，愛情之流躍動著瑰麗的浪花。歷來認為，西方文學擅長寫愛情，隨之而來的是對中國古代文學愛情之作估價不足。傳統的封建禮教影響和多年來的政治原因，也使我們對古人愛情作品的看法不夠合乎實際。其實，西方文學重在寫愛情的過程，婚戀之作較多，而我國古代文學多寫愛情的不順利，情慾得不到滿足而受到節制阻遏。因此，我們選擇了一個特殊的角度審視古代文學中的愛情作品。

愛情表露最直接、最有意味的方式是相思。①中國古代文學愛情作品大致包括相思、閨怨（含宮怨）、棄婦、婚愛及部分宮體詩。由於人們心理活動的複雜性、整體性，上述愛情作品子系統間呈部分重合關係。我們論述的是一些受現實生活諸條件限制，男女一方對另一方遙訴思慕、眷戀、懷念、追憶之情的作品，緣其內在關聯及行文之便，也兼及一些滲透著相思之情的其他佳作。

相思起於人類兩性間建立一定的情感聯繫系統之後，其具有明確的目的性和異性客體對象化要求的特徵。有時相思對象尚未知曉，相思主題意有所屬，與之建立了對象化的情感信息網絡，是謂之單相思。相思與單相思在作品中有時不易也不宜嚴格區分。而對於相思對象尚未確立仍執著於此情的作品，因其多含寄

托之意，與該主題系統相通，亦視其具體內容也納入本文論述範圍之內。

一、「春去秋復來，相思幾時歇」②

—— 相思主題的歷史回顧

神話傳說中的塗山氏女因思念禹而作「候人兮猗」③之歌，可算作相思情感抒發之濫觴。相思主題庶幾與文學起源同時。對偶婚的出現是男女愛情始生的社會條件，人類群體識漸趨強化，個體情慾受到倫理道德及諸多條件框限是相思情生的外因；而人的本質、自我價值、感情與生理需要本能地要在異性對象上確證滿足，則是相思不盡的內在動力。

《詩經·國風》中相思藝術已初具輪廓。如「云誰之思，西方美人」；④「云誰之思，美孟姜兮」；⑤「君子於役，如之何勿思」等等，情感指向明確的對象。「未見君子，惄（憂痛）如調飢」；⑥「有美一人，傷如之何」；⑦「展矣君子，實勞我心」⑧等，徑寫相思痛楚。面對外界特定的參照物，思而不得，往往更爲情熾：「瞻彼日月，悠悠我思」；⑨而阻隔一旦消除則苦痛遂釋：「旣見君子，云胡不夷?」⑩否則就焦慮得「首如飛蓬」；⑪「一日不見，如三秋兮」。⑫而且《小雅·出車》中還巧妙地進行相思視點的轉換，由征夫思婦到怨婦思夫：「未見君子，憂心忡忡」，曲盡相思之情，表現了詩人們對這種特定情感最初體驗旣深刻而豐富。

《詩經》相思的早熟使得屈賦成功地借鑒、引伸、昇華爲具有普遍意義的人生追求而求之不得的執著詠嘆。大部分楚騷之作

均都融會了相思主題的情感因子，以一種求而不得又鍥而不捨的頑強，藉此象徵寫意，抒發個體自我價值無法知君見世的不盡怨悱悵痛。此後，繼漢樂府《上邪》、《有所思》等急切率眞的相思，與《古詩十九首》諸文人作品「深衷淺貌」的相思並俱，主題挾《詩》、《騷》情感慣性，終於乘禮敎束縛爲戰亂打破的魏晉之際再次達到高峰。相思之作在這「文學自覺的時代」眞是開其先聲又爲其中堅。三曹父子及建安文人均有相思名篇。而華美動人的《洛神賦》承宋玉《高唐》、《神女》，濃化了主題藝術系統的情韻，詩人的現實精神使更多的社會人生內容充塡到相思作品中。

　　剛柔各具的南北朝樂府民歌，風靡一時的宮體詩，豐富並拓展了相思觸發媒介及情感層次。《玉台新詠》集此間愛情相思作品之大成。作爲《詩經》、《楚辭》後最古的詩歌總集，其專選歌詠婦女的詩篇，亦可見相思主題繁盛的時代氣氛。此間相思之作盡管在質量、格調上遜於魏晉時期，但在審美體驗的細微之處有所深入。至唐代邊塞、宮怨、閨怨詩大興，主題陣容更爲壯觀，可以說是內在地滲透其中，成爲不可或缺的核心要旨之一。與齊梁時統治者提倡而宮體詩大盛相類，上行下甚，由於道敎作爲國敎；宮女、歌妓甚至公主紛紛入道觀爲女冠，又出現了許多與女道姑唱和往來、互表相思的作品。晚唐五代，詞這一言情配樂、「要眇宜修」的藝術體裁的興盛，更爲主題提供了自由舒展的藝術空間。敦煌曲子詞近半數，《花間集》五分之四作品主相思。後者作爲中國文學中最早的一部詞的總集，所詠範圍就文學史總體看雖較狹窄，卻基本上爲相思唱嘆，是主題自身系統中的重要環節。而在五代後蜀韋縠編選的《才調集》中，閨怨相思之作佔

三分之二。主題第三個高峰更是作家雲集，佳作輩出。

如果說漢魏六朝多遊子思婦之嘆，五代前多閨婦思邊之苦；那麼，北宋則多懷妓憶內，南宋多遭亂懷人。相思之作由《詩經》中的比興托物、漢魏時的率眞直言到六朝的繪情寫心而漸趨成熟臻美，於唐五代達到了物我渾融、形神兼勝的境界。五代北宋後「男子而作閨音，」⑬「男子多作閨人語」⑭的時尚，說明創作主體已更爲自覺地運用相思內容手段傾訴思鄉、懷古、出處等百緒千端的人生情思。宋元以後相思主題隨著市民階層審美需求變得更爲繁富多彩。《西廂記》、《牆頭馬上》、《倩女離魂》、《漢宮秋》及《琵琶記》等，同以相思又各具特色地展示了男女主人公反封建禮教、反傳統勢力的心理流程及人性本質。雖道貌岸然的宋明理學也掩蓋不住人性光輝的閃爍，馮夢龍所輯《掛枝兒》、《山歌》以相思情慾直露見著；繼兩周、魏晉、晚唐五代，相思主題以《牡丹亭》爲代表湧起了第四個高峰，成爲人文思潮、人性解放時代的翹楚。明末清初時相思之作則大都交織著懷舊之忱。

唐傳奇承六朝志怪小說就每多愛情之作，如《鶯鶯傳》、《李章武傳》、《章台柳傳》、《離魂記》等極盡相思情致。話本、擬話本小說如《三言》部分作品（《碾玉觀音》、《鬧樊樓多情周勝仙》等），甚至《金瓶梅》中也不乏相思描寫，淫語之外宣示了人物一定的相思眞情。明末清初小說雖有「千部一腔」之弊，離不開相思壯其行色，雷同化反倒更見出主題影響，相思痴迷。像《聊齋志異》以花精狐魅寫人情世態，《桃花扇》、《長生殿》以「離合之情寫興亡之感」，都有賴於相思摯意的精心表達。《紅樓夢》更是以相思之網罩住了包括男女主人公在內的諸多人物，使之在

相思下情態畢現。全書男女主角的愛情不諧，實際上正是相思不得而又偏偏執著不捨，其悲劇意義肇源於此。

如上所述，以詩詞爲主的中國抒情文學得力於一條歷時性相思線索，涉及男女戀情的叙事作品也幾乎無一不借重相思，以致於女性美的描寫爲之淡化。曲以唱段言情，文以詩詞寄意，相思濃縮了無數作者的天分才華，寄寓了人生現世的苦辣酸辛。其大多同整部作品及人物形象融爲一處，濃化了叙事文學的抒情色彩。歷久不衰的主題系統散發出彌漫千古文壇藝苑的依依陰柔之美，成爲適應並建構中國文人重情感、易感傷、內向深沉民族性格的文學主題之一。其內在機制與審美效應爲人共通共感，經久常新。

二、「不曾遠別離，安知慕儔侶」

—— 相思情切的外在契機

相思主體與對象間的時空隔阻與禮教統治著的文化環境，是思慕不得、持續強化及該主題形成壯大的外部條件。通常在男女雙方締結了一定情感紐帶後，由於一定的客觀原因不得不分居兩處，於是相思對象構成了主體情感定向流注的目標。儘管這屬於一種雙向建構，但囿於文學形式一般體現爲一方思念另一方。

在年深日久的封建制度下，個體個性老被阻遏而偏又不泯滅，形成內在要求與外部壓力間不可調和的衝突。中國文人求仕求學奔走異鄉，以門閥制由形成到定型的漢魏六朝爲最。許多文人的離土遠行，歸附望族高門，史不絕書。而漢唐盛世的興師擴邊，宋元之際的戰亂兵燹等，亦使人們正常寧靜的愛情與家庭生

活被打破。六朝至唐商業經濟發展帶來都市繁榮，流動經商者甚衆，靑樓藝苑興盛。失意文人、他鄉客賈，常常混跡於才女集聚的煙花楚館；妓女從良又多嫁與商賈，而且不忘來往過從的落魄文人；隨處遍遊的書生士子多與歌妓時聚時分。此外，由於封建禮敎限制、「父母之命，媒妁之言」的婚姻締結方式，往往使得男女青年即便近在咫尺也不能互通款曲，竟若遠隔天涯。甚至已通情愫、心心相印者不能自主結合。總之，政治、軍事、經濟、民俗、文化等諸多因素，內外結合地構成了相思契機。因此歷代創作主體不僅有了各自的直接情感體驗機會，亦可以廣泛地在社會心理中不斷汲取相思題材意緒。僅宋郭茂倩編選的《樂府詩集》卷七十二中，即載有《古別離》、《生別離》、《長別離》、《遠別離》、《久別離》、《新別離》、《今別離》、《暗別離》、《潛別離》、《別離曲》等調的雜曲歌辭多首。調名的種類繁多、花樣翻新又不離其宗，正見出阻礙之於相思情生的重要。

在馬斯洛的人格需要的價值層次中，自我價值的實現佔最高層。人有了愛情歸宿，自我價值在特定異性對象上得到了肯定，往往並不那麼深切地珍其所得。而自我價值在愛情暫無所寄時似乎失落，內心的款款之衷、切切之待才頓然膨脹。情感指向愈加專注，心理欲求更爲強烈。通常這種阻隔要有一定的時空量。在時間，是分別得不短又不太長；在空間，則有足以令雙方不易相會的距離。唯其如此，相思之情才具有一定的鬱積量與衝激力 —— 「不曾遠別離，安知慕儔侶？」⑮

相思阻隔又呈現爲追求不得，因而思之彌烈。「所謂伊人，在水一方。溯洄從之，道阻且長……。」⑯相思對象隱約可望而無法企及，渲洩情感的衝動促使價值指數上升。「豈不爾思，子

不我即」；⑰越是思而不即，便越思之不已，眞有些「你不拘箝，我可倒不想，你把我越間阻，越思量」；⑱「越間阻越情忪（愜意）」。⑲由於價值是需要的反映，惟有在需要難於滿足時，價值才愈顯得重要而珍貴起來。如同弗洛伊德指出的：「一旦情慾的滿足太過輕易，它便不會有什麼價值可言。想使原慾情緒高漲，一些阻礙是必不可免的」，⑳美國學者也認爲：「愈是尚未到手的對象愛得愈厲害，阻礙我們不能與所愛的人接觸，就更增強愛的情感。」㉑可見，不論是從偏重情慾的角度，還是從偏重心理的角度來解釋，現代心理學都極爲重視且不斷證明出這種「阻礙機制」之於情思愛慾的反作用力和逆反效應。何況孤獨中的人最易相思，而孤寂感又是中國文人精神形態的一個顯著特徵，時時縈繞於懷抱。於是他們耐不住寂寞，抑或遇到挫折不快時，備感冷落孤獨而迸湧相思之念，大發相思之詠。這時，種種人生理智化了的「廣義情慾」㉒也適逢機緣，升騰燃燒。以致於「寧作野中之雙鳧，不願人間之別鶴」。㉓其實，若眞的作了「雙鳧」比翼齊飛，不免有時反倒艷羨起「別鶴」來。如同生理意味的滿足實現肯定會減弱相思程度一樣。空間藝術中，講究表現對象「富於包孕性的那一頃刻」，㉔由此產生的美感效應最爲峰值；在時間藝術的愛情詩文中，則以表現思而未得又思之不已的那種種情態爲妙。所謂「春早見花枝，朝朝恨發遲。及看花枝後，卻憶未開時。」㉕

　　相思之忱空懷無著，不爲人曉，每每令人悵然若失。《古詩十九首》言：「盈盈一水間，脈脈不得語」，承繼了吳楚民謠《越人歌》「山有木兮木有枝，心說君兮君不知」，表達出這種對象自我間相思無法交流之痛。但這在作品本身，卻正完成一種信息傳

遞。不過，因爲很少有人能被他人完全理解，即便暫遇知音知
己，但自我意識不斷增生，永不滿足，新的苦痛空懷、無人見知
的精神煩惱還會時時發生。因爲相思之情融鑄與煥發了人對生活
中一切美好事物的企盼期待，體現了人嚮往美好事物的本能需
求。如謝莊《月賦》中寫曹植、王粲諸人感秋景傷故人，席間歌
曰：「美人邁兮音塵絕，隔千里兮共明月。臨風嘆兮將焉歇，川
路長兮不可越。」長歌寄情，不獨相思，更激發了人們對世間諸
般美好事物的傾慕，以及終因阻礙而追求不得的悵惘悲涼之感。
於是「歌響未終，餘景就畢。滿堂變容，回遑如失。」因此後人
每每用相思之苦來傾訴追求不得的不盡傷感，無邊怨患，如李白
《長相思》：「……美人如花隔雲端，上有青冥之高天，下有淥水
之波瀾。天長路遠魂飛苦，夢魂不到關山難。長相思，摧心肝。」
寄寓了自屈原《離騷》以來「求女」── 追求政治理想、人生價
值的殷切情懷。清人於此精闢指出：「《三百篇》變爲《騷》，
《騷》變而爲漢魏古詩，根柢性情，籠挫物態，高天深淵，窮工
極變，而不能出太史公之兩言，所謂兩言者：好色也，怨誹也。
士相媚，女相悅，以至於風月嬋娟，花鳥繁會，皆好色也；春女
哀，秋士悲，以致於《白駒》刺作，《角弓》怨張，皆怨誹也。
好色者，情之橐龠（源泉）也；怨誹者，情之淵府也。……人之
情眞，人交斯僞。有眞好色，有眞怨誹，而天下始有眞詩。一字
染神，萬劫不朽。」㉖相思主題這一特色與春恨主題類似，愛慾
與憂憤結合中更彼此借重了對方的系統功能，從而融會爲更加充
實、亢奮的人生價值追求，這種追求愈挫愈奮，在追尋過程中進
行著內在的事業與愛情兩大系統間的自調節，由是不斷強化與增
殖。相思之阻，正是以此而愈加撩撥人不盡的情思。

三、「蕩子行不歸，空床難獨守」㉗

—— 情慾燃燒的深層動源

　　文化人類學和當代神話學等研究均已表明，陰陽兩性的意識廣泛而深刻地存留在初民的頭腦中。而人生理上性的本能衝動也正是相思之情的深在動力源。由於人所共知的原因多年來我們對此諱莫如深。其實，在《詩經》時代，這原本無關宏旨。聞一多先生曾論述過「魚」、「慾」關係，像「未見君子，惄（思痛）如調飢」，性慾食慾並提。古人亦謂：「感而思室，飢而求食，自然之理也，誠哉是言。」㉘東漢末像蔡邕這樣的老夫子，也在《青衣賦》中暢言：「條風狎獵，吹我床帷，……非彼牛女，隔於河維，思爾念爾，惄焉且飢。」毫不避性飢渴的宣示。又僞李陵《答蘇武詩》：「思得瓊樹枝，以解長飢渴；」陸機《爲顧彥先贈婦》：「願保金石志，慰妾長飢渴」；直到李白《寄遠》，也以「飲食喻男女」㉙稱「愛君芙蓉嬋娟之艷色，若可餐兮難再得。」敦煌變文《韓朋賦》寫貞夫語韓朋：「妾念思君，如渴思漿。」㉚此類例子眞是不勝枚舉。陶淵明又該是何等雍容飄逸，然而在妻子新故，新人未就之際作《閑情賦》：「願在絲而爲履，附素足以周旋……」相思情切而語竟「出格」，每每爲後人詬病，實更見眞淳。「雖然後來自說因爲『止於禮義』，未能進攻到底，但那胡思亂想的自白，究竟是大膽的。」㉛其實此種「閑情」，早自張衡《定情賦》中即有。如「思在面爲鉛華兮，患離塵而無光」；蔡邕《檢逸賦》也有：「晝騁情以舒愛，夜托夢以交靈」，還要「思在口而爲簧鳴」。一向莊重自檢的杜甫，其《月夜》也念誦：「香霧

雲鬟濕，清輝玉臂寒。」

馬克思主義認為，「任何人類歷史的第一個前提無疑是有生命的個人的存在。因此第一個需要確定的具體事實就是這些個人的肉體組織，以及受肉體組織制約的他們與自然界的關係」。㉜因此，可以去表現自然的、健康的肉感和肉慾。客觀地正視人正常生理慾求，是我們科學地認識評價相思主題之不可或缺的前提。誠然，在其現實意義上人是社會關係的總和，但社會性不能涵蓋血肉之軀的生理性。弗洛伊德的「性慾決定一切」固然偏頗，卻不無合理內核。諸多相思之作及其有關史實很能說明問題。

北魏胡太后通楊白華，後來楊懼禍出走，太后追思，作《楊白花歌》：「含情出戶腳無力，拾起楊花淚沾臆」；不可謂情不深摯。許多宮女、妓女的相思之作，以及唐代傳頌一時的「紅葉題詩」、「續女寄句」一類的相思故事，㉝都很難說是出於什麼社會功利。當然，我們並不否認其中有一定的精神、情感需求，相思之焰正是以生理本源、感性慾望同人的文化精神結合才更為熾烈；但不應為強調後者便廢黜前者，忽視靈肉統一方能構成人的存在這一客觀事實。王國維《人間詞話》稱「甘作一生拚，盡君一日歡」等句在古今詞中並不多見，而整個中國各體文學中類似的直露之語卻並不少。人的情慾是壓抑不住的，諸多相思之作正是以男女情慾生理要求上的平等，展露了社會倫理規範的不平等和女子屈辱可悲的遭際命運。大膽衝破封建禮敎樊籬的《牡丹亭》，其《驚夢》一出寫杜麗娘的情慾要求，即是突出的一例。至於較為直接的描寫，茅盾先生曾有過較詳盡的介紹。㉞這之內有不少描寫格調低下，可以說簡直有些是對相思的褻瀆，但卻不

能據此反證而將相思絕對地「純淨化」。總之，相思具有多元因素，情慾要求爲其基本的前提。《人間詞話》正確指出：「『蕩子行不歸，空床難獨守』……可謂淫鄙之尤，然無視爲淫詞鄙詞者，以其眞也。」高明的相思之作在含孕著情慾因子的同時，喚起人的愛慾與高尚健康的審美情趣。所以要維持人心理平衡的正常需要，必然有人生常理常情的質樸傳達，即令在禮教瀰漫的封建社會中也不免爲人暗自認同。

四、「雖知未足報，貴用敘我情」

—— 深情摯意的昇華方式

相思表達上一個引人注目的特徵，是情感寄寓與傳遞的中介—— 凝結著主體滿腹深情的信物。《詩經》中的投木桃報瓊瑤，美人貽彤管，「贈之以芍藥」，「雜佩以報之」及《左傳》中夏姬贈祖服等，已見出贈物表情悠久的民俗風習。屈賦也多以物象征，如《離騷》以美人喻君主，要「解佩纕以結言」；《山鬼》寫人神戀愛，要「折芳馨兮遺所思」；湘君和湘夫人在相思念絕時都將「余佩」、「余褋」遺於河中，而希望尚存則先想到要贈對方「杜若」香草。在漢魏六朝相思之作裡這類情物多爲釵、簪、珠、鏡等人們室內與近身佩物。考其文化淵源，與原始巫術有關，不僅僅由相思之情引起，但相思主題的存在則無疑是生成特別是傳播此風習的重要原因。

因物及人，見物思人，相思情物往往是相思主體身邊之物（連枝條也是親手所折），帶有鮮明的主體性印記，其旨多半在提高相思意趣的精神品類。金玉之飾等具有一定的經濟價值，但其

情感價值卻無法估量。東漢秦嘉《贈婦詩》曰:「詩人感木瓜,乃欲答瓊瑤。愧彼贈我厚,慚此往物輕。雖知未足報,貴用(以)叙我情」;又《古詩十九首》:「攀條折其榮,將以遺所思」,不管怎樣覺得:「此物何足貢」,還是要借此「但感別經時」。不獨為自己找到了情感的附著物,也為對象找到了尋解情感符號的物質實體。特定的情感需要通過一個對象載體來中轉,人與物的關係巧妙地變成了人與人的特定關係。繁欽詩言贈物多達十一種,但一般的相思之作則是以一件明意,點到即可。這贈物之於相思愛戀的結情成體幾不可或缺,像《洛神賦》的「願誠素(真心)之先達,解玉佩以要之(定交)。」《西洲曲》的「憶梅(某)下西洲,折梅寄江北。」直到李清照悼懷趙明誠,還得明言:「一枝折得,人間天上,沒個人堪寄。」㉟

應該提到,這種情信之物往往又不僅表達相思之情,往往帶有與巫術原型遺存有關的神秘的祝願,表達一些具體明確的含義及其對整個愛情成功的期待、囑盼。如唐傳奇《鶯鶯傳》中女主人公致夫書:「玉環一枚,是兒嬰年所弄,寄充君子下體所佩。玉取其堅潤不渝,環取其終始不絕。兼亂絲一絇、文竹茶碾子一枚。此數物不足見珍,意者欲君子如玉之真,弊志如環不解。激痕在竹,愁緒縈絲,因物達情,永以為好耳。」如此周到而細緻的考慮,足見傳統文化心理中對符號載體的重視。

結構語言學派代表之一雅各布森認為,構成任何言語都有六個組成因素,即說話者、受話者、語境、信息、接觸、代碼。㊱相思情物即是構成相思主客體信息交流的代碼之一,其可以替換語言代碼更為精妙、含蓄地表達特定情感信息。不光有「空言」,而且有結情於實體、可見可觸的物,這就增大了相思意緒的深度

及層次感。情物的使用並非全是襲用，而是有選擇性地創新。自王維言紅豆「此物最相思」，其成為後世相思最常見的代碼。如《紅樓夢》二十八回《紅豆詞》「滴不盡相思血淚拋紅豆」等。其是否有更微妙的蘊含，尚待探析。但從傳播學角度上看，其借助樂曲傳播；⑰特別是篇製短小，易誦易記，在常動相思之感的梨園弟子口中更易於達到最佳語境的效果；且可以語境、接觸、代碼交織並用地傳達信息，於是便有了積澱為相思意象的較多機緣。以致於後人頻頻使用之，還常常「以前句比興引喻，而後句實言以證之」，如「玲瓏骰子安紅豆，入骨相思知也無」也被指責為「語意亦新工，恨太俗耳」。⑱由於社會生活的漸趨複雜，這類情物有增無減，可畢竟限於生活視野與審美疆域，除「錦箋」、「尺書」、「錦書」一類情書唐之後多用外，進入主題的情物並不多。後人多借前代情物意象為此媒介。又像「相思草」、「相思木」⑲的故事，及清代《相思硯》⑳（及《相思譜》，《相思鏡》）戲曲等等，還繼承之中時有創新。這種形式的深層結構都在於重視男女雙方共珍之物，不顧「父母之命、媒妁之言」，隱含個體抵制群體規範的文化密碼。情物勝於嚴命，禮矩難阻相思。《樂府解題》稱繁欽詩「言婦人不能以禮從人，而自相悅媚，乃解衣服玩好致之，以結綢繆之志。」亦可見情信之物的民俗與文化學意義。

五、「想聞散喚聲，虛應空中『諾』」

—— 情感外化的特殊表徵

令人腸斷的相思免不了引發情網中人種種變態心理，其豐富

擴展了文學表現人深層意識的藝術魅力與情感容量。元曲《張天師》第三折，《倩女離魂》第一折，《竹塢聽琴》第二折皆有：「三十三天，（覷了）離恨天最高；四百四病，（害了）相思病最苦（怎熬）」；⑪將相思情熾風趣地比喻爲一種「病」，形容其執著程度似乎可致使生物有機體達到非正常狀態，並非誇張之辭。主體之於對象的專注，對象化期待的迫切，造成了相思主體不自覺的心理活動與情感外射。「斷腸曲曲屏山，溫溫沈水，都是舊看承人處」；⑫這是情感與外物「異質同構」的證同聯想。「屏風有意障明月（相思對象），燈火無情照獨眠；」⑬這是心緒與客體「異質異構」的遷怒排他。相思之切，移情至極，超出正常生理感知限，遂造成人許多錯覺與幻覺。

　　時空錯覺。相思主題由於極度的孤獨焦灼，無意中將心理時間與宇宙時間拉開了懸殊的差距。把客觀存在放入主體情感系統中考察，眞有如愛因斯坦相對論之於牛頓物理學一樣，整個的時間參照系起了變化。相思主體特定情感形成了一個「心理場」，其巨大的引力吸附了人的感知，左右了人外在的「物理場」。所以相思之嘆中每每出現：「夜曼曼其若歲兮，懷鬱鬱其不可再更」；⑭「相思之甚，寸陰若歲」；⑮「離恨綿綿，春日如年」⑯等無理之理。時間因相思可以變久，也可因相思而變短，誠如愛因斯坦在說明他那艱深的相對論時風趣的譬喻：「如果你在一個漂亮的姑娘身旁坐一個小時，你只覺得坐了片刻……這就是相對的意義。」⑰素以悼亡之作著稱的潘岳，曾在追憶昔日情好眷眷的伉儷之情時謂：「聞多夜之恆長，何此夕之一促！」⑱這是痛定思痛、相思痛苦中回想起以往幸福的深切體驗。古人對此並不是沒有直觀理性的認識。《詩義辯證》評《王風·采葛》（即「一

日不見，如三秋兮」）曰：「常情。於素心（眞心）之人朝夕共處，歡然自得，不覺其久；一旦別離，兩地相思，誠有未久而似久者。」至於空間錯覺，則以客觀實在爲參照系，突現心理感知圖象的不符實際。《楚辭·抽思》在「思蹇產而不釋」時就發生了「回極（四極、大地）之浮浮」的錯覺。白居易《浪淘沙》有：「相思始覺海非深。」亦見主體舊有表象的爲之一改。

幻視幻聽。《玉台新詠》載王僧孺《夜愁》言：「誰知心眼亂，看朱忽成碧」；至武則天《如意娘》進一步化成爲：「看朱成碧思紛紛，憔悴支離爲憶君」；是爲幻視。這種幻覺是將顏色誤認，感知中出現了「視覺後象」（visal aftermage）之中的「負後象」，即「移去外部光刺激後產生的感覺」，「和原來知覺到的顏色正相反的顏色。」⑭相思情切是誘發這種視覺負後象的生成契機。而「朝朝望江口，錯認幾人船」；⑮「想佳人，妝樓顒望，誤幾回，天際識歸舟」⑯等，則是由於主體的相思矚盼中已有了較爲明確的對象，遂達到一種先入爲主的心理定勢，其視覺感知因此失眞。像《長生殿·覓魂》一出寫唐明皇思念貴妃，將神像誤認爲本人，也屬此列。此外，幻聽失眞也正見出相思之意摯情眞。如傅玄《子夜歌》將《長門賦》類似名句化作：「雷隱隱，感妾心，傾耳細聽非車音」；南朝樂府《讀曲歌》「折楊柳，百鳥園林啼，道歡（情人）不離口」；後例尤啓我國禽言詩之流。

上述幻視幻聽均爲主題受到了一定外在媒介觸發，本質上仍是一種錯覺（illusion），而幻覺（hallucination）則是「沒有相應的客觀刺激而產生的一種虛幻的知覺體驗。」⑰如《九歌》中湘夫人期之不來時，就「聞佳人兮召予」；南朝樂府《子夜歌》：「想聞散喚聲，虛應空中『諾』」。《洛神賦》則是在感巫山神女事

之時，「精移神駭，忽焉思散」，「睹一麗人」，於是作者賦相思名篇。不管其作者是否實感其情，實有其事，這種精神現象的描述畢竟是有了相思體驗後的深得三昧之語。幻覺得生離不開主體相思痴情，只不過其植入了人心理的靈府深處而不爲自知。相思潛意識透過夢境流露又常作幻覺之由來，以夢亂眞。像曾爲《西淸詩話》稱道的丘舜中女《寄夫》詩：「簾裡孤燈覺曉遲，獨眠留得宿妝眉。珊瑚枕上驚殘夢，認得蕭郎馬過時。」⑤又如《琵琶記·宦邸憂思》一出寫蔡伯喈思念趙五娘：「幾回夢裡，忽聞雞唱。忙驚覺錯呼舊婦（五娘），同問寢堂上。待朦朧覺來，依然新人鳳衾和象床……」

錯覺幻覺所形成的相思愛戀之眞切表現，乃是相思主題對中國文學的一個獨到的貢獻。其他主題、題材中的此類描寫之於此，有小大巫之別，不過是相思體驗及其藝術積累啓悟所致。

六、「或春苔兮始生，乍秋風兮暫起」⑭

—— 相思律動的時間特點

神妙的生物鐘使人生理機制、體感脈搏在一天、一年之中發生某些周期性變化，微妙地影響主題的審美體驗與藝術創造。相思緣此湧起的最多、最騷動折磨人的時刻，是黃昏、夜晚、風雨之時和春秋兩季。

淸許瑤光《再讀〈詩經〉》言：「雞棲於桀下牛羊，飢渴縈懷對夕陽。已啓唐人閨怨句，最難消遣是昏黃。」此時，大多數飛禽走獸歸宿歇息，作爲具有高級情感生活的人，也更需要異性的撫慰。因此日暮相思並非只是由於《王風·君子于役》相思原型

的先在啓迪，而更多的是後人頗多類似情感體驗積澱而成。班彪《北征賦》也有：「日晻晻其將暮兮，睹牛羊之下來；寤曠怨之傷情兮，哀詩人之嘆時。」鄭意娘《好事近》唱到：「何處最堪腸斷？是黃昏時節……」。且由日暮，極易想起其人生之暮。如梁元帝蕭繹《蕩婦秋思賦》：「秋何月而不清，月何秋而不明？況乃倡樓蕩婦，對此傷情……相思相望，路望如何！」而當春發怨吐恨的就更多。⑤清人稱：「（柳）耆卿『殘蟬向晚，聒得人心慾碎』，是寫閨中秋怨也；梁棠村《春雲怨》詞『疏燈薄暮，又一聲歸雁，飛來平楚』，是寫閨中春怨也，各自極其情致。」⑤可見，雖春秋物候有別，而寂寞黃昏無異。最不該孤獨時的形影單隻，才會更令人無由而不生相思之怨。

　　月朗風清、空閨之內，無眠怎奈相思。自《關雎》、《月出》那種寤寐思服，望月獨吊的情感意象生成後，就每每與自然夜色一起撞擊相思者的心扉。漢樂府《傷歌行》：「昭昭素明月，輝光燭我床。憂人不能寐，耿耿夜何長」；謝莊《月賦》：「美人邁兮音塵絕，隔千里兮共明月」等等，都展現了相思與月這一原型意象的關係之密切。而有的此類描寫則更眞切精湛：「平生不會相思，才會相思，便害相思。身似浮雲，心如飛絮，氣若游絲。空一縷餘香在此，盼千金遊子何之？徵候來時，正是何時？燈半昏時，月半明時。」⑤白日的忙碌喧鬧可移散苦惱，幽靜的夜晚卻令人難遣相思之苦。睹室中舊物想同衾共枕之歡，又往往引起物在人遠之憾：「無言勻睡臉，枕上屛山掩，時節欲黃昏，無憀獨倚門」；⑤「恨則恨孤幃繡衾寒，怕則怕黃昏到晚」。⑤

　　風雨之時限制了人的室外活動，無聊之際再加上溫度、濕度變化帶來的生理感知失常，更加劇了人的情感寄托需求。《詩經》

即有風雨時懷君子之作，前人體味出：「夫風雨晦冥（昏暗），獨處無聊，此時最易懷人。」⑩因而自《長恨歌》：「夜雨聞鈴腸斷聲」寫相思體驗高峰期情狀之後，《悟桐雨》、《長生殿》都不惜筆墨大力渲染，正由於這種情韻氛圍含有相思主題系統的整體性功能。相思內在地散發著凄清酸楚，有如秋色夜月外在地滲透悲涼孤苦。冷風寒雨讓人心理順應同化，在視、聽、觸等感官一起接收解悟此類外界信息時，身心同赴，內化整合，又結穴於相思之情中。

於省吾先生考證字源，認爲春與秋最先出現而夏冬後生。《三家詩義疏》釋《七月》詩曰：「春女多悲，有物斯感，此天機之自然。又仲春昏（婚）期，皆有失時之懼，」鄭箋：「春女感陽氣而思男，秋士感陰氣而思女，是其物化，所以悲也。」曲解詩義是明顯的，但卻頗悟季節物候之於人愛情心理的作用，以農爲主的生產方式帶來偏重於物候體驗的文化心理，冷暖適宜的春秋兩季又契合崇尙中和之美的民族審美價值取向。懷春傷春與歲暮悲秋，多作爲男女主人公各自不可或缺的性格基素之一。春令人見美景芳華而傷靑春不遇，秋讓人睹葉落景殘而思盛年不永，這都爲相思之作的慣常模式，而相思亦爲春恨悲秋中的重要內容。「夜長爭得薄情知，春初早被相思染。」⑪不難看出，上述四者，經常重合並俱，達到一種特殊的相思語境效果。如秋風秋雨夕，春江花月夜，其最易觸動、契合人生命節奏的敏感點，以相思帶來不可盡言的人生之概。

七、「寄遙情於婉變，結深怨於蹇脩」

—— 相思之作的彈性結構

　　相思既以遙隔懸想，意念執著爲主要特徵，其濃鬱的主觀色彩就使得想像的魔杖頻頻點化出衆多情感模糊、意象空靈的生成物。男女戀情歸於君臣之義，將此闡釋積習只歸於漢代社會性批評一類外部壓力並不全面。相思之作由《關雎》起，自身就蘊藏了一義數解的多元質素。

　　清人謂《陳風·月出》：「雖男女詞，而一種幽思牢愁之意，困結莫解。」⑫認爲此已發借相思詠君臣不遇之嚆矢，「蓋巫山洛水之濫觴也」；又「《離騷》托芳草以怨王孫，借美人以喻君子，遂爲漢魏六朝樂府之祖。古人之不得志於君臣朋友者，往往寄遙情於婉變，結深怨於蹇修，以序其忠憤無聊、纏綿宕往之致。」⑬眞正的愛情都是伴隨著痛苦的，男女相思包蘊著由此通彼，傳染哀思愁緒的巨大情感功能。限於生活視野，中國古代嚴格意義上的婦女文學題材域較爲狹小，先秦時《詩》《騷》基本爲代言，而非眞正的婦女文學；兩漢魏晉多公主、后妃和大家才女的嗟怨；六朝始多民間女子心聲，而「唐宋以還，婦才之可見者，不過春閨秋怨，花草榮凋，短什小篇，傳其高秀。」⑭但這正說明相思主題在女性思維、在男女交往情感生活中的重要位置。可以說，凡是情感豐富的人莫不眷念於男女情愛，富有才華的中國文人尤其如此；婦女文學緣此就成爲一個功能殊巨的文化力量。無論男女，相思意切又思而不得，難免生怨；怨，正是不甘於現狀，痴情執迷與不懈追求的結果。怨難自消，勃鬱於懷，焦慮痛

楚總得找一個恰當形式宣洩。相思不得的怨恚與君臣不合的鬱憤，原本就極相近。在主題的情感世界中遂碰撞融合，形成愛情相思之欲求與事業功名企望的同構形態，是爲藝術上象徵構思及其主題自身藝術表現特徵的心理與生理源泉。

一些當代西方學者將「性慾」與「愛慾」進行了較爲科學的區分。如羅洛·梅等人指出：「在生理學的意義上，性慾可以適當地定義爲肉體緊張狀態和積累與消除，與此相對照，愛慾則是對個人意向和行動意蘊的體驗」，「性慾所指向的最終目標是滿足與鬆弛，而愛慾的目的則是慾求、渴望、永恆的拓展、尋找與擴張」；「韋伯斯特大詞典把性（源於拉丁文 sexus，意思是分裂）解釋爲『生理差異……男女性別……男人與女人之不同的功能……』而愛慾則被定義爲『熱烈的慾求』、『渴望』、『熱烈的自我完善的愛，通常有一種性感的性質』……」。[65]相思之忱，本質上即是一種帶有「性感的性質」的愛慾，它不單單是求得生理上的滿足，而是飽含著全身心地要在異性對象上得到理解、對象化實現的切望。馬爾庫塞也同樣地發展了弗洛伊德學說，指出愛慾的解放不等於性慾的放縱：「因爲愛慾作爲生命本能，指的是一種較大的生物本能，而不是一個較大的性慾範圍」。正是在此基點上，才可以說，「生物內驅力成了文化內驅力」。[66]中國古代文學相思主題的創作與欣賞實踐如受此啓發來認識，顯然會更爲深刻些。像桑塔耶那就強調戀愛可以幫助審美觀照，認爲審美敏感的全部感情方面，「就是來源於我們的性機能的輕度興奮」，[67]見出愛慾又離不開人的生理性與生物本能。

除了在上述文化意義上激發創作主體有意識地用相思企盼表達生命個體對整個世界的進取欲求外，同春恨主題等一道，相思

主題又一定程度上建構了中國文學欣賞主題的接受心理，使之習慣於將愛情作品沿「美刺比興」詮釋網絡多向性地解悟引伸，由是加強了古典詩學的社會性批評的趨向。如淸人曾經如此評《閑情賦》：「太史公謂『《國風》好色而不淫』以曰《離騷》，淵明此篇亦即此意。身處亂世，甘於貧賤，宗國之覆旣不忍見，而又無如之何，故托爲『閑情』；其所賦之辭以爲學人求道也可，以爲忠臣之戀主也可，即以爲自悲身世、以思聖帝明主也亦無不可」。⑧就是不提原本爲誘發創作之因要素之一的相思。其實，當時引起梁蕭統「白璧微瑕」非議時，還正是由於這刻骨銘心的相思。後世鑒賞與批評的社會化趨向促進了以相思寄托的創作傾向，而創作又反饋、強化了這種批評模式。如北宋初的朱昂即作《閑情賦》，全是借相思吐露君臣遇合之意：「願在足而爲舄，何坎險之罹憂」；「願在服而爲袂，傳繒素而飾躬」。相思要素使得藝術本體有著妙不可言的彈性結構，可以供人再行創造，多方尋解。

不論就創作主題還是接受主體來講，君臣以外的諸多情感也可由相思勾起。如懷舊、思鄕等等。王夫之言：「嘗記庚午除夜，（兄王介之）侍先姚拜影堂後，獨行步廊下，悲吟『長安一片月』之詩，宛轉欷歔，流涕被面。夫之幼而愚，不知所謂，及後思之，孺慕（幼童對親人的思慕）之情，同於思婦。」⑨李白《子夜吳歌》中的相思之情，泛化爲後人懷母念故之感，亦足見相思情感域之寬闊。

此外，相思之情還可以促動主體對客體進行生理、物理、心理、情理、事理等「全方位」感知體認，可以超越戀人、親友和君臣這三個層次。如蘇軾《赤壁賦》的「頌明月之詩，歌窈窕之章」，幽僻景致與情緒記憶撞擊，內心「月出皎兮，姣人僚兮」

與「求之不得，寤寐思服」的追慕企望，吸附並生發了其對整個宇宙人生諸事諸感的情思。相思主題愈到後期便愈富層次性與哲理性。因為相思畢竟只是男女愛戀，而人生追求卻是多方面的，並不僅限於此。所謂：「人生自是有情痴，此恨不關風與月。」⑦

八、「直道相思了無益，未妨惆悵是清狂」⑦

—— 主題的美學精神與文化意義

相思主題在中國古代文學與文化史上閃爍著不可磨滅的人性光輝。

首先，相思主體為中國文學增加了個性奮發因素及其主題性。對個體需要、自我價值蔑視與撲滅，是傳統文化弊端之一。從兩漢經學到宋明理學，強調的是群體、倫理價值，汨沒人性。而相思主體恆古回音卻躁動人內心，引發充實了創作主題與欣賞主體正當的生命需要、生活理想與審美追求。相思之詠是生命個體要在異性對象身上獲得對象性要求而不得的呼喊，有著建立、保持與完善個人家庭的成分。因而其是對社會群體框範的一種反衝力。不難領會，「當家庭與親族並列存在的時候，一個所得到的，也就是另一個所喪失的，親族關係的加強，又只能以削弱家庭關係為前提。因此，親族和家庭是在彼此鬥爭中成長的。」⑦諸多相思愛情悲劇可以反證出相思個體的「小家庭」利益同封建「大家族」利益是多麼的不一致，二者往往具有一種不可調和性；⑦而帶有濃重相思意趣的諸多愛情之作中，我們可以明顯地看出這種家庭與親族的對立鬥爭。（如《牆頭馬上》等）男女主人公的相思情熾則無疑是衝破親族宗法、禮教禁錮的一個巨大原動

力，是對個體意志的催奮強化。相思主題，特別是就其原型意義和繼承性上來說，是中國文人文化形態範疇中的，因此它從一個無法替代的特殊角度上反映了中國文人的精神形態。相思，並非都要、也並非都能達到目的，重要的不在這裡，而是相思情態、過程的訴說，其既宣洩又充實強化了追求的渴慕之忱。如同幽居未嫁之女，雖然明知：「直道相思了無益」，也要癡情到底，執著於個性奮求的理想信念，「未妨惆悵是清狂」；思而不得，狂又何妨！

　　從縱的線索考察也可見出相思主題的個性本位意義。魏晉「人的覺醒」與明末人文思潮興起都與相思潮動結伴而至。可以說，沒有相思主題，我們就無法洞悉與理解古人複雜的內心世界；沒有相思藝術積累，古代文學與古代文化就不可能如此絢麗迷人。深摯雋永又直率大膽的相思企戀，其美感效應不拘於愛情本身，相對於禮教約束的逆向運動，又激發與促動人們對生活中所有美好事物的需要及超文化追求，相思主題還具有可貴的道德規範僭越力。

　　其次，相思主題密切了中國文學中情景、真幻、實虛、意識無意識、表現再現、對象自我等對立統一關係的契合度，也使中國文人的性格兩重化加劇。其在文學中的自我中心意識變濃，部分地補償了社會倫理規範劃一帶給人的缺憾。而正由於現實生活中難於達到個性解放與理想實現，所以又往往借助夢圓、屍解、幻化等來使相思釋念。由神女洛神到志怪傳奇、戲曲小說中的人神、人鬼、人與花仙狐媚間的戀愛，都一脈相承地貫徹了相思渴慕，一定程度上拓展了主題創造欣賞時的想像聯想力與藝術表現力。清人總結道：「天地間情莫深於男女；以故君臣朋友，不容

直致者，多半借男女言之」。⑭於是人們便紛紛「寫怨夫思女之懷，寓孽子孤臣之感。」⑮人性之光照亮了相思主題之於中國文學表現特色上的內在聯繫。然而因此偏執於社會性闡釋，漠視相思之作本身的原型意味及其系統質，就此認為：「閨房瑣屑之事，皆可作忠孝節義之事觀」；⑯「蓋《西廂》所寫事，便全是《國風》所寫事」。⑰這又未免杯弓蛇影。此也是宋明理學貶抑人性，以古為美，以今解古，強調用政治功利價值觀整合人靈魂的一個必然。至於抒情文學的繁榮染及叙事文學，使中國文學在整體上富於抒情性與象徵意趣，藝術美創造與鑒識的注重言近旨遠，語約意豐等民族審美習慣也與此有關。

其三，相思主題活躍並刺激了中國文學創作主體的情感因子與審美機制，其特有的彈性結構與超越功能被化為男性中國文人定型化了的藝術思維與表現模式，而其本體意義及情感內涵又無可替代地增強與充實了佔人口半數的婦女的文化素養，提高了她們的藝術審美素質。歷史地看，漫長的封建社會儘管標舉「女子無才便是德」，但為了生存與自我實現的需要，許多婦女知書識字，工詩能文，她們的絕大部分才華都用在相思情感表達上。相思主題刻劃、建構了中國女性文學、女性心態的基本狀貌，又給女性作家以馳騁才思的廣闊而獨特的天地。不論是大家閨秀還是小家碧玉，有才華的女子都擅詠相思；其中的宮女、妓女作為婦女群體中文化水準較高的階層，更在同文人的交往、唱和中順便提高了自身的藝術修養。確如章學誠所論：「蓋自唐、宋以迄前明，國制不廢女樂。公卿入直，則有翠袖薰爐；官司供張、每見紅裙侑酒。梧桐金井，驛亭有秋感之緣，蘭麝天香，曲江有春明之誓。見於紀載，蓋亦詳矣。又前朝虐政，凡縉紳籍沒，波及妻

孥，以致詩禮大家，多淪北里。其有妙兼色藝、慧擅聲詩，都士大夫，從而酬唱，大抵情綿春草，思遠秋楓，投贈類於交遊，殷勤通於燕婉；詩情閥達，不復嫌疑，閨閣之篇，鼓鐘閫外，其道固當然耳。」⑱

　　除了娼妓文化向文人心態滲透主要以相思情愛、歌詩酬答為中介外，男性文人的氣質、知識結構、情感指向亦受到相思主題相當大的濡染。為什麼中國文學一些題材、體裁（如詞）女性化，文人創作高峰期往往是其與歌女、妓女、女冠等來往密切的時期？可以說這離不開他們共同賞愛的相思文學。⑲何況，傳統的家學教育、接受教育與熏陶的方式和過程中，往往是離不開女性的。中國文人幼年所受到的良好教育，很大程度上實應歸功於他們的祖母、母親和姑姨嬸嫂姊妹。這從文人及第後的報恩心理、念舊情懷及諸多悼亡碑誄上可略見一斑。相思主題傳播渠道的特殊性又說明了其在文化史上的重要意義。

註　釋

①潘光旦先生認為，「愛」字在古代更確切地表現為「懷」與「思」，親子間的情愛可以用懷字代表，而「就中國文字的源流說話，最接近西洋所稱 romanticlove 的字，不是『戀』，不是『愛』，而是『思』或後世慣用的『相思』」。這是令人信服的結論。參見《性心理學》，三聯書店1987年版，第465頁。

②《望夫山》，《李太白全集》，中華書局1977年版，第1054頁。

③參見陳奇猷：《呂氏春秋校釋》，學林出版社1984年版，第334—335頁。

④《邶風·簡兮》。

⑤《鄘風·桑中》。

⑥《周南·汝墳》。

⑦《陳風·澤陂》。

⑧⑨《邶風·雄雉》。

⑩《鄭風·風雨》。

⑪《衛風·伯兮》。

⑫《王風·采葛》。

⑬田同之:《西圃詞說》,《詞話叢編》,中華書局1986年版,第1449頁。

⑭毛先舒:《詩辯坻》,《清詩話續編》,上海古籍出版社1983年版,第90頁。

⑮張華:《情詩》,《先秦漢魏晉南北朝詩》,第619頁。

⑯⑰《詩經》:《秦風·蒹葭》,《鄭風·東門之墠》。

⑱鄭光祖:《倩女離魂》中張倩女唱詞,見臧晉叔:《元曲選》,中華書局1958年版,第706頁。

⑲白樸:〔中呂〕《陽春曲·題情》,《全元散曲》,中華書局1981年版,第195頁。

⑳《性學三論》,《愛情心理學》,林克明譯,作家出版社1986年版,第141頁。

㉑克雷奇等:《心理學綱要》,下冊,周先庚等譯,文化教育出版社1981年版,第414頁。

㉒參見劉再復:《性格組合論》第十一章,上海文藝出版社1986年版。

㉓鮑照:《擬行路難》,錢仲聯:《鮑參軍集注》,上海古籍出版社1980年版,第227頁。

㉔參見萊辛:《拉奧孔》第三章,朱光潛譯,人民文學出版社1982年版。

㉕劉禹錫:《拋球樂》,張璋等編:《全唐五代詞》,上海古籍出版社1986年版,第115頁。

㉖錢謙益：《季滄葦詩序》，《牧齋有學集》卷十七，四部叢刊初編縮本，
　　上海商務印書館版，第150頁。

㉗《古詩十九首》，《先秦漢魏晉南北朝詩》，第329頁。

㉘嵇康：《答向子期難養生論》，《全三國文》，第1325頁。

㉙錢鐘書：《管錐編》，第73頁，可參見上引諸例。

㉚王重民等編：《敦煌變文集》，人民文學出版社1957年版，第139頁。

㉛《魯迅全集》第6卷，人民文學出版社1981年版，第422頁。

㉜《馬克思恩格斯選集》第1卷，人民出版社1972年版，第24頁。

㉝唐·孟棨：《本事詩》，又參見陳東原：《中國婦女生活史》，上海書店複
　　印本1984年版，第94頁。

㉞《中國文學內的性慾描寫》，《茅盾文藝雜論集》上集，上海文藝出版社
　　1981年版，第246頁。

㉟《孤雁兒》，《全宋詞》，第925頁。

㊱參見〔英〕特倫斯·霍克斯：《結構主義和符號學》，瞿鐵鵬譯，上海譯
　　文出版社1987年版，第83頁。

㊲《全唐詩話》卷一謂：「祿山之亂，李龜年奔放江潭，曾於湘中採訪使
　　筵上唱云：『紅豆生南國，春來發幾枝。願君多採擷，此物最相思』
　　……此皆王維所制，而梨園唱焉。」見《歷代詩話》，第78頁。

㊳洪邁：《容齋隨筆·容齋三筆·卷十六》，四部叢刊本。

㊴《述異記》卷上：「今秦趙間有相思草，狀如石竹，而節節相續，一名
　　斷腸草，又名愁婦草。」李白《妾薄命》：「昔爲芙蓉花，今爲斷腸草。」
　　同書又有：「昔戰國時魏國苦秦之難，有小民從征戍秦久不返，妻思而
　　卒。既葬，冢上生木，枝葉皆向夫所在而傾，因謂之相思木」；《文選》
　　卷五載左思《吳都賦》有「楠榴之木，相思之樹；」《紅樓夢》七十七
　　回：「端正樓之相思樹」。

㊵梁夷素作，以相硯、思硯作男女結合信物，參見：《古典戲典存目匯考》卷八，第798頁，莊一拂編著，上海古籍出版社1982年版。

㊶參見：《管錐編》，第1432頁。

㊷吳淑姬：《祝英台近》，《全宋詞》，第1041頁。

㊸江總：《閨怨篇》，《先秦漢魏晉南北朝詩》，第2596頁。

㊹司馬相如：《長門賦》，《全漢文》，第245頁。

㊺《北史·韓禽傳》。

㊻後蜀花蕊夫人：《採桑子》，《全唐五代詞》，第759頁。

㊼《紀念愛因斯坦譯文集》，第148頁。

㊽《悼亡賦》，《全晉文》，第1985頁。

㊾克雷奇等：《心理學綱要》，第51頁。

㊿劉采春：《羅嗊曲六首》，《全唐詩》，第1967頁。

(51)柳永：《八聲甘州》，《全宋詞》，第43頁。

(52)嚴和駸主編：《醫學心理學概論》，上海科學技術出版社1983年版，第72頁。

(53)見宋·何汶：《竹莊詩話》卷二十一，常振國等點校，中華書局1984年版，第421頁。

(54)江淹：《別賦》，《全梁文》，第3142頁。

(55)參見春恨主題。

(56)徐釚：《詞苑叢談》卷四引，上海古籍出版社1981年版，第80頁。

(57)徐再思：〔雙調〕《折桂令·春情》，《全元散曲》，第1051頁。

(58)溫庭筠：《菩薩蠻》，《全唐五代詞》，第202頁。

(59)關漢卿：〔雙調〕《沉醉東風·別情》，《全元散曲》，第163頁。

(60)方玉潤：《詩經原始》卷五，李先耕點校，中華書局1986年版，第220頁。

㉞姜夔:《踏莎行》,《全宋詞》, 第2174頁。

㉟方玉潤:《詩經原始》卷七, 第289頁。

㉖朱長孺:《箋注李義山詩集序》, 馮浩:《玉谿生詩集箋注》, 上海古籍出版社1979年版, 第832頁。

㉔章學誠:《婦學》, 見《文史通義校注》, 中華書局1985年版, 第534頁。

㉕〔美〕羅洛·梅:《愛與意志》, 馮川譯, 國際文化出版公司1987年版, 第71頁。

㉖〔美〕馬爾庫塞:《愛慾與文明—— 對弗洛伊德思想的哲學探討》, 黃勇、薛民譯, 上海譯文出版社1987年版, 第150頁, 第155頁。

㉗桑塔耶那:《美感》, 第40頁。

㉘劉光蕡:《陶淵明〈閒情賦〉注》。

㉙《石崖先生傳略》,《姜齋文集》卷二, 四部叢刊初編縮本, 上海商務印書館版, 第9頁。

㉚歐陽修:《玉樓春》, 陳新等《歐陽修選集》, 上海古籍出版社1986年版, 第227頁。

㉛李商隱:《無題》,《全唐詩》, 第1372頁。

㉜〔蘇〕O.N. 謝苗諾夫:《婚姻和家庭的起源》, 蔡俊生譯, 中國社會科學出版社1983年版, 第242頁。

㉝如《孔雀東南飛》、《李娃傳》、《杜十娘怒沉百寶箱》等, 連《紅樓夢》最重要的主線之一都呈現了這種矛盾對立糾葛。

㉞李重華:《貞一齋詩說》,《清詩話》, 第931頁。

㉟陳廷焯:《白雨齋詞話》, 人民文學出版社1983年版, 第5頁。

㊱陸以謙:《詞林紀事序》, 張宗橚輯:《詞林紀事》, 中華書局1959年版。

㊲金聖嘆:《〈西廂記〉讀法》, 傅曉航校點:《貫華堂第六才子書西廂記》, 甘肅人民出版社1985年版, 第12頁。

⑱《文史通義校注》，第534—535頁。

⑲王書奴先生曾就唐、宋元詩妓、詞妓、曲妓之多及其與文人過從甚密之程度，論曰：「娼妓，不但爲當時文人墨客之膩友，且爲贊助時代文化學術之功臣。」以相思主題觀此論，甚確。參見《中國娼妓史》，上海三聯書店1988年影印版，第192頁。

中國古代文學中的出處主題

　　文學是人種種價值觀念的藝術表現。中國古代文學緣其前期以正統的雅文學（詩文歌賦）為主，基本上反映的是中國文人士大夫階層的情趣心態。作為中國文學的創作主體，面臨封建專制的現實鉗制，經常徘徊於中的一個人生問題就是「出」與「處」的矛盾選擇。仕出還是隱處，這不僅是政治態度、哲學觀念、審美取向及行為方式，實際上是每個社會生命個體終其一生的價值選擇。因而分析眾多詩人作家各自不同的人生經歷與創作實際時，一個無法回避的課題就是對整個古代文學出處主題作宏觀把握。限於篇幅，我們這裡以考察唐以前的文學現象及其文人心態為主。

一、「君子之道，或出或處」

—— 出處意念的不絕如縷

　　出者，仕進也；處者，隱退也。人類社會需要政治組織來維繫，需要為這個政治組織服務的官員。古代中國，「溥（普）天之下，莫非王土，率土之濱，莫非王臣」，①一國君主即為整個國家機器的操縱者，於是有志氣有抱負又有較高文化素養的「士」，幾乎無不將見遇於君，匡時濟世作為最高的政治理想與追

求目標。我們就民族大文化背景來縱觀考察，可以看出，很早古人就關注這一最能體現君臣、人與社會主客關係的出處問題。

這種處世理論總結於春秋戰國之交，與「士」的階層崛起相伴生。《老子》第九章謂：「功成身退，天之道。」《論語·衛靈公》稱：「邦有道，則仕；邦無道，則可卷而懷之。」《孟子·萬章下》言：「可以處而處，可以仕而仕。」《荀子·非十二子》有：「古之所謂處士者，德盛者也。」然而將「出處」二字第一次合起來，作爲一組矛盾對立的統一體正式提出，則首推戰國後期的《周易·繫辭》：「子曰：『君子之道，或出或處，或默或語。』」②此後，這最能表現個體與群體關係的「出處」一語，便成了古人評價文人士大夫總的社會態度，人生遭逢及境遇的常用語。

漢代王符《潛夫論·實貢篇》率先引伸：「出處默語，勿疆相兼」，③認爲選賢貢士對人不要強求一律，注意了出處兩者對立的一面。傅毅的《扇銘》則借詠扇標舉圓通曠達：「知進能退，隨時出處。」④《漢書·王貢兩龔鮑傳》讚亦謂：「《易》稱：『君子之道，或出或處，或默或語』，言其各得道之一節，譬諸草木，區以別矣，故曰山林之士，往而不能反；朝廷之士，入而不能出，二者各有所短。」《後漢書》的《周黨傳》也引此語，《方術傳》還注意了兩者區別：「天下有二道，出與處也。」嵇康《與呂長悌絕交書》也講：「由是許足下以至交，雖出處殊途，而歡愛不衰也。」⑤《晉書》卷五十載庾峻上書言：「聖王之御世，因人之性，或出或處。故有朝廷之士，有山林之士。」說明因此可得爲君之道的眞諦，於是「出處交泰，提衡而立，時靡有爭，天下可得而化矣。」佛門弟子慧遠也稱出家爲隱居求志，「若復開出處之跡，以弘方外之道，則虛襟者挹其遺風，漱流者味其餘津矣。」

⑥梁元帝也謂：「或出或處，並以全身爲貴。」⑦《隋書·隱逸傳》有：「雖出處殊途，語默異用，各言其志，皆君子之道也。」《舊唐書·隱逸傳》評前代隱士：「慢世逃名，放情肆志，逍遙泉石，無意於出處之間，又其善也。」金元之際的元好問，其感於時事的《秋望賦》中也有：「挹淸風於箕（山）潁（水），高巢由之遺名，悟出處之有道，非一理之能幷。」直到淸代，「出處」一語仍沿用不衰。《儒林外史》第一回寫王冕批評八股取士：「這個法卻定得不好，將來讀書人旣有此一條榮身之路，把那文行出處都看得輕了。」第十一回以諷刺之筆寫楊執中贊權勿用：「處則不失爲眞儒，出則可以爲王佐……」。可見，「出處」一語的確與中國士大夫文人關係密切，在歷史時空中綿綿不絕。

就整個客觀世界共同規律而言，凡物有兩極，「一陰一陽之爲道」。⑧像天地、君臣、男女等等均體現爲一種對應關係。「道者，萬物之所由也」；⑨「道者，萬物之所然也，萬理之所稽也。」⑩因而，「君子之道，或出或處」，也就概括了士大夫文人之於現實社會的主客對應辯證關係。

就社會文化環境、政治氣候而言，封建君主的感情好惡，統治集團中的派系構成，國家自然與社會情勢的順逆等等，影響與制約了作爲居於中國社會基本構成的「四民」（士農工商）中領導地位的「士」，⑪其出處選擇的個性自由度。在具體的、特殊的人生階段與歷史時期，文人士子雖然是社會的文化精英，但在強大的專制制度框範下，主題性的發揮是有限的，往往是出而不得、處而不安，居於躍潛兩難的境地。

就主體個人自我意願而言，大多數情況下，人還是可以憑著自己的價值觀念在具體社會現實面前作出出處抉擇的。傳統文化

心理重視道德完善、倫理價值，因而也關注自我價值實現與道德完善的途徑方式。出與處，因此便有了社會與內心這兩種實現方式，中國文學既有著「言志」、「載道」傳統，自不免與其創作主題的出處心靈矛盾情結結下了不解之緣。於是，出處文學主體就藝術而形象地表達了中國文人士大夫的志趣、嚮往與追求，它集中又真切地反映出人的自我意願在現實擠壓下或銳進抗爭，或隨遇而安。且由於中國文人士大夫性格的兩重性及文學表現的多樣性，這種反映又呈現出複雜而多元的情貌。然而即便是曲折隱晦，也可以從中約略看出中國文人士大夫階層歷史地位的浮沉，價值體系的維持與重構，審美取向的承續與更移。

二、「用之則行，捨之則藏」

—— 孔孟出處態度述評

《詩經》時代，創作主題獨立的人格意識尚未形成，出處意念還不明顯，但已有了對涉足政事的淡淡憂慮。《邶風·北門》中官吏詠嘆：「王事適（扔給）我，政事一埤（并）益（加）我。我入自外，室人交徧讁（責備）我。已焉哉！天實為之，謂之何哉！」吐露了人的從政苦惱。《小雅·小明》：「曷云其還，政事愈蹙」；「豈不懷歸？畏此反覆（統治者變幻無常）。」似乎朦朧感受到當政執事面臨的煩惱威脅，思索如何避開政事纏繞而保存自身。《小雅·雨無正》：「維曰於仕（作官），孔棘且殆（急迫危險）；云不可使，得罪於天子；亦云可使，怨及朋友。」較為明確地抒發了出處進退的不知所措之慮。

春秋末年，隨著奴隸制解體與新興地主階級崛起，「士」的

階層開始形成壯大。精通文學的知識分子，作爲社會較高文化層次的代表，始爲無可替代的「謀士」，爲諸侯參政主事。於是在「百家爭鳴」的時代氛圍中，出處自覺的理性思考時代即來臨了。無可否認，每一種文化的發達及其活力，是以其定型時期理論思想的多樣性、適應性爲前提的。而作爲中國士大夫文化組成部分的出處文學主題，一開始就帶有中國式的哲理思辯意味，帶有樸素的辯證法思想和人文精神。

《論語》展示出孔子心目中的理想人格是「博施於民而能濟衆」（《雍也》）。他曾恨恨地說：「苟有用我者，期月而已可也，三年有成。」（《子路》）但這畢竟只是一廂情願的憧憬。理想人格的實現在當時的政治條件下屢遭挫折，於是他又不得不採取出處兩宜的立身行事原則：「天下有道則見，無道則隱」（《泰伯》）；「邦有道，則仕；邦無道，則可卷而懷之」（《衛靈公》）；「用之則行，捨之則藏」（《述而》）；「道不行，乘桴浮於海」（《公冶長》）。

儘管孔子力圖出處兩得，自我價值的被否定與不被肯定卻常常困擾於胸，他要採取適當方式解脫與補償。這就是後來爲程朱理學極力推崇闡發的「孔顏樂處。」孔子稱羨顏回簞食瓢飲，「回也不改其樂。」（《雍也》），自謂：「飯疏食飲水，曲肱而枕之，樂亦在其中矣。」（《述而》）從而由「孔顏樂處」的人生境界推展爲一種「孔顏人格」。孔子最崇尚能保全名節的隱士：「不降其志，不辱其身，伯夷叔齊與！」（《微子》）「伯夷叔齊餓於首陽之下，民到於今稱之，其斯之謂與？」（《季氏》）這內中原因之一，是兩位殷朝逸士善於寬容忍讓，保持心理平衡，「不念舊惡，怨是用希」（《公冶長》）。

但孔子又何嘗不熱切地期待出仕佐政，在群體組織中確證自

身的價值呵！《微子》中寫他受到眞正的隱者長沮、桀溺奚落，不禁大爲動情：「夫子憮然曰：『鳥獸不可與同群，吾非斯人（人群）之徒與而誰與？天下有道，丘不與易也。」受到荷蓧丈人譏誚時也謂：「不仕無義。長幼之節，不可廢也；君臣之義，如之何其廢之？」無怪被人認爲這是「知其不可而爲之。」這種「爲」，不單是身體力行，更是精神價値的重新審定。《泰伯》稱：「邦有道，貧且賤焉，恥也；邦無道，富且貴焉，恥也。」《憲問》這樣解釋「恥」——「子曰：邦有道，穀（做官得祿）；邦無道，穀，恥也。」我們知道，羞恥感是人自我意識較爲自覺化的一個標誌，在此衡量人的出處態度，說明孔子的出仕乃是以不損害自身人格爲前提的。

對於處隱，孔子也非簡單化地認爲是離世遠遁。《爲政》篇言：「或謂孔子曰：『子奚不爲政？』子曰：『《書》云：「孝乎惟孝，友於兄弟，施（延及）於有政。」』是亦爲政，奚其爲爲政？」講究在日常生活的人際關係中處理好個人與家族、社會之關係，求得精神完善與人格實現，並以之影響政治。

相比之下，孟子發展了孔子出處態度的上述層面，更爲重視人格操守。《孟子·萬章下》客觀指出：「仕非爲貧也，而有時乎爲貧。」經濟條件時或制約著出處選擇，但還是要視政治條件可否：「孟子曰：『天下有道，以道殉身；天下無道，以身殉道。（朱熹注：道屈則身在必退，以死相從而不離也。）未聞以道殉乎人（逢迎）者也』。」（《盡心上》）爲此，孟子更稱賞曰：「柳下惠不以三公（高官）易其介（操）。」在孟子看來，出仕是人與生俱來的本能需要，也是一種社會責任：「士之仕也，猶農夫之耕也」；「士之失位也，猶諸侯之失國家也」（《滕文公下》）。

這樣，能夠在天下無道時不消極躲避，還要「以身殉道」的孟子，其出仕行道便更爲自覺主動。不過，在以自己的主張影響諸侯時，他並未忽視處隱。《萬章下》以出處尺度評論古賢，認爲伊尹與柳下惠走「出」的極端，前者是「治亦進，亂亦進」，「聖之任（負責）者也」，後者處變不驚：「不羞於汙（壞）君，不辭小官，進不隱賢（才能），必以其道；遺佚而不怨，阨窮而不憫」，是「聖之和（隨和）者也。」至於伯夷與孔子，則一個是「治則進，亂則退」，簡單行事而涉嫌狹隘；另一個是「可以處而處，可以仕而仕」的「聖之時者。」孟子看出了邦國治亂與道之有無，不應作爲出處進退的唯一決定因素。所以他更推重孔子：「集大成也者，金聲而玉振之也。」

儒家精神正是以如上主要內容構成了出處文學主題核心之旨與深層結構。此後出處意念就踵隨中國文人士大夫情感體驗的豐富與雅文學表現形式的演進，流光溢彩的美學因子日增，以充滿活力的身姿在文學聖殿中躍然登場。

三、「曳尾塗中」與「身去意存」

── 《莊子》《楚辭》中的出處嗟嘆

假若僅知出不思處，抑或耽於處而忘乎出，那麼，出處主題也就不成立了。猶如出處進退彼此對立又互補一樣，儒道基本傾向之於《楚辭》和《莊子》也非簡單孤立地判然而分。文學作爲人萬緒千端美感體驗的物化形式，充分表現出這種矛盾衝突的複雜性。

與儒家始祖仕而不成及難於就仕的不得不「處」異趣，《莊

子》中的「處」是憤世嫉俗，全身養性的自覺選擇。《繕性》篇謂：「隱，故不自隱。古人所謂隱士也，非伏身而弗見也，非閉其言而不出也，非藏其知而不發也，時命大謬也。」時，是整個外在社會現實提供給人政治進取的條件。「當時」與「不當時」，便成爲進退之契機。《秋水》篇中作者以神龜自比，甘心「曳尾於塗中」；以鵷雛自況，明己甘處之心志。《刻意》篇則明言要「就藪澤，處閒曠，釣魚閒處，無爲而已矣。」《人間世》更以櫟社樹、大木及支離疏（殘廢人）因無所用而得以保全的故事，說明如何方能得處而完身，是「出」的不當時決定了「處」的當時。

　　《刻意》篇將世人分爲五種人格形態：山谷之士，平世之士，朝廷之士，江海之士和導引之士。除朝廷之士爲出仕者，平世之士爲其預備隊外，餘者均爲隱處者。推重後者的莊子在更高層次上提出了這樣的要求：「無不忘也，無不有也，淡然無極而衆美從之，此天地之道，聖人之德也。」這種價值取向又體現在其對古代隱賢與聖王堯舜的品評上。最爲莊子贊賞的是辭天下而不受的許由，叙述其推讓不出故事的有《逍遙遊》、《徐無鬼》、《外物》、《讓王》諸篇，《天地》篇賦予其堯師的身份，教誨了後者一番。《大宗師》借其口提出要達到一種超凡絕俗的「遊心」境界。莊子的君臨天下與儒家的濟世佐君有別，可出處之理略同。《逍遙遊》、《人間世》、《應帝王》等篇還屢屢提到楚隱士接輿。《讓王》篇一連列舉了十位辭而不受天下的隱士，其中有三人竟因此投淵洗辱。

　　如前所述，從人自我價值實現的目的性說來，莊子與孔孟的出處並不是完全對立和互爲排斥。《讓王》篇稱孔子對顏回「知

足者不以利自累」的嘉許，與《論語‧先進》篇載孔子稱羨曾點不慕子路、冉有的欲得國而治，卻要「浴乎沂風乎舞雩」乃同出一轍。二者區別是：

其一，《莊子》一書所言出處內涵較孔孟更為寬泛。如果說，儒家始祖出處之念僅出於士大夫階層利益考慮，那麼，《莊子》則將其上擴展至君，下及平民與未仕之士。《天道》篇中倡導帝王要「虛靜恬淡，寂漠無為」，認為如果「以此退居而閒遊，江海山林之士服；以此進為而撫世，則功大名顯而天下一也。」其實這並非在談為君之道，而是借君主為例說明一種人生態度。《庚桑楚》篇譏諷堯舜：「且夫二子者，又何足以稱揚哉……竊竊乎又何足以濟世哉！」《讓王》中隱者言：「日出而作，日入而息，逍遙於天地之間而心意自得。」孔孟只是留連於佐君出處，而《莊子》卻從根本上超越了具體的君國之念，顯示出對整個現實政治的棄絕態度，因為「棄世則無累，無累則正平（心性平和純正）」（《達生》）。

其三，《莊子》散發著身命不保的危機感，強調發自內心地追求一種自得其樂的生活方式，還明確昭示醫治那些「身在江海之上，心居乎魏闕之下」，處而欲出者的辦法──「重生，重生則輕利」（《讓王》）。為使肉體生命免乎夭折，就要因順自然之性，採取對世間一切功利淡泊無問的態度。儒家的「孔顏樂處」側重在主動努力去培養領悟理想人格之趣，莊子更重視達到這種人生境界的自我封閉方式：「無不忘也，無不有也，淡然無極而眾美從之，此天地之道，聖人之道也。」（《刻意》）在「心齋」、「坐忘」的忘我狀態中完善自我。莊子思考的重心已不單是出處之擇，而更在於如何處，從中得其天然野趣。代表著當時小生產

者利益的莊子，歷時性地看，其出處態度與情感表現卻更爲契合後世中國文人士大夫階層的心態。哲學上的涵蓋面又借助於審美效應增值來拓展。有如膠著在出處問題上的屈原與《楚辭》之於中國抒情文學作用一樣，《莊子》圍繞出處意念的大量寓言，亦使中國敘事文學飽受澤溉。

以「出」爲主而不得出才轉而生怨的屈原，當然更具儒家進取精神。屈原被遷遠放而欲再度出山，終竟被疏而不得施展，內心痛楚交匯又不願放棄理想信念，是乃大多數中國文人士大夫共性心態。《離騷》反復纏綿，哀婉九絕，正表現了出處踟躕，欲處不忍，求出不得，還是要追索不已的頑強。不論是乞巫求神，還是遊天暢意，都無法找到最終的出之佳徑，釋難之途。主客、自我與對象、個人與社會間無法調和的矛盾衝突，其實只要一個「處」即可解決，儘管這是暫時的相對的；但詩人偏偏不── 偏要執著地「出」：「余固知謇謇之爲患兮，忍而不能捨也。指九天以爲正兮，夫唯靈脩之故也。」《離騷》、《惜誦》諸篇百般飾美自身，勸君醒悟，無非是要實現「出」的痴望。

與莊子的毫不寄望於當道迥異，屈原及其後繼者著力渲染的是自身爲群小所排，企望君主賢明清醒。但政治黑暗與君主昏庸畢竟是現實的，詩人又不能不出處兩難，執著中透露了踟躕猶豫。雖則「摯鳥之不群兮，自前世而固然！」可怎奈「時繽紛其變易兮，又何可以淹留！」於是頓生動搖之念：「何離心（賢愚異志）之可同兮，吾將遠逝以自疏。」甚或道出：「悔（恨）相（視）道之未察兮，延佇乎吾將反，回朕車以復路兮，及行迷之未遠。」這種「處」的念頭即令一閃即逝，也與莊子純然思處本質有別。實則爲迫不得已地要以退爲進。「進不入以離尤兮，退

將復脩吾初服。」但終歸又不願曲意阿世:「欲變節以從俗兮,愧(慚恥)易初而屈志……寧隱閔而壽考兮,何變易之可為?」而像「見伯夷之放跡」,「求介子(推)之所存。」(《悲回風》)的以古隱者自勵自慰,真是自我掙扎於現實的情切之語。「余雖好脩姱以鞿羈兮(為人系累),謇朝誶(諫)而夕替(廢)。」政治鬥爭的複雜性折磨得詩人情感上「二律背反」:既「苟余心其端直兮,雖僻遠其何傷」,又「哀吾生之無樂兮,幽獨處乎山中」(《涉江》)。

屈賦出處主題在其後繼者筆下進取心減弱了,更多的是出而不得的哀嘆。《九辯》「願沈滯而不見兮,尚欲布名乎天下。」進退徘徊中如此自遣:「處濁世而顯榮兮,非余心之所樂;與其無義而有名兮,寧窮處而守高。」(王逸注:思從(伯)夷、(叔)齊於首陽也。)《惜誓》憤慨地將出處對舉:「或偷合而苟進兮,或隱居而深藏。」揭露醜惡現實的成因:「黃鶴後時而寄處兮,鴟梟群而制之。」《七諫》更多次提及歸處實不得不然:「懷計謀而不見用兮,岩穴處而隱藏。」《哀時命》由「身既不容於濁進兮,不知進退之宜當」,到決計「時曖曖而不用兮,且隱伏而遠身。」為孔子、屈原褒舉的伯夷,在此變為牢騷抱怨的例證:「伯夷死於首陽兮,卒夭隱而不榮。」原本就不得已的處隱,似乎理應由榮顯補償。因而又怎能不「身去兮意存,愴恨兮懷愁!」(《九懷》)

清人曾這樣總結:「古人一生之志,往往於賦寓之」,「《惜誓》,余釋以為惜者,惜己不遇於時」,「誓者,誓己不改所守。」⑫由單篇看全書之旨,由作品看平生之志,啟發我們由出處角度看楚騷作品、楚騷文化的特徵,其特徵之一就是執著的社會追

求、出而不得處不自安的滿腹愁怨。

《楚辭》與《莊子》各自豐富了儒家文化中「出」和「處」的一面。由於歷史浪潮的不斷衝擊，專制制度下文士的屢屢不遇，加上中國文化基本走向是偏重主體內在的倫理道德，於是這出處主題情感指向與詠嘆重心便逐漸落在了「處」的一端。

四、「山居是其宜」與「終返班生廬」

—— 謝靈運與陶淵明的出處之別

漢武帝設五經博士，對學子士人勸以利祿，「出」的大門既已向治經者敞開，仕進的熱忱在抒情賦中得到了突出的表現。悲悼屈原的人格與不幸一時成了文人詠嘆的熱點。不光政治失意者，居官仕出者也有不可人意處，因為他們如班固《兩都賦序》所言，畢竟只是帝王的「言語侍從之臣」而已，且為「主上所戲弄，倡優畜之。」⑬於是像東方朔《答客難》、《非有先生論》等仍牢騷不斷。如果說，南方作家有模擬屈原的習氣，那麼，北人出身的董仲舒、司馬遷作《士不遇賦》、《悲士不遇賦》等，則代表了競於仕進卻無法真正將才華識略展露的時代悲哀。且功臣顯宦大量被殺，仕進風險不免令人深為所感。《四皓歌》言：「唐虞世遠，吾將何歸？駟馬高蓋，其憂也大，富貴之畏人兮，不若貧賤之肆志。」又托名許由、箕子、曾子、莊周的《箕山操》、《歸耕操》、《引聲歌》等反映的均此情調。漢樂府《滿歌行》：「為樂未幾時，遭世險巇，……唯念古人，遜位躬耕。遂我所願，以茲自寧。自鄙山棲，守此一榮。」樂府最盛的時代也正是屠戮大臣最多的武帝時期，⑭威壓對人格的摧折，更免不了讓人痛苦不

已。

仕進的察舉之權在東漢中葉後握於貴族豪右之手，政局的日益險象環生又迫使部分文人自得於庶族階層的安隱。《後漢書・符融傳》載當時豪右名士控制鄉里清議：「三公所闕召者輒以詢問之，隨所臧否，以爲定奪。」這就在人懾於仕進風險同時，加重了標榜退處、以淸高自重的風氣。班固稱：「自園公、綺里季、夏黃公、鄭子眞、嚴君平皆未嘗仕，然其風聲足以激貪厲俗，近古之逸民也。若王吉、貢禹、兩龔之屬，皆以禮證進退云。」⑮可見，儒家「以禮節情」倫理律令在處理人與社會關係中日漸強固，重名務虛乃是務實明智之舉。直至魏晉時的九品中正制，後進學子若要顯達，非有前輩稱譽，社會才肯定承認。如馮胄「常慕周伯況、閔伯叔之爲人，隱處山澤，不應征辟。」⑯又張衡《七辯》以隱逸的七子和勸出山者各爲一方，雖隱者得出卻備見其難。《歸田賦》索性直言：「苟縱心於物外，安知榮辱之所如？」趙壹《刺世疾邪賦》：「邪夫顯進，直士幽藏」；蔡邕《述行賦》也有蔿目時艱，「復邦族以自緩」之嘆。

甚至貴爲王侯的曹植也不免有出處之嗟。其《求自試表》中流露了「功存於竹帛，名光於後嗣」的人生理想，但又不甘違心屈節，何況當道者無論如何也不會見用於他，於是《九愁賦》不禁以屈原自詡：「寧作淸水之沉泥，不爲濁路之飛塵。」儘管他時時高呼：「閒居非吾志，甘心赴國憂！」（《雜詩》）但「時俗薄朱顏，誰爲發皓齒？」（《雜詩》）無奈只得「盛年處房室，中夜起長嘆。」（《美女篇》）至於《七啓》中隱士的悔悟：「至聞天下穆淸，明君蒞國。覽盈虛之正義，知頑素之迷惑，今予廓爾，身輕若飛。願反初服，從子而歸（出仕）。」確非由衷之語。如日本學者

指出的，東漢後「七」體作者把勸說對象從枚乘原作中的諸太子改成隱士，「是一種時代精神的反映。」⑰出處相峙促使了「七」體內在肌理變化，也因其對話形式易於展開進退衝突而推動了該體裁發展。《古詩十九首》直言不諱：「何不策高足，先據要路津。無為守窮賤，轗軻常苦辛。」樸直中透出難於仕進的激憤。

正始之際司馬氏專權下的政治酷劣，使嵇康阮籍等人有了更清醒的出處之擇。阮籍《詠懷》中屢稱「寧與燕雀翔，不隨黃鵠飛」（之八）；「豈與鶉鷃遊，連翩戲中庭。」（之二十一）嵇康也承認終因出處殊途而與舊友分手。⑱他還提倡只有「循性而動，各附所安」，就可以「處朝廷而不出，入山林而不反」，實質還是想全身存性，如同野生禽鹿，「雖飾以金鑣，饗以嘉肴，逾思長林而志在豐草也。」⑲《四言贈兄秀才入軍》組詩中更以遠遊無累為樂：安能服御，勞形苦心？「安得反初服，抱玉寶六奇？」出處主題重心至此幾乎完全偏向了處。自嵇康始撰《蜀聖高士傳》，皇甫謐《高士傳》、《逸士傳》，張顯《逸民傳》，虞槃左《高士傳》、孫綽《至人高士傳》，又阮存《續高隱傳》、周弘讓《續高士傳》等累累問世。《後漢書》始創《獨行列傳》、《逸民列傳》，其後《宋書》、《晉書》、《南史》、《北史》、《隋書》等均闢有《隱逸列傳》。

專心思處，以隱逸自得的情緒在兩晉詩文中又增多了樂觀與自覺色彩。「是時王政陵遲，官才失實，君子多退而窮處。」⑳許多已入仕途的文人亦不免宦路蹭蹬。以致於在任的潘岳低沉而輕鬆地吟出：「器非廊廟姿，屢出（外放）固其宜。徒懷越鳥志，眷戀想南枝。」㉑幻滅的左思轉念自慰：「被褐出閶闔，高步追許由。振衣千仞岡，濯足萬里流。」㉒失意的陸機雖淒然自嘆：「盛

門無再入，衰房莫苦開。人生固已短，出處鮮爲諧。」㉓離京的謝朓則慶幸地寫道：「旣歡懷祿情，復協滄洲趣……雖無玄豹姿，終隱南山霧。」㉔成公綏《嘯賦》、摯虞《思遊賦》等將此時士大夫文人群體心理更描繪得出神入化。如後者的「借之以身，假之以事，先陳處世不遇之難，遂棄彝倫，輕舉遠遊……」傅咸《申懷賦》也謂：「塞賢哲之顯路」，遂欲「永收跡於蓬廬」。而「屢借山水以化其鬱結」㉕的孫綽，在《遂初賦》中表白幼慕莊、老，「帶長皋，倚茂林，孰與坐華幕，擊鐘鼓者同年而語其樂哉！」緣其山林之樂中蘊含著自然美價值，讓人「澄懷味道」，「神超形越」，愈益成爲人們追求的理想人生境界。

正是在這個文化傳統與時代氛圍中，陶淵明和謝靈運將「處」的審美情趣發展到極致。官宦世家天然的優越感，使謝靈運念故戀國之情較重，晉亡宋興使之心靈所遭創傷也大：「韓亡子房奮，秦帝魯連恥。本自江海人，忠義感君子」；㉖而自認爲：「君子有愛物之情，有救物之能」㉗的靈運又身不由己，惟有「空對尺素遷，獨視寸陰滅……語默寄前哲。」㉘化出處兩難爲出處兩便：「達人貴自我，高情屬天雲。兼抱濟物性、而不纓垢氛。」㉙就主觀方面講，謝靈運的寄情山水是暫時的，是以處爲進的捷徑；客觀條件上看，他爲貴族後裔更爲當道者注意，其處隱是受外力逼迫而然。因此一生中兩處三出的詩人在《山居賦》中自注道：「性情各有所便，山居是其宜也。」㉚以處隱暫時性地立命安身，一有機會便還要「出」。

躬耕南畝的陶淵明居處田園則帶有永久性。他到後來基本棄絕了仕進。淵明雖也受某些外力脅迫才歸處，但在這外力下深在結構變化較大，對整個官場仕途的否定意識甚爲強烈。棄官歸裡

時言：「誤落塵網中，一去三十年」，㉛滿是掙脫樊籠的快意；「高操非所攀，謬得固窮節。平津苟不由，棲遲詎爲拙」，㉜也是得處其所後的肺腑之語。因爲淵明一直對仕進懷疑動搖：「日倦川途異，心念山澤居⋯⋯聊且憑化遷，終返班生廬。」㉝借班固賦中之語明己心志「園田日夢想，安得久離析」；㉞「吾生夢幻間，何事紲塵羈?」㉟因爲歸處乃是「質性自然，非矯厲所得，」在對個體生命價值認眞審視後，終於頓悟：「何不委心任去留，胡爲乎惶惶欲何之，富貴非吾願，帝鄉不可期。」㊱

　　唯其如此，陶淵明的出處之擇才更決斷。觀其所作雖平心靜氣，卻吐出了騷動於心的鬱勃壘塊。爲維護個體人格尊嚴，陶淵明處而不仕，仕而辭官。極頌「處」的快悅，正爲消減「出」的煩惱，以處的有價值反照出的無價值。謝靈運的處，則是家族成員多死於誅戮時的權宜之舉。如淸人言：「靈運志存故國，但牽於祿位，不能如徵士（陶淵明）之高蹈，意欲以祿代耕，又義心時激，發爲狂躁，卒與禍遘。節雖不足稱，而志亦有足哀已。」㊲其實，這「節」與「志」的差異，正是出處矛盾癥結所在。

　　出處主題之於唐前文學大家鮑照和庾信，表現得更爲複雜。鮑照熱心仕進而老不如意，在大力評擊士族門閥制時，每每以詩文爲進身之階。亡國後的庾信本無心仕宦，在西魏強逼下又不能以死相拒，於是痛悔失節，痴念故國之痛眞眞令人動容。如「讓東海之濱，遂餐周粟」；㊳「未能采葛，還成食薇」；㊴「不暴骨於龍門，終低頭於馬阪」；㊵「避讒應采葛，忘情遂食薇」㊶等。全節而身殉舊朝，還是失節仕於新朝異國，也算出處矛盾的一個分支。庾信的經歷與作品突出表明了這種出而無法復歸於處、仕而不得回歸於隱是何等痛苦，其根源之一在於恪守全忠盡節的內

心道德風範。

五、「山中宰相」與「終南捷徑」

—— 出處之念的緣起及核心之旨

海峽兩岸學者不約而同地指出:「仕與隱的觀念一直支配著中國古代文人對於生命形態的抉擇。」㊷「既關心政治,熱心仕途,又不得不退出和躲避它這樣一種矛盾雙重性。」㊸出處之念及其文學表現是人本質力量對象化確證的必然要求,與人珍視生命個體的本能相衝突時的情感流露,出處主題的繁盛綿延也是封建政治體制之於中國文化及民族文化心理滋生的附產品。

被稱爲當代西方心理學「第三思潮」的馬斯洛心理學認爲,每個人「都具有一種對健康的積極嚮往,一種希望發展,或希望人的各種潛力都得到實現的衝動。」㊹早在春秋戰國時期,「士」的階層就孕育著「士爲知己者死」、「天行健,君子以自強不息」、「士不可以不弘毅,任重而道遠」的倫理義務和入世精神,儒家文化豐富、強化之,這與人本能衝動內外結合,建構了中國士大夫文人心態。因此其未出仕時,急欲出佐明主,經邦濟世;已出後又欲君王見知重用,既承重任又急於令行天下,整肅朝綱——追求是無止境的,只有求之不得才退處自省。這種自我實現的趨向也與整個世界歷史中展示的人類性格若合符契:「賦有創造性的個人的行爲可以描繪成爲包括退隱和復出的兩重行爲:退隱的目的是爲了他個人的得到啓示,而復出則是爲了啓發他的同類的巨大任務。」㊺可見,處的價值在於保全生命的同時,得到內心倫理道德的完善;出則是在對社會群體組織擔負使命、義務時求

得後者的肯定。於是，儒、道、釋諸家學說便在主體志向展開與受挫時提供了各得其所的思想棲息地。「人可以作出選擇，回頭是安全，前進則會發展；人必須一而再，再而三地選擇發展；一而再，再而三地克服恐懼」，「所有引起恐懼和焦慮的因素都會打破倒退和發展之間的平衡，使之變成倒退和停滯不前。」⑭中國歷史上的文人士大夫出處選擇也不例外。出爲本願而處爲無奈，無奈而處又不甘寂寞；出而懼禍退居於處，誠知出難才標舉處樂。故而可謂：「五畝清閒地，一枚（個）安樂窩。行呵，官大憂愁大；藏呵，田多差役多。」⑰

　　封建社會的超穩態結構及其特點爲主題綿延提供了適宜的社會土壤。大多數封建帝王的猜忌專橫，加上「一朝天子一朝臣」的政治積習，使得朝代改換時舊臣大量被黜被戮，而講究報恩知遇的文人士大夫又重氣節名譽，以處爲歸，以處明志，身不由主或不忍去官時還可以介乎出處之間地來「朝隱」。⑱即向秀、郭象在《莊子·逍遙遊》注中所謂：「聖人雖在廟堂之上，然其心無異於山林之中。」在中國歷史上，那些甘冒身家性命之憂，變逃避爲抗議的畢竟不多。雖有嵇康對司馬氏擅權的堅不合作，縱酒倨傲；謝靈運對「老兵」劉裕纂晉的以「送齡丘壑」來「倔強新朝」，我們看到的更多的卻是「伴君如伴虎」的謹愼爲臣。即便如此，在統治階級個人、家族或集團內部的傾軋、爭鬥中，也免不了禍累及身，於是早在春秋戰國時期便出現了「功成身退」說，誠如李白所言：「……吾觀自古賢達人，功成不退皆殞身。子胥既棄吳江上，屈原終投湘水濱。陸機雄才豈自保，李斯稅駕苦不早。華亭鶴唳詎可聞？上蔡蒼鷹何足道！君不見吳中張翰稱達生，秋風忽憶江東行。且樂生前一杯酒，何須身後千載名。」

㊾不光在「群小」，只因君主代表並決定了群體組織的一切，臣子無法同君父抗衡。行爲方式既受外在現實制約，情感流程就不能不呈現出不得不然的苦悶、遲疑與痛苦。

《呂氏春秋·審爲》篇載戰國隱者詹何提出「重生輕利」說，（《莊子·讓王》亦有）針對於孜孜求出者。晉人也謂：「夫進者，身之榮也；退者，命之實也。」㊿進退出處，體現了人自我價值重榮重利還是重實重生不同層次的需要。正由於上述社會外在條件的規定性，使得中國文人士大夫雖熱衷利祿，卻掩不住深層意識中對富貴的厭惡恐懼，對名利的淡漠擔憂。人要自我實現又想保持安全感，這在殘暴的王權面前是個難於調和的「二律背反。」絕大多數文人士大夫就是這樣的一群—— 宦途蹭蹬，意志卻並不眞正消沉；春風得意，卻常常自感岌岌可危。老是不斷適應群體框範而動輒遭厄。處，誠然是人對安全感本能需求所致，但出處選擇的最終目的與核心之旨還是出。有名的「山中宰相」(51)與「終南捷徑」(52)的故事，充分說明了由晉宋至唐文人求仕的處心積慮。

陶弘景與盧藏用都不忘情於政治，最初的隱居修道也都是出於政治上進取無出路。但陶的佐君助政手段更爲高明，且是始終不出山以自高；盧則是將隱退作爲仕宦的臨時性敲門磚，一入官場即告別山林。平心而論，「山中宰相」爲數甚少（宋初的陳摶、元代的丘處機可算顯例），且難逢機遇；多數隱處者可能走的是後者的路。當然這也同時代氛圍有關：陶當「山中宰相」時名士以處標舉淸高風氣尙盛，至唐代舉世普遍熱衷仕進，於是盧的走「終南捷徑」稍見成效便急不可奈踏上仕途了。與此相聯繫的就是前面提到的「朝隱」，實爲居仕時明哲保身的一種手段，白居

易《中隱》詩說得好:「大隱住朝市,小隱入丘樊,……不如作中隱,隱在留司官。」又《水滸》中一心想「輔國安民」的宋江,處江湖而待招安,未始不是爲了「出」,儘管他只是小吏。

上由可見,如同處的形式有田園山林朝內之分一樣,以處爲出的策略也不盡相同。這都從不同側面反映了士大夫文人的文化心態。湯因比認爲世界文明有起源、生長、衰落和解體四個環節,其中文明的生長來自退隱和復出。他指出:「如果用來說明他和他所屬社會的外部關係,對於這兩種活動我們可以稱之爲退隱和復出。退隱可以使這個人物充分認識到他自己內部所有的力量,如果他不能夠暫時擺脫他的社會勞苦和障礙,他的這些力量就不能覺醒。這種退隱可能是他的自願的行爲也可能是被他所無法控制的環境逼成的;但是不管怎樣,這種退隱都是一種機會,也許還是一種必要的條件……復出是整個運動的實質,也是它的最終目的。」㉝由「山中宰相」、「終南捷徑」和「朝隱」等途徑突顯的出處核心之旨,也大抵與世界文明進化史上共性規律相符,何況中國文人士大夫總體上是追求個體意識與群體意識統一的。㉞

必須強調的是,配得上談論「處」的人首先須具備可「出」的條件,即合乎出的標準而有意不出。因而,這批人本身就已是社會重要成員甚至文化精英。他們的「處」又不僅限於安身立命,還要使自我人格獨立與升值。在中國古代,文人仕子雖未必個個是政治家,但政治家卻幾乎都要工詩能文。尤其是七世紀科舉制實行後,「所考的題目,原則上是政治論、哲學論,同時還要考詩。像這樣,參與政治者必然應該參與文學活動;倒過來,參與文學活動者應該參與政治,至少應具有參與政治的慾望」;

「一般來說，任何形式的官吏經歷都沒有的文學者是很稀少的。」
⑤日本學者指出的這種文化現象之於中國文學的確爲肯綮之論，
儘管這種「科舉」—「官制」、「政治」—「文學」間的關係是外
在的。何況，古代審美理想最高層次是眞善美和諧統一，爲此離
開出仕遇君，所以「出」的內趨力便更難阻遏，受挫後便不得
其安，有時難勝其苦。細細思來，中國文人士大夫雖口口聲聲標
榜高舉遠慕，但又有幾個眞正超脫，眞正忘情於世的？出亦難，
處亦難，雖有手中的筆是矛盾心聲的吐露，而藝術中暢言高蹈避
俗的呼喊某種程度上似乎提高了主體精神品格——「古有之：居
不隱者志不廣，身不抑者志不暢。上固有遁世而不復見，然愈掩
而愈彰。」⑤一語道破天機。有如行爲方式上的走「終南捷徑」、
當「山中宰相」可以提高主體價值一樣，出處意念流注筆端也是
文人的一種「飾美」心理使然。社會體制、形態決定了文化現象
的特殊性與普遍性，出處主題就如此地豐富演變，生生不息。

六、「以處者爲優，出者爲劣」

—— 出處糾葛中的文人士大夫心態

作爲人類自我實現及發展的需要與安全感需要間矛盾衝突的
集中體現，作爲中國封建體制、中國文化的必然產物之一，出處
文學主題同時也是中國哲學史、思想史、文化史研究所致力探討
的問題，其反映並影響了士大夫文人的民族性格與共同心態。

首先，是文人士大夫心態的穩固性與傳承性極爲突出。思想
史著作指出：葛洪的思想，「是封建割據時代名門豪族出處兩得
的思想型，後世承其流風的，實在不少。凡是歌詠山水田園的詩

人，凡是俳徊於山林廊廟之間的人物，都是被其思想沾漑的。」
⑤以此概括整個出處主題神理尙嫌不足。《易·蠱》即有「不事王
侯，高尙其事」的一面倒之語，因爲「處」自有處的價値在。一
般說來，先秦之處爲超然自重，漢魏之處爲全名保節，晉宋之處
爲避禍惜身。初唐科舉始開，尤尙重視文行出處；唐則多以「終
南捷徑」抬高自我價値；而中晚唐政亂國衰就令人更加以處爲
宗。宋代雖然取士多俸祿厚，且避免了「恩出私門」，⑤但實際
上在思想領域對文人控制得更爲嚴密。出處之嘆卻不因此有所顧
忌，如柳永就因賦詞而失去了仕進機會，終身「白衣卿相」。歐
陽修《思歸賦》，沈括《懷歸賦》等都詠之不斷。元代知識分子
淪爲「九儒十丐」地位，實際上卻因統治者文化落後而文禁寬
疏，以致每有「識破抱官囚，誰更事王侯」⑤之嘆，又如馬致遠
諸雜劇中的憤世嫉俗和許多「度脫劇」的離世避隱。明清兩代統
治者時或濫殺文人士大夫，出處之嘆更不絕於耳，如清初王士禎
便是旣忍讓超脫又積極進取的代表。清人云：「儒者讀《易》、
《詩》、《書》、《禮》、《春秋》之文，當立孝弟忠信之行，文與行
兼修，故文爲至文，行爲善行；處爲名儒，而出爲良輔。」⑥不
論是治世亂世，文網嚴疏，也不論是居官還是處隱，客觀條件制
約下的行爲指向如何，中國文人在文學表達上卻有著以處爲高，
言出無奈（無法出和不得不出）的慣常模式。

其次，與上相聯繫，出處主題反映出並影響到中國文人士大
夫具有明顯的雙重人格。如果說，「履朝右而談方外，羈仕宦而
慕眞仙」⑥的阮籍是由於本傳載：「居魏晉之際，天下多故，名
士少有全者，籍由是不與世事」，那麼，値遇安而時平的北宋楊
萬里有此之嘆則令人難解：「身居金馬玉堂之近，而有雲嶠春臨

之想；職在獻納論思之地，而有灞橋吟哦之色。」(62)這是因爲，出處意念既非純然要濟衆遇君，又非安於閒處山林，乃是欲出懼禍欲處不甘的矛盾組合體。這種意念情結大量結體於文學作品，作爲一種代代相傳的文化積澱，建構並強化了中國文人內心的道德倫理大廈。史載謝萬作《八賢論》，以「四隱」（漁父、季主、楚老、孫登）、「四顯」（屈原、賈誼、龔勝、嵇康）爲例，「其旨以處者爲優，出者爲劣」。儘管這引起了爭議，「孫綽難之，以謂體玄識遠者，出處同歸」。(63)但精神上出處兩便的超脫畢竟需要出劣處優的價值觀念維繫心理平衡後，才能達到。又郝隆以物有二稱來調侃爲仕於桓溫的謝安，謂「處則爲『遠志』，出則爲『小草』。」(64)這些都反映了崇尚自然玄遠、標舉超凡絕俗的時代風氣。於是每當社會文化環境與個人境遇不利仕出時，出劣處優就作爲一種精神動力來推動文人的離異意識。就連仕元以後悔而未作逸民的趙孟頫也有「在山爲遠志，出山爲小草。古語已云然，見事苦不早」(65)之嗟。「文行出處」一語，每每用以評價文人的人格品第；出劣處優，得到了中國文人的廣泛認同。

韓愈曾坦率地指出中國文人兩難處境的實質：「布衣之士，身居窮約，不借勢於王公大人，則無以成其志。」(66)的確如此。在封建專制制度下，下層的文人寒士要謀求自我價值在經邦濟世而不是窮處守高中實現，政治上就必然要依附當道。而自身人格的降低，爲「外王」而不得不作褻瀆「內聖」之舉，以及理想的降格而得、幻滅所帶給人不盡的羞辱、失落，構成了中國文人一種突出的心態特徵，其以口不應心、言不由衷爲突出外現形式。「文以行立，行以文傳，」(67)自我的衷腸心曲懾於名分人格的自尊，在出處之嗟中自不免有所修飾。所謂「志深軒冕，而汎詠皋

壞；心纏幾務，而虛述人外。眞宰弗存，翩然反矣。」⑱「身處朱門而情遊四海，形入紫闥而意在靑雲。」⑲又淸人亦直言不諱：「詩人有終身之志，有一日之志；有詩外之志，有事外之志；有偶然興到，流連光景，即事成詩之志；志字不可看殺也。謝傅遊山，韓熙載之縱伎，此豈其本志哉！」⑳朱自淸認爲：「終身之志似乎是出處窮通，事外之志似乎是出世（處）的人生觀。」㉑出處窮通即出處兩宜，是中國文人士大夫「終身之志」，但出處文學主題中卻大多自詠其「一日之志」，「事外之志」。不過，文貴曲而詩忌露，出處之嗟的審美價值就在於其眞切地反映了主題內宇宙中的激烈騷動，種種不情願不得已而勉爲其難給人的焦慮痛楚。這種心靈悲劇即使再有審美意義，久而久之的言不由衷，不免給中國文人士大夫性格的兩面性上又塗上了一層虛飾的色彩。

其三，由於進退仕隱的兩極性，出處主題以儒爲主，兼得道釋，密切了文學同宗教的關係。宗教與文學都試圖以想像解釋和掌握客觀世界，兩者聯繫的契機又促進了它們用類似方式思考與感嘆人生。古人強調：「釋迦之與周孔，發致雖殊，而潛相影響；出處誠異，終期則同。」㉒所謂「以佛治心，以道治身，以儒治世。」㉓儒道釋達到人格自我實現殊途同歸。而出處自得的人生情感平衡強烈需要促使人各取所需，有所側重。就在這價值選擇的過程中，出處主題記錄並建構了人的情感流程與文化心態。

上述原因使得中國文人士大夫在出處文學主題審美效應下，其人生價值取向有了一些差異，大致可分三種：一是以處爲憂。如屈原、賈誼、杜甫、韓愈。其社會責任感較濃，出仕受挫後首先想到自己的社會使命。二是以處寄狂。這類人大多個性較強且

不像前種人老是寄望於當道，而是懷疑或不抱希望。如莊子、阮籍、嵇康、激憤時的李白、辛棄疾。三是居處自樂。如陶淵明、謝靈運、歐陽修和蘇軾。但中國文人士大夫在不同人生階段的遭際中，更多的時候是憂中有狂，狂中挾憤，又常化憂憤為曠達，曠達中見深沉，上述幾種形態交織互補中有所側重，呈顯出千差萬別的複雜狀貌。

七、「壯志鬱不用」，「洩為山水詩」

—— 出處情結之於文學流脈

出處文學主題在古代文學整體格局中的重要位置，不在其本身藝術表現形式的高超多樣，而在於出處之擇乃是幾乎每個中國文人一生困擾於心的迷團。如果真的義無反顧地出，或超凡絕俗地處，達到一種無差別境界而心理極度平衡，那就沒有文學創作與發展了。出處主題使中國文人價值選擇敏感且多元化，增大了中國文學的現實感與社會性，不斷撞擊、激發創作主體的創作欲與藝術表現活力。出而不得後超現實、非理性的精神寄托，成為魏晉遊仙詩、元代神仙道化戲隆盛原因之一；遊仙意趣必定以避世離俗之念共生，於是處中尋樂，以處為出，主體的審美注意與情趣由宏壯的漢賦，抽象的玄理轉向山川林壑。

《後漢書·逸民傳序》謂：「觀其甘心畎畝之中，憔悴江海之上，豈必親魚鳥，樂林草哉？亦云性分所至而已。」這種情形並未持續多久。因為處士們也需要自然美陶情冶性，完善自我。有隱者自言：「山林之客，非徒逃人患，避爭門，諒所以翼順資和，滌除機心，容養淳淑，而自適者爾。」⑭且大量文士處隱山林江

湖,互爲唱和激發,逐漸地對自然美體驗加深,感悟自然靈性驟增。類似原因反饋於接受主體的美感情趣,又爲田園隱逸文學代代不衰的深在原因。歷代士大夫文人在出而受挫或未得出山時,不得不以山水、田園、江湖等各種形式「處」,讀書賦詩與賞玩山水田園便成爲日常生活兩大中心。「窮居而野處,處高而望遠。坐茂樹以終日,濯清泉以自潔。採於山,美可茹;釣於水,鮮可食。起居無時,唯適之安」,這較之於「伺候於公卿之門,奔走於形勢之途,足將進而趑趄,口將言而囁嚅」,⑮是不知有多大差別的兩種人生境界。類似於此,許多古代文人生活體驗與文學創作,二者親緣關係上質的聯繫,都以「出處」情結爲中介。

溯及當初,正是山水田園文學興起,使劉勰獨具隻眼地穎悟:「若乃山林皋壤,實文思之奧府……屈平所以能洞鑒《風》、《騷》之情者,抑亦江山之助乎!」⑯後來永貞革新失敗後被貶的劉禹錫也深有所悟:「及謫於沅湘間,爲江山風物之所蕩,往往指事成歌詩;或讀書有所感,輒立評議,窮愁著書,古儒者之大同。」⑰白居易《讀謝靈運》詩更明點出:「壯志鬱不用,須有所洩處。洩爲山水詩,逸韻諧奇趣。」這些都超越了對個別作家具體作品的評價,概括了出處審美體驗之於整個文學、創作的作用。舉凡山水、田園文學大家如陶淵明、謝靈運、王維、李白、柳宗元、王安石、蘇軾、楊萬里、范成大……在其創作豐收期內,幾乎無不踟躕於出處糾葛之中。

古代文論中那些飽受出處苦痛的經驗之談,其真知灼見亦爲我們更加理解——「發憤著書」(司馬遷);「文章憎命達」(杜甫);「物不得其平則鳴」(韓愈);「窮而後工」(歐陽修)等等,使我們想起了《文心雕龍·才略》篇指出的「敬通(馮衍字)雅

好辭說，而坎壈盛世；顯志自序，亦蚌病成珠矣。」詩人作家境遇、事業的不幸激發了個性的表現欲，自我價值的橫遭毀棄或得不到肯定，會意外地帶來文學創作上的才思迸湧。漢人即有「賈誼不左遷失志，則文采不發。」⑱歐陽修甚至說士一旦處於窮途，「多喜自放」；⑲清人談論韓愈、蘇軾時也謂：「大抵遭放逐，處逆境，有足以激發其性情，而使之怪偉特絕，縱欲自掩其芒角而不能得者。」⑳這已經超出了中國詩學「感物說」的範圍，探討主體自我本質外射效應了。「壓抑—— 鬱結—— 宣洩昇華」正是與「現實（遭際）—— 作家心理衝突（中介）—— 作品（藝術表現）」分別對應著的三個階段，出處情結在其中介過程中所起的微妙作用是顯而易見的。

處隱生活感受，遊仙、山水、田園之作的寫作賞玩，又增大了中國文人的超功利審美情趣，淡化了其出仕濟邦的現實功利心，儘管這可能是暫時和有限的。如詩人眼觀雲日空水，「想像崑山姿，緬邈區中緣。始信安期術，得盡養生年。」㉑但審美解悟即便是瞬間一閃，其於創作引發作用也未可低估。孫綽早就將出處不同生活之於心境關係作了對比：「情因所習而遷移，物觸所感而興感。故振轡於朝市，則充屈之心生；閒步於林野，則遼落之志興。」㉒司空圖將這種「處」的感受與古代「虛靜」說聯繫起來，描繪「沖淡」的美學風格：「素處以默，妙機其微。」㉓蘇軾進一步將之神秘化：「幽居默處而觀萬物之變，盡其自然之理，而斷之於中。」㉔的確，處隱生活與出處主題的熏陶體味，有利於人在「虛靜」的審美心境裡徜徉。

出處主題通過人的審美價值體系制約了人的行為方式，從中亦改變了人的審美理想。由「望秩山川」到以山水悅目暢神，出

處詠嘆中人的審美觀念進一步更移。由兩晉六朝以綺麗的形式結構爲工，到中唐後的以沖淡自然爲美，這不是對漢魏古樸之風的回歸，而是在新的螺旋運動中發展。出處主題在處中悟樂，對處的不斷推崇帶來的文人士大夫審美心態上微妙變化，亦明顯體現在中國美學史中對陶淵明的先抑後揚的評價上。

中國文學民族特點也因出處主題而更爲突出。如詩詞語義的模糊性，戲曲小說主題的多義性，創作風格上標舉含蓄蘊藉、中和之美等等。創作主體在出處兩端上徘徊遊走，模棱兩可而很少走極端。表現自我情懷，也就往往是寧靜中見騷動，平淡中透熾烈；不平則鳴的抗爭與隨遇而安的自慰交織；率情適意的奔放與以理化情的克制並重。因其深層結構中的價值體系矛盾不解，自我與對象、主觀與客觀、社會與人生、功利與審美出發點不一樣，作品便被賦予多層面多指向的思想內蘊和美學含義，讓接受主題仁智各見，多方解悟。

當然，出處主題緣其也是思想、人生哲學上重要課題，自不免在表現上顯得重理念、較抽象，一定程度上加劇了抒情文學「議論化」的傾向。如辛棄疾發展了韓愈的「以文爲詩」而「以文爲詞」，其最先以文爲詞的作品便正是抒發出處之嘆的：「進退存亡，行藏用捨。小人請學樊須稼，衡門之下可棲遲，日之夕矣牛羊下。　去衛靈公，遭桓司馬，東西南北之人也。長沮桀溺耦而耕，丘何爲是栖栖者。」⑧文學史中的關鍵之點，往往正是面與線特徵的寫真，這種議論化的傾向雖每每爲後人詬病，卻至少說明了出處主題的悲歌心曲之於中國文人情感心態中的重要位置，從而反映了其在中國文學、中國文化中的顯要地位。

註 釋

①《詩經·小雅·北山》。

②徐志銳：《周易大傳新注》，齊魯書社1986年版，第422頁。

③彭鐸：《潛夫論箋校正》，中華書局1985年版，第158頁。

④《全後漢文》，第707頁。

⑤《全三國文》，第1322頁。

⑥《答桓玄書》，《全晉文》，第2392頁。

⑦《全德志論》，《全梁文》，第3049頁。

⑧《周易·系辭上》，徐志銳：《周易大傳新注》，第414頁。

⑨《莊子·漁父》，陳鼓應：《莊子今注今譯》，中華書局1983年版，第824頁。

⑩《韓非子·解老》，陳奇猷：《韓非子集釋》，上海人民出版社1974年版，第365頁。

⑪「四民」之說始見《管子》。《谷梁傳·成公元年》何休注：「士民，學習道藝者。」

⑫劉熙載：《藝概·賦概》，上海古籍出版社1978年版，第96頁，第91頁。

⑬司馬遷：《報任安書》。

⑭如《漢書·公孫弘傳》載：「……其後李蔡、嚴青翟、趙周、石慶、公孫賀、劉屈氂繼踵爲丞相，……唯慶以惇謹，復終相位，其餘盡伏誅云。」又《漢書·匡張孔馬傳贊》謂：「……其後蔡義、韋賢、玄成、匡衡、張禹、翟方進、孔光、平當、馬宮及當子晏咸以儒宗居宰相位，服儒衣冠，傳先王語，其醞藉可也，然皆持祿保位，被阿諛之譏。」

⑮《漢書·王貢兩龔鮑傳》；《後漢書》中的《周黨傳》、《仲長統傳》等也有類似記載。

⑯《後漢書·方術傳》，又《文苑傳》多有記載。

⑰〔日〕興膳宏：《六朝文學論稿》，彭恩華譯，岳麓書社1986年版，第410頁。

⑱⑲《與呂長悌絕交書》、《與山巨源絕交書》，《全三國文》，第1322頁，第1321頁。

⑳《晉書·文苑傳》。

㉑《在懷縣作詩》，《先秦漢魏晉南北朝詩》，第634頁。

㉒《詠史》，上書第733頁。

㉓《折楊柳行》，上書第659頁。

㉔《之宣城郡出新林浦向板橋》，上書第1429頁。

㉕《三月三日蘭亭詩序》，《全晉文》，第1808頁。

㉖㉘㉙《臨川被收》，《折楊柳行》，《述祖德詩》，《先秦漢魏晉南北朝詩》，第1185頁，第1150頁，第1157頁。

㉗《遊名山志》，《全宋文》，第2616頁。

㉚《全宋文》，第2604頁。

㉛㉜《歸園田居》，《癸卯歲十二月中作與從弟敬遠》，逯欽立校注：《陶淵明集》，中華書局1979年版，第40頁，第78頁。

㉝㉞㉟㊱《始作鎮軍參軍經曲阿》，《乙己歲三日爲建威參軍使都經錢溪》，《飲酒》，《歸去來兮辭》，逯欽立校注：《陶淵明集》，中華書局1979年版，第71頁，第79頁，第91頁，第159頁。

㊲毛先舒：《詩辯坻》卷二，《清詩話續編》，第33頁。

㊳㊴㊵㊶《哀江南賦》，《枯樹賦》，《小園賦》，《擬詠懷》第二十一，許逸民校點：《庾子山集注》，中華書局1980年版，第94頁，第53頁，第30頁，第244頁。

㊷李瑞騰：《唐詩中的山水》，《古典文學》第三集，台北學生書局1981年版，第159頁。

㊸李澤厚《美的歷程》，文物出版社1981年版，第153頁。

㊹〔美〕弗蘭克·戈布爾：《第三思潮：馬斯洛心理學》，呂明、陳紅雯譯，上海譯文出版社1986年版，第65頁。

㊺〔英〕湯因比：《歷史研究》上，曹未風譯，上海人民出版社1986年版，第320頁。

㊻《第三思潮：馬斯洛心理學》，第66頁。

㊼喬吉：〔雁兒落過得勝令〕《自適》，《全元散曲》，中華書局1981年版，第633頁。

㊽「朝隱」一語始見揚雄《法言·淵騫》：「或問柳下惠非朝隱者歟?」葛洪《抱樸子·釋滯》謂：「古人多得道而匡世，修之於朝隱，蓋有餘力故也。何必修於山林，盡廢生民之事，然後乃成乎?」《君道》又謂：「良才遠量無援之士，或被褐而朝隱，或沉淪於窮否。」《晉書·鄧粲傳》有：「夫隱之爲道，朝亦可隱，市亦可隱；隱初在我，不在於物。」

㊾《行路難》之三，《李太白全集》，第191—192頁。

㊿皇甫謐：《釋勸論》，《全晉文》，第1870頁。

(51)《南史·陶弘景傳》：「……及梁武兵至新林，（弘景）遭弟子戴猛之假道奉表。及聞議禪代，弘景授引圖讖，數處皆成『梁』字，令弟子進之。武帝既早與之遊，及即位後，恩禮愈篤，書問不絕，冠蓋相望……後屢加禮聘，並不出……國家每有吉凶征討大事，無不前以諮詢。月中常有數信，時人謂爲山中宰相。」

(52)《新唐詩·盧藏用傳》：「藏用能屬文，舉進士，不得調。與兄微明偕隱終南、少室二山……長安中，召授左拾遺……司馬承禎嘗召至闕下，將還山，藏用指終南曰：『此中大有嘉處。』承禎徐曰：『以仆視之，仕宦爲捷徑耳。』藏用慙。」

(53)湯因比：《歷史研究》上，第274--275頁。

○54一些東漢文人的出處觀可算作一個例外，參見閻步克：《東漢名節論》，《文化：中國與世界》第3輯，三聯書店1987年版。

○55〔日〕吉川幸次郎：《中國詩史》，章培桓等譯，安徽文藝出版社1986年版，第4頁。

○56元好問：《行齋賦》，施國祁：《元遺山詩集箋注》，人民文學出版社1958年版，第72頁。

○57侯外廬等：《中國思想通史》第3卷，人民出版社1957年版，第325頁。

○58宋太祖建隆三年詔：「及第舉人，不得呼知舉官爲恩門、師門及自稱『門生』。」以矯正唐代之弊。見《續資治通鑑長編》卷三。

○59鄧玉賓：〔雙調雁兒過得勝令〕《閒適》，《全元散曲》，中華書局1981年版，第399頁。

○60錢大昕：《崇實書院記》，《潛研堂詩文集》卷二十，商務印書館1940年版，第288頁。

○61張溥：《漢魏六朝百三家集題辭注》，殷孟倫注本，人民文學出版社1981年版，第89頁。

○62《山居記》，《誠齋集》卷七十六，四部叢刊初編縮本，上海商務印書館版，第648頁。

○63《世說新語·文學》注引，見余嘉錫：《世說新語箋疏》，中華書局1983年版，第270頁。又參見《晉書·謝萬傳》。

○64《世說新語·排調》，《世說新語箋疏》，第804頁。

○65《罪出》詩，任道斌校點：《趙孟頫集》，浙江古籍出版社1986年版，第20頁。

○66《與鳳翔邢尚書書》，《全唐文》，第5598頁。

○67《文心雕龍·宗經》，周振甫：《文心雕龍今譯》，中華書局1986年版，第30頁。

⑱《文心雕龍·情采》，上書第288頁。

⑲《南史·齊宗室傳》中衡陽王語。

⑳袁枚：《再答李少鶴書》，《小倉山房尺牘》十。

㉑《詩言志辯》，古籍出版社1956年版，第39頁。

㉒釋慧遠：《答何無忌難沙門祖服論》，《全晉文》，第2396頁。

㉓宋孝宗：《原道辯》，元·劉謐《儒釋道平心論》引。

㉔戴逵：《閒遊贊》，《全晉文》，第2250頁。

㉕韓愈：《送李願歸盤谷序》，《全唐文》，第5615—5616頁。

㉖《文心雕龍·物色》，周振甫：《文心雕龍今譯》，第412頁。

㉗《劉氏集略說》，《全唐文》，第6135頁。

㉘桓譚：《新論·求輔》，《全後漢文》，第539頁。

㉙《梅聖俞詩集序》：「凡士之蘊其所有而不得施於世者，多喜自放於山巓水涯外，見蟲魚草木風雲鳥獸之狀類，往往探其奇怪。內有憂思感憤之鬱積，其興於怨刺，以道覊臣寡婦之嘆，而寫人情之難言，蓋愈窮則愈工。然則非詩能窮人，殆窮者而後工也。」

㉚沈德潛：《姜自芸太史序》。

㉛謝靈運：《登江中孤嶼》，《先秦漢魏晉南北朝詩》，第1162頁。

㉜《三月三日蘭亭詩序》，《全晉文》，第1808頁。

㉝《二十四詩品》，《歷代詩話》，第38頁。

㉞蘇軾：《上曾丞相書》，孔凡禮點校：《蘇軾文集》，中華書局1986年版，第1378頁。

㉟淳熙九年（1182）寫的《踏莎行·賦稼軒集經句》，《全宋詞》，第1921頁。

中國古代文學中的懷古主題

歷史的風煙纏綿繚繞。人，是歷史的存在。文學不僅是現實
世界萬事萬物的折光反映，也是既往歷史及創作主體記憶表象的
審美價值判斷與形象意緒的重溫。在中國古代文學中，詠史懷古
之嘆不絕於耳，稽古擬古之作層出疊現；縱觀中國文學史，復古
文學思潮波瀾不息，念舊情緒氛圍歷久彌存。這一切，突出地體
現為一種試圖復活逝去價值和利用既往求得現實變革的不懈的努
力。這種引人重視的文化現象不能不催促我們放開視野，在民族
文化心理與整個大文化背景上對此進行檢視、追尋與探析。中國
古代文學中的懷古主題，緣其與人親歷親見形成的懷舊心理聯繫
甚密，故本文又不局限於探究超越人生歷史的懷古意緒。誠如古
人所言：「思今懷近憶，望古懷遠識；懷古復懷今，長懷無終
極。」①當然，限於篇幅，以題目所含範圍為主。

一、「利用歷史來對現實作出裁判」

—— 懷古主題開端的價值取向

處在文學史長河之端的《詩經》，即開始激蕩著經驗式的懷
古浪花。其大致可分三類：自我中心式、代言代和陳述式。

以抒情主人公個人情感為線索的，除《王風·黍離》外還很

少有整篇懷古的。如《小雅·小弁》：「踧踧（平坦狀）周道，鞠為茂草；我心憂傷，惄焉（想起來）如搗」由眼前衰敗景象聯想昔日通往京師的坦途，一種失去憑恃的孤獨感自然而生。《小雅·小宛》的「我心憂傷，念昔先人」，雖懷親念祖，亦道出了情感指向既往時特定的憂傷意緒，這與懷古感不無相通。此類懷古形式多抒發個人牢愁，表現為先憂而後思古或懷古後添愁。而代言式懷古則多訴諸於理性。如《大雅·蕩》借文王指斥殷紂王來譏諷厲王：「殷鑒不遠，在夏后之世」，直啟「賦詩言志」之先，又開後世史書論贊之端緒。至於敘述式懷古，可以《大雅·文王》為例：「無念爾祖，聿修厥德」；「宜鑒於殷，駿（大）命不易」，從正反兩方面總結歷史經驗，訓戒周成王。他如《生民》、《公劉》、《緜》、《大明》、《皇矣》諸周人史詩，也都不同程度地表達並喚起時人與後世懷古念舊情懷。

經過春秋時期政治外交上廣泛的「引詩明義」、「賦詩言志」，雖在使用原作上斷章取義，卻強化了經典古訓的神聖性，構成文字符號的文化結晶伴隨著賢人聖哲的神化而被崇拜和多向性引伸。於是以談論古人古事宣講自家學說，便成為這「百家爭鳴」時代的普遍風氣。

《詩》的教化作用不斷提倡也給懷古主題初期發展提供了良好的文化環境。《國語·楚語上》載叔時曰：「教之《詩》而為之導廣顯德，以耀明其志」。《論語》載孔子的「不學詩，無以言」，「邇之事父，遠之事君」等語更是影響深遠。《詩》的交際作用與心理整合功能，又不光給賦詩者本人建構了思維結構，也建構了接受主體的心理程式——向既往歷史中進行情感與價值的擴展證同。且在表達傳播新義的同時重溫了昔日情緒記憶，老是對舊的

情感生活有著一種誠摯的親和感。賦詩言志的嚴肅性離不開美感重味的愉悅性，其連鎖反應必然強化人們的價值觀念。

　　《論語》每每謂「堯曰」、「周公曰」，足見儒家始祖對古賢的敬重。具有鮮明的「法先王」歷史觀的孟子，更是言必稱古人──「古之人，得志，澤加於民；」「禹思天下有溺者，由己溺之也；稷思天下有饑者，由己饑之也」②。《孟子》一書中堯二十四見，舜四十見，禹十見，湯十七見，文王二十一見，武王十三見。《莊子》於此更變本加厲，其假托孔子之名，實爲重造另塑了一個孔子。這種大膽的改造已同厚古薄今，是古非今思想傾向相得益彰。《繕性》篇稱古今「得道者」、「治道者」的價值觀念是對立的：《大宗師》篇寫天道體現者爲「古之眞人」等等，都益發見出美化古人、懷古崇古之意。儘管《天運》篇中也有「六經，先王之陳跡」的指斥，但總體上莊子還是對先人之行一往情深，一再借前人之口喻事明理。正如《韓非子·顯學》中歸納的：「孔子、墨子俱道堯舜，而取捨不同，皆自謂其眞堯舜……」其實孟子、莊子等又何嘗不是如此！根本原因在於深層結構中的取法於古。

　　與散文中的引古述古，讓哲理意念合理化、合法化、通俗化有別，屈賦中的稱頌先人、讚美前代，更多地是爲舉賢授能、修明法度，實現自己的政治理想。因此他在對堯舜禹湯文武周王稱美的同時，激憤地貶損夏桀殷紂周幽王等君主的荒淫。作爲純文學創作的第一個正宗詩人，屈原握管之始便與懷古結下了不解之緣。《離騷》在「及前王之踵武」時，追憶三后純粹、堯舜耿介，將古人更爲明確地性格化。又像「謇吾法夫前脩」，「非世俗之所服」等，都見出其認同心理之烈，甚至連服飾穿戴都效法前賢。

又「依前聖以節中兮」,「伏清白以死直兮,固前聖之所厚」,前賢的倫理標準,即詩人自己的立身行事原則。有關夏殷的傳說史實很大部分在屈原作品中(主要爲《天問》)才得以較翔實地保全下來。而懷古,確爲屢遭政治挫折的詩人的精神支柱之一。

正是繼承了儒家文化中「天行健,君子以自強不息」執著的追求精神及其對歷史與現實關係重視的傳統,「屈原實際上是中國詩歌史中第一個利用歷史來對現實作出裁判的人,所以他的風格明顯地帶著與當年散文密切聯繫的痕跡。」③這種深藏在斑駁陸離、瑰怪雄奇神話描寫背後的價值取向,非獨屈原作品,而且是幾乎整個先秦時期瀰漫在中國學術與文化領域內的普遍現象,其染及了人情感抒發的內容與形式,甚至建構了人的思維形式。只不過屈原將其最爲文學化、藝術化地發展強固了。屈賦不僅關心人物的歷史由來:「周幽誰誅,焉得夫褒姒?」還試圖推察歷史事件始因:「齊桓九會,卒然身殺?」一系列歷史與傳說人物流注筆端,這種情形在《九章·惜往日》等篇中更爲具體。

「『價值』這個普遍的概念是從人們對待滿足他們需要的外界物的關係中產生的。」④旣往歷史之所以顯出其價值,也是由於其對現實中的人具有特殊的需要。文藝復興時的一位意大利學者指出:「詩人應當用眞實的外衣來瞞過讀者,不只使他們相信,他所叙述的故事確是實有其事,而且使這些故事產生這樣的效果,讓讀者覺得自己不是在閱讀故事,而簡直是親身參與了故事寫的事件,是親眼所見,親耳所聞。需要在讀者的心靈裡贏得這樣的眞實感;而借助歷史的權威是很容易做到這一點的。」⑤懷古主題始作俑者也正是在重經驗、重歷史的民族文化心理氛圍中體會出了這一點,其是以歷史爲一種價值尺度,權威性地對一切

現實文化現象作出主體自身的評判。如果說，《詩經》懷古還只是帶有血緣親族感的樸直詠嘆，諸子散文引古多是對自家理論的理性證同，那麼，屈賦懷古述古則正式地將這種指向既往的價值觀文學化，在人們心中確立了一個情感與理性並俱的參照系。親古戀舊，厚古薄今至此成為中國文學中幾難移易的審美座標。宋玉《九辯》有「獨耿介而不隨兮，願慕先聖之遺教」；「竊慕詩人之遺風兮，願託志乎素餐！」誠如《文心雕龍·事類》指出的：「觀夫屈、宋屬篇，號依詩人，雖引古事，而莫取舊辭。」文學的新形式較生動而深刻地傳播了舊的文化內容，於是諸如此類，屈賦精神的踵隨者更是以此類懷古之嗟為作品的情感主線之一。如劉向、賈誼、莊忌、東方朔等人，均由仰慕屈子風範，惜其不得志來傾訴己之鬱懷。此風又反饋於散文，突出表現為「尚奇」的司馬遷的《史記》創作。

　　作為我國第一部通史的《史記》，其寫作之旨已明顯地不同於此前的編年史《春秋左氏傳》。《史記》的「究天人之際，通古今之變，成一家之言」，其主要情感推動力之一即是懷古。作者年輕時便曾廣為考察古人行蹤，想見孔子、屈原等為人，對其高風亮節備加稱頌。而對孔子、老子等言行的多次徵引，又向來是引起全書宗儒還是宗道的聚訟起因。揚雄指出：「……說天者莫辯乎《易》，說事者莫辯乎《書》，說體者莫辯乎《禮》，說志者莫辯乎《詩》，說理者莫辯乎《春秋》，舍斯，辯亦小矣。」⑥對《史記》等引古哲之言也應作這種多維觀照與具體層次的剖析。如果我們從思舊懷古，以古為鑒角度上看便不難找出其兼得儒道，多方取法的深層動因。我國素來文史不分家，文為經邦，史為鑒世，其懷古情結是文史作品創制的內在源泉。伴隨著對文學

作用的社會功利性的強調，懷古主題價值取向形成的心理定勢遂遍及中國文學創作主題的情感機制中，終於演變爲由形式到內容的共性創作特色。

二、「借史事以詠己之懷抱」與「經古人之成敗詠之」

── 懷古主題發展的基本軌跡

《石林詩話》指出：「嘗怪兩漢間作騷文未嘗有新語，直是句句規模屈宋，但換字不同耳。至晉宋以後，詩人之詞，其弊亦然。」⑦這種概括雖有些武斷，畢竟客觀地指出了當時模擬之風盛行的嚴重性。其實這並非單純的「規模屈宋」，實微露借古人古事詠己之懷抱的端倪。如賈誼《鵬鳥賦》以史明禍福無常；東方朔《答客難》以史言權變之術；揚雄《解嘲》以《周易》、老莊之理述處世之道等。騷體賦發展爲漢大賦，後者又以懷古意趣弘揚聲勢，渲染氣氛，主題因此踵事增華。枚乘《七發》稱述古賢、能工巧匠，眞是極妍盡態，形脫紙面。這種仿古懷古傾向是加劇漢賦堆砌之弊的一個原因，且以使事用典消解表現自我的努力與表現能力間不同步的矛盾。

自班固「質木無文」⑧的《詠史詩》首次將「詠史」冠之於題，値漢末魏晉的戰亂頻仍、農民起義等在物質層面上打破了舊的倫理體系，人與人生的意義價值開始得到重新審估。詠古懷古愈益連帶著濃重的今不如昔感。面對當時文人的運命無常，曹植、王粲、阮瑀等對古代秦國「三良」⑨感慨彌深的詩作自不必說；阮籍《詠懷十三首》更明確地喊出：「感往悼來，懷古傷今」。主題自此與個體人生際遇心態的聯繫更爲密切。尤爲引人

注目的是懷古與遊仙常常並提。「昔有神仙士，乃處射山阿」；⑩「昔有神仙者，羨門及松喬」；⑪遊仙之詠的感時傷己企冀超越，總是要標明取材昔日，似乎歷史上原本的確存在過一個非現實世界，於是眼前的求仙慕道便顯得並非虛妄而現實可行。至於那些雖吐仙語卻直言否認神仙存在的，則強調以往的仙道之僞，如曹丕《折楊柳行》的「追念往古事，憒憒千萬端；百家多迂怪，聖道我所觀。」對現實的否定與肯定態度影響了仙遊熱情，而論起遊仙合理與否又以這神仙世界眞否「古來有之」爲焦點，歷史的觀念之強烈仍有增無減。

明人曾謂：「《詠史》之名，起自孟堅（班固），但指一事。魏杜摯《贈毋丘儉》，疊用八古人名，堆垛寡變。太沖（左思）題實因班，體亦本杜，而造語奇偉，創格新特，錯綜震蕩，逸氣干雲，遂爲千古絕唱。」⑫清人於此別有番深切體會：「太沖詠史，初非呆衍史事，特借史事以詠己之懷抱也。」⑬這些，都恰切地指明了左思《詠史》的重要歷史地位，其宣告了懷古主題在本質意義上的實現及其在新層次上的歷史盤旋。又傅玄《惟漢行》詠鴻門宴事頗推重樊噲，較班固筆下的緹縈形象更爲鮮明；《秋胡行》敘述歷史故事亦更重情節性。石崇《王明君辭》、陶淵明詠三良、二疏、荊軻；王彪之《詠史詩》詠周昌、汲黯等等，直至顏延之《五君詠》，鮑照《蜀四賢詠》，這種懷念古人，以歷史人物事件寄寓自我情思的作品，匯成了文人樂府就古題詠古人古事的文壇熱潮。由曹植的《九愁》、《九詠》到陶淵明的《感士不遇賦》，文人的讀騷擬作泛起了自漢初後的第二次高潮，如陸雲《九愍序》謂：「昔屈原放逐，而《離騷》之辭興。自今及古，文雅之士，莫不知以其情而玩其辭，而表意焉。遂廁作者之末，

而述《九愍》。」模擬的對象也由屈原擴展到其他的作家作品上，像人們對《七發》的仿效，一時竟成爲「七體」。所謂「自《七發》以下，作者繼踵」，「自桓麟《七說》以下，左思《七諷》以上，枝附影從，十有餘家。」⑭而劉宋時袁淑《效曹子建白馬篇》，南平王劉鑠擬古作三十餘首，⑮鮑照《擬古詩八首》、《紹古辭七首》及蕭衍、范雲諸作，到江淹《效體詩三十首》、《效阮公體十五首》等，更是襲用古人題材、情調與抒情結構，以古人自況自比。正是在崇古仿作這一加工改制的藝術工程建造中，諸效作者更深入地對前人作品風神感悟理解，其仿作是以特殊形式對古人及古作得出的一種審美評價，從中亦不同程度地吐露了擬作者自身的牢愁恨嘆。這種文學現象當然與魏晉後盛行的文人唱和之風有關，但其基本點仍爲懷古情濃。

如果說，春秋戰國時期由奴隸制禮崩樂壞到列國紛爭、高陵深谷的時代落差造成了懷古主題首次高峰；漢初對秦速亡冷靜的時代反思與勵精圖治的進取雄心難於實現造成了總結治世、處世之道與借懷古鳴不平，則爲主題高峰之二；那麼，魏晉之後的第三次懷古高峰則更爲熱切地注目現實，「借史事以詠己之懷抱」，由此更烘染了悲涼慷慨的時代氛圍。而作爲主題第四次高峰的中晚唐，則又一轉而以詠史懷古進行深沉的理性思考，試圖推究總結歷史的某種必然規律。韓愈倡導「文以載道」，力圖以古文運動挽救唐祚頹勢；許渾、杜牧、李商隱諸人亦在無可奈何的悲哀中，「經古人之成敗詠之」，「讀史見古人成敗，感而作之」。⑯如「看取漢家何事業，五陵無樹起秋風」⑰的哀興廢無常；如「商女不知亡國恨，隔江猶唱後庭花」⑱的諷陳主荒淫以刺今；如「英雄一去豪華盡，惟有靑山似洛中」⑲的嘆人間權勢終歸沒落，

如「死憶華亭聞淚鶴，老憂王室泣銅駝」⑳的憂國運將傾；等等。而五代詞人尤其是李後主的懷舊之作更令人動情。

　　理學發達的北宋，由於外患陰雲不散，萬目時艱，以古刺今，借古抒情的呼聲甚爲高漲。詩文革新運動的首領歐陽修倡導：「爲道必求知古，知古明道，而後履之以身，施之於事，而又見於文章而發之以信後世」；㉑江西詩派則主張涵詠古人之作而後獨出機杼。不論是強調文學的社會功能還是美的創造技巧，都離不開主題對既往的無限傾心。懷古之作如李綱《詠史詞》之激勵高宗，葉夢得《八聲甘州》之念「烏衣年少」，現實旨歸顯示出其社會性的增強。南宋詞人在家國將傾之際，又掀起了懷古主題高峰之五，幾乎與元曲作家在民族情緒支配下的念舊懷故融爲一體。忠憤者如辛棄疾、劉克莊；低沉者如《梧桐雨》、《漢宮秋》。同是借古人吐不平之氣，南宋詞指向多爲報國之志難展，元曲小令中多爲終天之恨不甘。至於明清兩代感傷主義文學思潮更離不開懷古情感慣性助推。詩文中的幾次復古運動，戲曲小說中的故國之思，都可以找出懷古主題的胎記。懷古念故，可以說既是文學史的貫穿性主題，又是中國文學藝術表現形式上一大特色。如唐詩言：「人生豈得長無謂，懷古思鄉共白頭。」㉒毫無疑問，懷古也是中國文人對心靈故鄉的追念與回歸。

三、「世俗之性，好褒古而毀今」㉓

—— 懷古的文化與心理成因

　　懷古主題生成、延續與壯大發展，基於崇古念舊的民族文化心理。民族大文化背景下的傳統心理，建構並調節著創作主題的

價值取向與審美情趣。

首先，大陸性文化及其主要生產方式、思維習慣讓人偏重於既往。生長在土質肥沃、物產豐饒的黃河流域且向外伸展又山隔海阻，天然的地理環境造就了炎黃子孫以農爲主的生產方式；而歲歲年年周而復始四季耕作，又逐漸使得民族文化心理較爲內向、務實和以經驗爲主的認識機制產生強固。家族血緣關係又視傳種爲盛業，家譜綿延爲榮耀，人的認知愈發執著於感受重溫，偏愛於回溯與復原再現古老、神秘、富有親和感的證同式記憶。爲此，我國自古就十分重視歷史經驗的總結記錄。周代起即設史官，以史爲鏡；春秋時更有「秉筆直書」，不惜身家性命而忠實修史職責的美談。現存古史是世界上最豐富最完整的，這不能不部分地歸結於懷古心理習尚。

其次，中國漫長封建社會中的專制制度，及其嚴酷政治氣候下的「文字獄」，令人在動口下筆時慮及後果，爲了免遭謫放之苦、斧鉞之災，中國文人不得不有意識地避免觸君王毒龍之「逆鱗」，㉔用借古諷今，迂迴巧妙的手法來托詩以怨。《詩經》的「美刺比興」，《春秋》的「微言大義」和漢賦諷喻勸善等等都體現了中國文人積極用世、注重文學社會功能的傳統，而體現這種傳統離不開借重於衆所認同的古人古事重塑再現。尤其是古代文學後期，伴隨著君權強化，專制嚴酷與文化禁錮的加劇，懷古之嘆曲通現實之徑更爲精巧多緻。中國文人頑強地借懷古來表現自我，如元代的包公戲、明清歷史題材的戲曲小說的興盛等等。清人謂：「道咸以前，則儆於文字之禍……決不敢顯然露其憤懣，間借詠物詠史以附於比興之體，蓋先輩之矩矱（規則法度）類然也」；㉕「因借古人之歌哭笑罵以陶寫我之抑鬱牢騷」。㉖儒家詩

學強調文學要干預社會政治，而眞的這樣做了，政治就要干預文學，文禍及人。因此懷古主題內容上的規定性（借詠古抒發自我價值判斷）就制約了其形式上的精緻性；形式上貌似遠離現實的特殊性又保存、延續了內容上的規定性，由是形成了主題內在調節機制，使之具有生生不息的活力。

其三，務實尚圓、貴今賤今的民族心理趨向，亦成爲懷古主題內在驅動之一。中華民族重本（農）抑末（商）價值取向源遠流長，由上衍生出注重既得、既往的實體實事，而對現實正在發生發展的事物重視不足。因而王充《論衡》就一再說：「述事者好高古而下今，貴所聞而賤所見」；「俗儒好長古而短今……信久遠之僞，忽近今之實」；「夫俗好珍古不貴今，謂今之文不如古書」；㉗桓譚亦言：「世咸尊古卑今，貴所聞賤所見也」；㉘劉勰也指出：「夫古來知音，多賤同（世）而思古，所謂『日進前而不御，遙聞聲而相思』也。昔《儲說》始出，《子虛》初成，秦皇漢武，恨不同時；既同時矣，則韓囚而馬輕，豈不明鑒同時之賤哉！」㉙因爲人的自我意識是永不滿足的，現實中總要尋求一個又一個新的需要，不易在眼前發生的事件中求得圓滿；而逝者長已矣，時間可以將既往的一切篩選、沉澱、詩化、理想化。借助於回憶緬古，人們還最便於內在地超越現實。如顏延之《庭誥》便指出了貧士失志落魄時的精神超越方式：「欲蠲憂患，莫若懷古。懷古之志，當自同古人，見通則憂減，意遠則怨浮，昔有琴歌於編蓬之中者，用此道也。」㉚如此精妙的以不變應萬變的精神平衡法爲後世紛紛認同採用。《藝文類聚》卷三五和《初學記》卷一八就引用了這段話，作爲精英文化思想武庫中的珍品奇貨。懷古內容是什麼似乎並不怎麼重要了，重要的是有這種

「向後看」的價值追索意向。基於這種價值選擇，我們就並不奇怪：爲什麼許多懷古之作並非是理性的實事求是，而是情感式的執著眷戀或先入爲主的咎歸一責。主體實際上是按自己的意志去理解和闡發「心中的歷史」。所以大凡懷古之作，一部分是將歷史完美化；另一部分則是以古鑒今，利用重塑了的記憶，將特定的史實成因一元化處理，絕對化地歸納，將複雜多元的歷史事件始末原由歸功或歸咎於某一個人或某一事件，進行單一的線性因果聯繫。旣以古爲鑒，自圓其說，又在藝術表達上取得一種言約意豐，餘味不盡的效果。清人由使事用典角度分析道：「詩寫性情，原不專恃數典，然古事已成典故，則一典已自有一意，作詩者借彼之意，寫我之情，自然倍覺深厚，此後代詩人不得不用書卷也。」③正由於意識到貴古賤今等民族的文化習尚，歷代創作主體在藝術表現上亦投其所好，借古事古語來塡補現實種種缺憾。其藝術表現力趨於圓熟的一個重要標誌也在於此。

其四，是熟讀背誦、家學師承的學習方式。當代文化人類學把個人人格歸結爲「是每個帶有特殊遺傳特徵的個人所經歷的濡化的產物」，因而，「儘管一個人學習什麼對於人格的發展相當重要，但多數人類學家認爲一個人如何學習也同樣重要。」②以《詩》、《騷》等爲主的「根文學」在中國文人的心裡始自幼年就形成了一種審美的「先結構」，與此同時，特定的學習方式又確立了典範作品的神聖和莊嚴，規定了後世百代文人的接受方式和文化的「濡化」方式。文學的演變離不開接受過程，姚斯謂：「一部文學作品的歷史生命如果沒有接受者的積極參與是不可思議的。因爲只有通過讀者的傳遞過程，作品才進入一種連續性變化的經驗視野」；「文學與讀者的關係有美學的、也有歷史的內

涵。美學蘊涵存在於這一事實之中：一部作品被讀者首次接受，包括同已經閱讀過的作品進行比較，比較中就包含著對作品審美價值的一種檢驗。其中明顯的歷史蘊涵是：第一個讀者的理解將在一代又一代的接受之鏈上被充實和豐富，一部作品的歷史意義就是在這過程中得以確定，它的審美價值也是在這過程中得以證實。」㉝而中國文學接受主體（又是創作主體）的「先有」、「先見」、「先結構」所形成的「期待視野」，具有根文學所形成的強大的吸附性與排他性。前已提及，以古爲美的價值取向在中國文學中是根深蒂固的，其不僅影響了對作品的美學蘊涵的闡釋，也影響到作品歷時性的「接受之鏈」。古代飽學之士幼年莫不受到良好的傳統教育，其以「讀書破萬卷」、「《文選》爛」、「書讀百遍」、「出經入史」爲能；再加上漢字作爲象象（象意）系統，憑象形、指事、會意等方式傳達信息的這種符號多訴諸睹形聯想的心理機制——聯想的基準是《說文》、「六經」等，偏重小學功力的中國學術又不斷訓練、強化了文人的宗古稽古傳統，大家紛紛以使事用典如數家珍爲高，最容不得數典忘祖。從而形成、保持與鞏固擴展了深層結構中的「美感黑洞」，㉞凡接受新的作品必受「根文學」統治的「黑洞」統攝、同化、內鎖。由此造成的心理定勢遂限制了主題的期待視野，懷古宗古習慣也就更顯得合情合理而約定俗成。

最後，我們還可以從創作過程上看懷古心理效應。弗洛伊德認爲，人具有恢復事物早期階段的一種本能。而心理器官最重要的功能之一，「就是將那些衝擊著它的本能衝動結合起來，用繼發過程來代替這些衝動中佔優勢的原發性過程，並且把它們的自由流動的精神能量貫注轉變成一種大體上安穩的（有張力的）精

神能量」。㉟懷古之作，正是用語言藝術的符號化形式來存續主體的「繼發過程」，使其自身在現實中感受到的「精神能量」穩態化，有序化，凝結爲符號圖式。這是因爲，懷古與記憶、回憶關係至爲密切，具有類似的心理波動過程，易於爲創作主體提供藝術思維的初萌契機。詩，「起源於在平靜中回憶起來的情感。詩人沉思這種情感，直至一種反應使平靜逐漸消逝，就有一種與詩人所沉思的情感相似的情感逐漸發生。」㊱這種「繼發過程」中產生的回憶情感是主體將外在信息心靈化了的產物，它所自發生並誘發藝術表現的衝動，這巨大的心理動源之一即是懷古。昔日溫馨的記憶，又有效地解決了藝術表現力貧弱的難題。如劉勰所言：「方其搦翰，氣倍辭前，暨乎篇成，半折心始。何則？意翻空而易奇，言徵實而難巧也。」㊲當浸滿殷切情意的古人古事等原型意象有意無意之中流注紙面時，這給了飽經憂患的中國文人多少撫慰！難怪主悲尙悲的民族審美情趣要一再地注目、依戀與延伸旣往，以致形成了一種擷史於筆端、吐露自我情懷的「心史」。

四、「懷古者，見古跡，思古人」

—— 懷古主題常見的表現特點

儘管現實生活與人的審美感知指向多元而多端，但懷古主題卻在其發展過程中漸形成較爲恆定的表現形式。而正由於懷古本身又是文學中情感抒發形式的一種，所以懷古主題常見的表現特點又往往不爲自身系統所獨專。雖如此，其特色還是頗値得歸納的。

　　當代學者認爲，「懷古」就其在詩中地位而言，在「詠懷」和「詠史」之間，「詠史詩是有感於某一歷史事實，懷古詩是有感於某一歷史遺跡。但歷史事實或歷史遺跡如果在詩中不佔主要地位，只是用作比喻，那就是詠懷詩了。」㊳這種較嚴格意義上的劃分，在古人那裡是不甚分明的。如此看來，蕭統《文選》中只有「詠史」類，實爲詠懷；方回《瀛奎律髓》有「懷古」、「感舊」類，而又無「詠史」、「詠懷」。至清人袁枚更謂：「詠史有三體：一爲借古人往事，抒自己之懷抱，左太沖之《詠史》是也。一爲隱括其事，而以詠嘆出之，張景陽之《詠二疏》、盧子諒之《詠藺生》是也。一爲取對仗之巧，義山之『牽牛』對『駐馬』，韋莊之『無忌』對『莫愁』是也。」㊴這裡，詠史與詠懷是不分的。而吳喬談詠史詩時，舉杜牧《赤壁》：「折戟沉沙鐵未銷」一詩，言其「用意隱然，最爲得體」，而這首詩嚴格說又是懷古詩。因此，我們在此更多地注意到詠史、懷古、詠懷三者的共同性，而對它們不做嚴格的區分。事實上，這三者往往也很難作明確的區別。因爲相當多的史實都聯帶著歷史遺跡，而後者又脫離不開特定的史實內容，它們都因主體情性而有了脫越歷史的意義，爲創作者所注目、借重，因而我們均將其歸於較寬泛意義上的懷古主體一類，儘管其視主體情感的介入程度可以作某些區別。

　　見古跡，思舊邦，睹物傷情最常引出懷古之嗟。人，在其生活環境中刻下了自己代復一代的文化印記，而世事滄桑，風雨剝蝕，特別是戰亂兵燹等等人爲造成的舊跡殘存，勝景不再的景觀，勾人不由得思古情生。所謂「懷古詩，乃一時興會所觸，不比山經地志，以詳核爲佳」㊵於是這種感觸常集中到一人一事上，且大多爲悲涼慷慨情韻。當然懷古不只是傷感，如「過秦漢

之故都，恣觀終南、嵩、華之高，北顧黃河之奔流，慨然想見古之豪傑」。㊶但此類壯語非懷古正宗，逝事不回的憾恨與自我情感抒發需要，連同中國文學憂患特質，決定了懷古者眼中常含淚水。

以朝代論，懷古對象多為春秋吳國、六朝、隋代、安史之亂、南唐後蜀等，重在感傷或痛責君主荒淫，從而致使國衰祚亡。這些亡國故事本來就史有所載有稽可查，而回憶的金網又濾掉了亡國的其他原因而咎歸一責，旨在戒君王勿貪湎酒色，言下常常飽含嘆惋惜憾之忱。如白居易寫道：「大業年中煬天子，種柳成行夾流水……後王何以鑒前王，請看隋堤亡國樹。」㊷此種作品，在內憂外患嚴重，當道者治國不力之際為多。

以地點論，懷古對象多以帝王曾經建都的地方為傷悼中心，如姑蘇（吳宮）、咸陽、長安（漢宮、渭水）、鄴都、洛陽（北邙山）、金陵（建康）、汴京、臨安（錢塘、西湖）等等；當然也不乏曾經發生過重大歷史事件的地點，如驪山、赤壁、新亭、隋堤、馬嵬、華清宮、汴河等等。再就是歷代帝王與名人的故居、陵墓、祠廟，如湘妃祠、烏江亭、蘇武廟、李白墳等等。由賈長沙的《吊屈原賦》起，歷代憑吊懷古之作多以臨故地睹舊景抒發自己的牢愁，因為古人推重的是詠史不著議論，像劉禹錫的《西塞山懷古》，「似議非議，有論無論，筆著紙上，神來天際，氣魄法律無不精到。」㊸詠史懷古者在「國將不國」，或改朝換代之初為多。其中也有更深層的文化習俗方面的原因，那就是喜好在名山勝景處題辭，評論風物掌故、歷史人物以標舉風雅。如宋人言：「吾家居處本關西，舊記遺蹤事不迷；屢過華清無一字，恐人笑我不留題」。㊹又如《詩話總龜》前集在按門類輯錄詩話時，

還特於第十五卷、第十六卷設立了「留題」一門。

上述兩點的時空結合，往往構成了懷古之作具體篇章的內在情感網絡。每個故國亡君、舊朝勝址，前代名賢、逝去往事，都帶有各自辛酸又發人深省的歷史與文化內蘊。可見懷古並非原封不動地再現史實，而是在主題價值系統中取其所需，回憶的同時呈示著希望與期待。懷古的核心是記憶，在同一文化背景下，在創作主體這裡是復現其篩選重塑的歷史，在接受主體那裡是根據文字代碼轉譯重現心中的「歷史」，均非歷史之本來面目，而帶有經主體現實感中介加工過的明顯烙印。「古人詠史，但敘事不出己意，則史也，非詩也。」㊺在主客信息交流的雙向建構過程中，主體含有對未來嚮往的「期待視野」，根據這種嚮往來選擇與復原記憶。而傳統的「興象」，即爲懷古主題十分重視。「榛岑思美人，風雨思君子，凡登臨吊古之詞，須有此思致，斯托興高遠，萬象皆爲我用，詠古即以詠懷矣。」㊻懷古主題中的人名、地名掌故等也就成爲既有著相對恆定的內涵，又可以多方聯想、賦予新義和個性意味的原型意象。這種看似一時興致而融入作品的原型意象，時空結合、歷時性與共時性結合，使懷古之作的創作與欣賞有著更爲深刻、普遍的文化意義與審美效應。

西方比較文學研究界中的主題學流派認爲：「只有在那些歷史的特殊性被放棄，普遍的人性突出地表現出來的地方，主題才可能有較爲廣泛的基礎。正因爲如此，希臘悲劇的主題—— 神話的或傳說的—— 才在整個西方廣爲人知，而較近代的主題—— 例如唐璜或浮士德……至於拿破侖和希特勒的主題，從我們的角度看也太分散、太短暫，也許正是因爲它們在歷史上離我們較近，使它們無法獲得主題學家感興趣的那種內聚力。」㊼如希臘傳說

在西方歷史上臨空照耀一樣，中國漫長歷史中保存完好且爲文人熟知的歷代史書，其事其人可供創作主題獺祭掇拾，遴選對照的實在太多，限於作家行跡所至、創作起因及音律等等，又帶有很大的隨機性。年代稍遠於主題所處時代的原型多爲人首肯、內涵較確定，因而其較大的「內聚力」吸引了後世懷古者趨之若鶩。這些既往意象原型的重複使用，又突出說明了傳統心理中對傳導中介的偏愛。舊物景觀的豐富的文化遺存也觸動了懷古文化現象多發叢起。

宋人謂：「懷古者，見古跡，思古人，其事無他，興亡賢愚而已。」⑱強調了懷古的社會意義，而忽略了懷古又常常是感傷自身。懷古念舊的哀傷情氛常常超越對個別情事的傷悼之忱，而聯想起由古至今諸般情事的可動容處：「既傷往事，追悼前亡，唯覺傷心……婕妤有自傷之賦，揚雄有哀祭之文，王正長有北郭之悲，謝安石有東山之恨，斯既然矣。至若曹子建、王仲宣、傅長虞、應德璉，劉韜之母，任誕之親，書翰傷切，文辭哀痛，千悲萬恨，何可勝言！」⑲類似的由個體人生種種哀思愁緒泛化爲整體性的悼往傷今，對一切逝去的美好人事無限追惜。於是主題不期然而然地到記憶寶庫中尋求情感的對應物、契合點，在與古人感同身受的聯想中尋到了精神寄托。

狄爾泰說過，理解歷史人物及其產物要靠重新體驗的心理同化過程，「它由兩個因素組成，每當我們想起一種環境和一種情況，我們就重新體驗了它。想像能加強或減少我們自己生活整體中的行爲模式、力量、感情、慾望與觀念。這樣，異己的內在生活〔Seelele ben〕就在我們中再次產生了。」㊿除上述兩種懷古形式外，「重新體驗」古人情境又明顯表現在讀書懷古中。作爲懷

古主體的中國文人，無不具有較高的傳統文化素養，寓目古書，眼到心知，往往產生「讀其書，想見其人」的親切感，於是許多「讀史有感」、「讀書偶作」便隨之而生。如陶淵明的《讀山海經》感於晉宋易代，辛棄疾《八聲甘州·夜讀李廣傳》感於英雄末路等等。「重新體驗」不僅具有認識價值，尤其能借此反省自我的存在意義。因而懷古又每每導致嘆老嗟卑。

屈原、賈誼、曹植等人都曾嘆老嗟卑，杜甫更是每每自言「老來多涕淚，情在強詩篇」；⑤「人情老易悲」；㉒辛棄疾剛過三十歲就自吟：「老來情味減，對別酒，怯流年」；㊳劉克莊亦謂：「嘆臣之壯也不如人，今何及。」㊴嘆老嗟卑，實際上卻是以貶低自我價值來表現對這種價值的珍重。一般說來，不同年齡的人自我評價的標準是應該有差異的。尤其是「將老年人的時間形象同比較年輕的人的時間形象加以比較可以看到，越是接近老年，一方面越覺得時光流逝得太快，另一方面越覺得時間『無所作為』和缺少多種多樣的事件。儘管如此，積極參與生活的人更關注未來，以隱退反應為主的消極者則更關注過去。」㊶但中國古代嘆老者年齡往往並不大，卻偏偏要沉浸在老齡心態中，來尋得「窮而後工」的最佳創作心境。懷古嘆老心態每於主體失意無望而又不甘於是的時候呈現出來，懷古自嗟中達到了一定程度的心理補償。社會歷史與人生歷程的追念玩味便成為撫慰愁思抑鬱的理想的內容與形式。

作用於主體內心的懷古意緒，常常是共時性現實引起的自我失落感、幻滅感與歷時性回憶中的憧憬、企盼交織融會。懷古思潮及創作最熱的時候，通常又恰恰是現實規定性最不合於內心理想模式的時候。對既往在多大程度上肯定讚美，對現實就在多大

程度上否定批判；而對既往的否定傷愴，又是對現實的揭露針砭。懷古主題的文學風標，昭示了現實給人的一種歷史反思。

五、「然則古何必高，今何必卑哉」㊶

—— 懷古主題的餘緒餘弊

懷古主題有著巨大的延展性，其既爲傳統文化中「史」的文化的一個組成部分。「法先王」歷史觀與價值觀的文學體現，深刻地影響了中國文人的文化心理與價值觀念，成爲諸多文學現象的直接與間接原因之一。

首先，主題「以古鑒今」傳統強化了中國文學的現實性，且在立足與干預現實時每多以既往爲價值參照系。當代學者近來指出：「以文而言，『明道』、『徵聖』、『宗經』的口號統治了整個封建社會；以詩而言，『言志』、『美刺比興』、『溫柔敦厚』之類說法貫串著古代歷史的始終；以時而言，『詩騷』、『秦漢』、『唐宋』等時代一直作爲後人追求的理想；以人而言，『屈宋』、『李杜』、『韓柳』諸大家長期被奉爲不可逾越的楷模。」㊲這些傳統在中國文學不同層面上的成型與延續，究其根本，離不開懷古主題對人情感的陶冶。觀念只有在情感幫助下才會變成形象與藝術，而形象化了的藝術本體又保存、擴展了觀念。懷古主題藝術實踐使得文學的語言符號儘量在既有的範圍之內流動嬗變，像詩詞語言的多義性、文論術語的多解性等也均與此有關。

與此相聯繫的是古代文藝思潮中的復古傾向一直較突出。由陳子昂力倡「漢魏風骨」、韓柳到歐陽修的唐、宋古文運動，元詩中的「宗唐法古」，及至明前後七子「文必先秦、詩必盛唐」，

清代的宋詩運動、駢文中興等，雖其中有的不無借復古形式以求
通變之意，但總體上講仍是以古爲正，以古約今的。所謂「物不
古不靈，人不古不名，文不古不行，詩不古不成」；⑱「望今制
奇，參古定法。」⑲對此時人多有論列，此不贅。問題在於，懷
古之作內容與形式都極爲適合復古潮動。懷古內容助長了復古形
式，因爲，「有時作爲反回自身的東西，形式即是內容。」⑳二者
是和諧統一的。復古形式及內容又充實豐富了懷古主題。如日本
學者指出的，宋代以後文學內容與表現程式化、雷同，「特別是
表現方面的程式，往往同時也剝奪了內容越出程式的自由。這情
況當然使小作家顯然失掉了個性化的語言，常成爲千篇一律。」
㉑其實這種「表現方面的程式」，正是文學、文化上懷古思潮的
反映，帶有某種必然性。復古的價值取向誘使文學表現上自覺不
自覺地師古擬古。

　　清人汪師韓在區分「雜擬」與「雜詩」之別時指出：「擬古
類取往古名篇，規摹其意調，其止一二首者，旣直題曰擬某篇，
而其擬作多者則雖概題曰擬古，仍於每篇之前，一一標題所擬者
爲何篇，此所以別於《詠懷》、《詠史》、《七哀》、《百一》、《感
遇》、《遊仙》、《招隱》雜詩也。」但是這種仿擬規則逐漸爲人不
識，「今觀唐以後詩，凡所謂古風、古意、古興、古詩與夫覽古、
詠古、感古、效古、紹古、依古、諷古、續古、述古者，都不知
其所分別。」㉒他也指出鮑照、陶淵明等人有這樣「漫然爲之」
的例外，畢竟是個別的。這之中一個重要原因就是懷古主題文化
上的原因。「古之模範」將文學、美學等價值尺度穩定化。另一
表現是喜好追溯詩人創作出自何宗，鍾嶸《詩品》即如此。因爲
《風》、《騷》高標，「譬諸日月，雖終古常見而光景常新，此所以

為靈物也。」⑥明楊愼的《詞品》也屢屢將詞作家與六朝詩作對應。古代文論老是熱衷向前代尋究評論對象的淵源:「錢謙益、艾南英准北宋之矩矱,張溥、陳子龍擷東漢之芳華」;⑥直到吳梅《詞學通論》評溫庭筠詞亦謂:「其詞全祖風騷,不僅在瑰麗見長……尤有怨悱不亂之遺意。」這種尋根討源的評論方式有賴懷古心理的溫床才得以滋長。

在懷古之風籠罩下,中國歷代的各體文學創作,其題材都不約而同地偏愛於歷史上曾出現過的老故事、舊情節、舊意象,甚至連風格神韻都以返祖模仿為能事。詩文中的使事用典自不必論,如海外學人統計稼軒詞用陶淵明作品凡77條,杜甫詩143條,蘇軾詩文101條。⑥小說戲曲中歷史題材之多,改編原型母題也較西方普遍得多。如楊林故事、秋胡戲妻故事,又崔鶯鶯與張君瑞、唐明皇與楊玉環故事,均在不同時代、不同體裁中流播。又元曲中有包公戲10種,水許戲30餘種(寫李逵的即16種),三國戲50餘種。特殊時代氛圍下人們的感情需要使懷古具有明顯的針對性:思包公求的是秉公持正、為民伸冤的清官;念李逵求的是替天行道,除暴安良的好漢;頌劉備求的是寬仁重義,舉賢授能的聖主。又如《賺蒯通》的以古刺今,《王粲登樓》的以古洩憤等,雖虛構了歷史的理想化年輪,畢竟借重懷古心理豐富了創作。至於《封神演義》、《說岳全傳》和《三國演義》、《水滸》等長篇小說,也都在懷古文化心理中創制與被欣賞接受。諸多小說戲曲作品都似乎必須要有史的結構、史的內容,以史作比為鑒,以古引今證今才顯得有藝術魅力及價值。而這些,又反饋於懷古主題,愈到後期,中國文學懷古復古之風愈熾。甚至許多作品名稱都要仿舊效古。如清人覺察的:「書名往往好抄襲古人,亦是

文人一習。小說家尤甚：有《紅樓夢》，遂有《青樓夢》；有《金瓶梅》，遂有《銀瓶梅》；有《兒女英雄傳》，遂有《英雄兒女》；有《三國志》，遂有《列國志》；傳奇則《西廂記》之後，有《西樓記》，復有《東樓記》、《東閣記。」⑥⑥而戲曲中的定場詩，小說中的套語等等，都離不開懷古主題情緒記憶的深在作用。

文化的發展是一個連續的鏈條，在心理上是不可割斷的。但中國文化過於迷戀、執著於既往，懷古文學主題突出地反映出中國文人的這種普遍心態。主題在咀嚼回味民族的歷史、文化，借歷史的記憶詠懷吐怨的情感表露過程中，客觀上起了凝聚民族向心力的情感場作用。中國文人的記憶力好像特別的好，不僅痴迷於國家、民族、時代的歷史，也頻頻反顧個人人生的歷歷行跡，大家老是「向後看」。當然，漫長的封建社會中，也有一些識見卓異的學者從不同角度覺察到這點，並採用較為客觀的態度審視：「所謂好古者，非謂古之必勝乎今也，正以今不殊古，而於因革異同，求其折衷也。古之糟粕，可以為今之精華。非貴糟粕而直以為精華也，因糟粕之存，而可以想見精華之所出也。古之疵病，可以為後世之典型。非取疵病而直以之為典型也，因疵病之存，而可以想見典型之所在也。」⑥⑦但能持此類理性、允正的態度注目既往的，在文學創作中實不多見。懷古文學主題有賴傳統文化的特質機制植生蕃盛，而其煥發出的文化效應又借助於文學自身的審美功能而沁人心脾，瀰漫於中國文人的潛意識層次之中，這往往是不能由主體清醒意識到並自覺矯正克服的。以古為高為美也好，以古為鑒為戒也好；都脫不開傳統觀念中的價值取向的因循性。由此派生出文學題材、內容和表達中常見的意象、技巧、模式的漸趨固定僵化。甚至影響到中國文人的整個精神形

態、思維方式。對此連現代作家們也累累提及，如巴金深有所感：「的確我的過去像一個可怖的陰影壓在我的靈魂上，我的記憶像一根鐵鏈絆住我的腳，我屢屢鼓起勇氣邁著大步往前面跑時，它總是抓住我，使我退後，使我遲疑，使我留戀，使我憂鬱……」「這本不是我個人的事，我在許多人的身上都看見和這類似的情形。使我們的青年不能夠奮勇前進的，也正是那過去的陰影。」⑱魯迅也曾痛切地講到中國文化缺乏像日本文化那樣的開放性與靈活性，卻「恃著固有而陳舊的文明，害得一切硬化，終於要到滅亡的路。」⑲聞一多也指出：「文化是有惰性的，而愈老的文化，惰性也愈大。」⑳懷古主題的存在與繁榮正是加劇了中國文人的懷故念舊心理，加劇了傳統文化的僵化、保守、封閉機制。

　　波蘭美學家培代恩·潘尤斯基在第九屆國際美學會上提出：「積累愈是豐富多樣，就愈難於生產出新奇的東西。」㉑文學藝術的根本出路在於創新，我們今天的藝術品，有許多只具備一次性的審美效應，這恐怕也是從藝術生產與消費角度，對懷古主題所作的歷史結論與巨大反撥。

註　釋

①鮑照：《采菱歌七首》，《先秦漢魏晉南北朝詩》，第1271頁。

②楊伯峻：《孟子譯注》，第304頁、第199頁。

③〔蘇〕E．A．謝列勃里雅可夫，見《楚辭資料海外編》，湖北人民出版社1986年版，第23頁。

④《馬克思恩格斯全集》第19卷，人民出版社1963年版，第406頁。

⑤塔索語，見《歐美古典作家論現實主義和浪漫主義》（一），中國社會科

　　學出版社1980年版，第125頁。

⑥《法言·寡見》，《揚子法言》卷七，四部叢刊初編縮本，上海商務印書
　　館版，第17頁。

⑦見《歷代詩話》，第434頁。

⑧鐘嶸：《詩品》。

⑨即「三良」殉葬事，見《詩經·秦風·黃鳥》。

⑩⑪阮籍：《詠懷》，第七十八，第八十一，《先秦漢魏晉南北朝詩》，第
　　510頁。

⑫胡應麟：《詩藪》外編卷二，上海古籍出版社1979年版，第147頁。

⑬張玉穀：《古詩賞析》。

⑭《文心雕龍·雜文》，周振甫：《文心雕龍今譯》，中華書局1986年版，第
　　126頁。

⑮《南史·宋宗室及諸王列傳》，中華書局本，第395頁。

⑯王利器校注：《文鏡秘府論》，中國社會科學出版社1983年版，第298頁。

⑰⑱杜牧：《登樂遊原》、《泊秦淮》，《全唐詩》，第1326頁。

⑲許渾：《金陵懷古》，《全唐詩》，第1346頁。

⑳李商隱：《曲江》，《全唐詩》，第1377頁。

㉑《與張秀才第二書》，陳新等選注：《歐陽修選集》，上海古籍出版社
　　1986年版，第269頁。

㉒李商隱：《無題》，《全唐詩》，第1383頁。

㉓王充：《論衡·齊世》，見《論衡注釋》，中華書局1979年版，第1088頁。

㉔《韓非子·說難》：「……人主亦有逆鱗，說者能無嬰人主之逆鱗則幾
　　矣。」陳奇猷：《韓非子集釋》，上海人民出版社1974年版，第224頁。

㉕陳衍：《小草堂詩集叙》，《石遺先生文集》四集。

㉖吳偉業：《北詞廣正譜序》，見《中國古代樂論選輯》。

㉗《齊世》，《須頌》，《案書》，《論衡注釋》，第1083頁，第1162頁，第1644頁。

㉘《新論·閔友》，《全後漢文》，第551頁。

㉙《文心雕龍·知音》，周振甫：《文心雕龍今譯》，中華書局1986年版，第429頁。又《抱朴子·尚博》：「世俗率神貴古昔而黷賤同時……雖有益世之書，猶謂之不及前代之遺文也。……俗士多云：『今山不及古山之高，今海不及古海之廣，今日不及古日之熱，今月不及古月之朗。』何肯許今之才士不減古之枯骨？重所聞，輕所見，非一世之所患矣。」

㉚《宋書》本傳。

㉛《甌北詩話》卷十，《清詩話續編》，第1314頁。

㉜〔美〕威廉·A·哈維蘭：《當代人類學》，王銘銘等譯，上海人民出版社1987年版，第300頁。「濡化」指文化由上一代到下一代人的留傳過程，參見上書第294頁。

㉝《文學史作爲向文學理論的挑戰》，見《接受美學與接受理論》，周寧等譯，遼寧人民出版社1987年版，第24—25頁。

㉞「黑洞」原指一些星團、星系等天體動力學質量超出光學觀測所推算出的質量，其天體系統於是專門吸收能量與物質，不向外發光。此借喻爲審美主體深層結構中神秘的情感場，其誘使人將外在信息吸納其中而封閉住。參見拙文：《論美感黑洞對中國文學的影響》，《錦州師院學報》1987年第2期。

㉟《弗洛伊德後期著作選》，林塵譯，上海譯文出版社1986年版，第68頁。

㊱華茲華斯：《抒情歌謠集·序言》，《西方文論選》下卷，上海譯文出版社1979年版，第17頁。

㊲《文心雕龍·神思》周振甫：《文心雕龍今譯》，第248頁。

㊳施蟄存：《唐詩百話》，上海古籍出版社1987年版，第239頁。

㊴《隨園詩話》卷十四，顧學頡校點，人民文學出版社1982年版，第467頁。

㊵同㊴，卷六，第187頁。

㊶蘇轍：《上樞密韓太尉書》，牛寶彤選注：《三蘇文選》，四川人民出版社1983年版，第242頁。

㊷白居易：《隋堤柳》，《白居易集》，中華書局1979年版，第86—87頁。

㊸薛雪：《一瓢詩話》，《清詩話》，第710頁。

㊹李周：《華清懷古》，見厲鶚：《宋詩紀事》，上海古籍出版社1983年版，第810頁。

㊺吳喬：《圍爐詩話》卷三，《清詩話續編》，上海古籍出版社1983年版，第558頁。

㊻沈祥龍：《論詞隨筆》，《詞話叢編》，中華書局1986年版，第4057頁。

㊼見〔美〕烏爾利希·韋斯坦因：《比較文學與文學理論》，第138頁。

㊽方回：《瀛奎律髓匯評》，李慶甲集校，上海古籍出版社1986年版，第78頁。

㊾庾信：《傷心賦序》，《全後周文》，第3925頁。

㊿轉引自張汝倫：《意義的探究—— 當代西方釋義學》，遼寧人民出版社1986年版，第47頁。

(51)《哭韋大夫之晉》，仇兆鰲：《杜詩詳注》，中華書局1979年版，第1994頁。

(52)《暮春江陵送馬大卿公恩命追赴闕下》，《杜詩詳注》，第1882頁。

(53)《木蘭花慢·滁州送范倅》，《全宋詞》，第1881頁。

(54)《滿江紅·夜雨涼甚》，《全宋詞》，第2612頁。

(55)〔蘇〕伊·謝·科恩：《自我論》，佟景韓等譯，三聯書店1986年版，第336頁。

(56)袁宏道：《與丘長孺書》，《袁中郎全集·尺牘》，世界書局版。

(57)陳伯海：《民族文化與古代文論》，《文學評論》1984年第 3 期。

(58)《崑崙張詩人傳》，路工輯校：《李開先集》，中華書局1959年版，第580頁。

(59)《文心雕龍今譯》，中華書局1986年版，第274頁。

(60)黑格爾：《小邏輯》，商務印書館1984年版，第278頁。

(61)吉川幸次郎：《中國詩史》，章培恒等譯，安徽文藝出版社1986年版，第 5 頁。

(62)《詩學纂聞》，《淸詩話》，第443—444頁。

(63)李德裕：《文章論》，《全唐文》，第7280頁。

(64)《明史·文苑傳序》。

(65)見《中國古典文學論叢》冊一，詩歌之部，台北中外文學月刊社版，第217—218頁。

(66)《小說叢話》載于定一語，見黃霖等：《中國歷代小說論著選》下編，江西人民出版社1985年版，第70頁。

(67)章學誠：《文史通義·說林》，葉瑛：《文史通義校注》，中華書局1983年版，第351頁。

(68)《憶》，《巴金選集》第10卷，四川人民出版社1982年版，第 6 頁。

(69)《魯迅選集》第10卷，人民文學出版社1982年版，第243頁。

(70)《聞一多全集》第 3 卷，三聯書店1982年版，第461頁。

(71)《機遇與創造》，見《國內哲學動態》1985年第10期。

中國古代文學中的悲秋主題

文學作品是詩人作家自身本質力量的寫照，這種寫照往往通過創作主體對客觀外界的反映來展示。而借反映自然界景物來展示主體自身本質則是中國文學的一個重要的民族特色。漫遊中國文學史絢麗多彩的藝術長廊，指點古典文學繁星麗天的名篇佳作，我們總會有一個共同的感受，這就是那撲面而來的悲秋氣息。可以說，不管哪朝哪代，何種體裁，悲秋主題都或鮮明突出、或朦朧含蓄地貫注其中。也正由於悲秋主題的表現是那樣繁複多姿，隨處可睹，所以歷來人們涉及者多，卻很少有人作系統探討。這對於研究文學發展內部規律來說，不能不算作是一個缺憾。

我們試圖從人與自然、文學與社會、悲秋與心理等方面，力求整體上把握悲秋主題系統，勾勒出其系統形成原因以及對中國文學內在機制的影響。

一、「清愁自是詩中料，向使無愁可得詩」①

—— 秋愁詠嘆的歷時性巡覽

愁者，憂也。伴隨著人類社會的演進，人自我意識的增強，憂思愁緒開始爲人們所自覺體驗和總結。《易·系辭傳》有：「作

易者，其有憂患乎？」從孟子的「生於憂患」，老子的「貴大患若身」；從「心之憂矣，我歌且謠」，②「君子作歌，維以告哀」③等，始見我們中華民族對這種情感較早的重視。吳王夫差時有童謠「梧桐秋，吳王愁」；《禮記·鄉飲酒義》謂「秋之爲言愁也」，而憂愁這一特定情感與秋的自然物候聯姻，則肇始於《詩經》和屈賦。

　　《詩經》悲秋還僅僅以秋景及其音響來興起抒情。如《召南·草蟲》：「喓喓草蟲，趯趯阜螽，未見君子，憂心忡忡」；《秦風·蒹葭》：「蒹葭蒼蒼，白露爲霜」也只是爲候人不遇的愁悵渲染淒清的氛圍。《小雅·四月》：「秋日淒淒，百卉俱腓，亂離瘼矣，爰其適歸」，由秋的蕭殺聯想到戰亂社會不可擺脫，感物傷世。屈賦《湘夫人》「目渺渺兮愁予」的背景是「裊裊兮秋風，洞庭波兮木葉下」；《涉江》：「欸秋冬之緒風」方更見情境相照，特定季節之於言意抒情的作用。而《抽思》第一次明點出「悲秋風之動容兮，何回極之浮浮」，乃是主題萌芽。

　　失意的宋玉才是悲秋的始作俑者。由《九辯》「悲哉秋之爲氣也，蕭瑟兮草木搖落而變衰」，中國文人才開始自覺地吟起深沉而激越的悲秋詠嘆調，悲秋由此成爲中國文學史上匯起巨大和聲、回響不絕的諧奏曲，其是由中國文人心弦彈奏的。

　　樂府《古歌》有：「秋風蕭蕭愁殺人」；而當國運正盛，漢武帝就開始借悲秋傷時嘆命了：「草木黃落兮雁南歸……少壯幾時兮奈老何？」顯示出對人生倏忽，韶華難留的傷感，也是漢魏六朝悲秋主旋律的前奏。班昭《怨歌行》：「常恐秋節至，涼風奪炎熱」；曹丕《燕歌行》；《古詩十九首》中的「螻蛄夕鳴悲」，「蟋蟀傷局促」；王粲的《雜詩》，阮籍的《詠懷》：「開秋兆涼氣……

感物懷殷憂，悄悄令人悲」。等等，直至潘岳的《秋興賦》，開拓了宋玉悲秋的意境，將其表現得層次愈加分明，由「嗟秋日之可哀兮，諒無愁而不盡」以下，不僅寫自然景物之葉落風勁，又將蟬、雁、月、蟋蟀等意象，結合著夜晚情氛。由此而「悟時歲之遒盡兮，慨俯首而自省」。與潘岳並稱爲「連璧」的夏侯湛，其《秋可哀賦》亦言：「感時邁以興思，情愴愴以含傷」。此後東晉抒情小賦更是踵事增華，蘇彥《秋夜長賦》：「睹遷化爲遒邁，悲榮枯之靡常」；何瑾《悲秋夜賦》：「欣莫欣兮春日，悲莫悲兮秋夜」；湛方生亦有《秋夜賦》：「悲九秋之爲節，物凋悴而無榮」，直至庾信《擬詠懷》：「搖落秋爲氣，淒涼多怨情」，隋孔紹安《落葉》：「早秋驚落葉，飄寒似客心」等等，唐以前的悲秋主題即發展到相當規模。

悲秋主題在唐代文學中側重詠嘆宇宙人生，視野開闊，風格亦趨向多樣化。陳子昂《感遇》：「歲華盡搖落，芳意竟何成」；杜甫《登高》：「萬里悲秋長坐客，百年多病獨登台」；李白《悲清秋賦》、《宣州謝朓樓餞別校書叔雲》，劉禹錫《秋聲賦》等更是情氛昂揚，悲壯蒼涼。中唐後三教合流，佛門弟子皎然導源於佛理的「詩境緣情發」，「采奇於象外」等意境說的完善及理論化，給悲秋注入了新的生命力。李賀《感諷》：「南山何其悲，鬼雨灑空草；長安夜半秋，風前幾人老」等幽冷悲淒，險峭空靈；孟郊《戲贈無本》亦有「長安秋聲乾，木葉相號悲」。晚唐悲秋更趨向淒苦哀怨，溫庭筠《玉蝴蝶》以此表相思：「秋風淒切傷離，行客未歸時……搖落使人悲，斷腸誰得知?」李後主《浪淘沙》更是秋日傷舊：「寂寞梧桐深院鎖清秋。剪不斷，理還亂，是離愁……」

北宋後主題更多地向人生小我復歸，承晚唐餘緒。柳永《曲玉管》、《八聲甘州》、《雨霖鈴》，王安石《千秋歲引》，晏幾道《阮郎歸》，黃庭堅《南鄉子》，張耒《風流子》均如此列；而歐陽修《秋聲賦》，王安石《桂枝香》則獨具一格。南宋後悲秋憂己多實為憂國。除辛稼軒《醜奴兒》，李易安《聲聲慢》等廣為傳誦，史達祖《臨江仙》更有：「愁與秋風應有約，年年同赴清新」的浩嘆。文天祥《滿江紅》，蔣捷《聲聲慢·秋聲》，都各有所長，王沂孫也寫了大量悲秋之作。

元明清悲秋亦餘響不絕。如白樸《沁園春》「獨上遺台，目斷清秋」；元曲《王粲登樓》、《西廂記》、《漢宮秋》等也均借悲秋抒發人物衷曲。明代詩詞曲作中也每多悲秋之作。而民族感催動與文網壓抑，使得清文學中悲秋之嘆集中而深沉。僅從清詞看，如屈大均《紫萸香慢》：「秋聲，宿定還驚，愁裏月，不分明」；陳維崧《點絳唇》：「悲風吼，……黃葉中原走」；納蘭性德《浪淘沙》：「夜雨做成秋，恰上心頭」；龔翔麟《好事近》：「極目總悲秋」；厲鶚的《齊天樂·秋聲館賦秋聲》等等，真是「重來楚客逢秋怨」，④周濟、龔自珍、項鴻祚等也動輒悲秋。中國文人不論他出生何地，多極願意做悲秋的「楚客」。

如同歷代詩話、詞話中每每言之的，日本學人亦每每指出悲秋主題之於中國文學的普遍。如一位論者評柳永詞時曾謂：「悲秋的感情原來是《楚辭》以來直到六朝及唐詩中始終存在的主題。」⑤這種主題實際上貫串著幾乎整個文學史。悲秋主題濫觴於詩，形成於賦，主要存在於抒情文學之中，其一形成便兼具表現與再現因素，兩者融合滲透，成為中國文人高山景行的口頭禪。屈、宋愁的是政治失意，漢以後主題內涵迅速拓展，成為人

們對社會、人生種種不可人意處抒發慨嘆的一種固定表現方式。那麼，這個主題何以綿亘不絕，飲譽至今呢？

二、「秋因薄霧起，興是清秋發」⑥

—— 秋的物候特質與人的對象化解悟

唐詩言：「沅湘流不盡，屈宋怨何深；日暮秋煙起，蕭蕭楓樹林。」⑦的確，楚騷文化的中心沅湘一帶地區，是悲秋美感體驗的發祥地。除了文化上的原因之外，其中的一個重要條件是其近水多雨，節候明顯，引發主題感知體驗的媒介較多。於是便素有如清人商盤《送吳好山之楚南》一詩中所言的「地當三楚易悲秋」之說。特定的地域，使人們對秋所具代表性的景物有更多的觀照機會，這是荒寒的大漠與常綠的南國所難於領略的。戰國時鄒衍的陰陽五行學說便將秋季與西方、白色、乾燥、辛味、商聲等歸入「金行」。不論從空間、色感、濕度、味覺和音調上，都見出「金秋」之於土、水、木、火各行所屬性質的不同。這種分類歸納閃爍著樸素辯證法的光輝。由於辯證法是「為自然界中所發生的發展過程，為自然界中的普遍聯繫，為從一個研究領域到另一個研究領域的過渡提供類比，並從而提供說明方法」，⑧我們不妨從四季物候整體上看一看秋的特質。

秋與春、夏、冬不同，秋以其在四季遞邅中的特定位置，為人展示了一個自然界由生機勃勃、一片繁盛向蕭索凋敝、滿目蒼涼演變的連續過程。如果說春令人驚喜，夏使人亢奮，冬讓人期待，那麼秋，則給人以悲慨。如葉嘉瑩先生指出的：「是黃落的草木驀然顯示了自然的變幻與天地的廣遠，是似水的新寒驀然喚

起了人們自我的反省與內心的寂寞」。⑨主體所產生的審美聯覺，源於秋由盛及衰自然行程中的特質外現。作為美感觸發的媒介，秋具有相對的「中和之美」。其刺激性不強，不是其來迅猛其逝也速，而是淡淡的朦朧的，淒淒楚楚，九曲迴腸，沁人心脾。因而它就易於讓人產生諸多體驗聯想。如龔自珍這樣體會：「冷然瑟然而不遽使人有蒼莽寥泬之悲者，初秋也。……予之身世，雖乞糴，自信不遽死，其尚猶丁初秋也歟?」⑩但秋又預示著不祥：「秋既先戒以白露兮，冬又申之以嚴霜，收恢台之孟夏兮，然欲儌而沈藏。」⑪這與其餘的三季自然是大為異趣。特定物候的這種規定性，也就決定了審美主體不斷地作合目的性的定向聯想：「及遇秋景，四體褊躁，不見日行急促，唯覺寒氣襲人。」⑫是心理上、生理上的一種淡淡的危機感。

　　自然界的生命脈搏為人所感，人們既可以甜美快慰，也可以酸楚傷神，但總歸有一個大致的指向性。古人云：「夫鳥非鳴春之聲以和，蟲非吟秋之嚮以悲，時乎為之，物不能自主也」；⑬「天高氣清，陰沉之志遠」，「物色相召，人誰獲安！」⑭秋的物候特質是不以人的意志為轉移的，而最初的悲秋者正是以自己的審美觀念，在秋的特質中穎悟了自身的某種本質，將悲愁向秋景融入，又從秋景中昇華憂思，這是一種雙向建構過程。「對象如何對他說來成為他的對象，這取決於對象的性質以及與之相適應的本質力量的性質；因為正是這種關係的規定性形成一種特殊的、現實的肯定方式。」⑮秋成為確證悲秋者個性的對象。主客對應，景情相契，「一種特殊的、現定的肯定方式」—— 悲秋意識便油然頓生。梁代蕭繹《金樓子·立言》曾注意到人的情感並非單只外界信息作用使然：「搗衣清而徹，有悲人者，此是秋士

悲於心，搗衣感於外，內外相感，然後哀怨生焉。苟無感，何嗟
何怨也。」可以說，特定文化環境中的中國文人心底蓄積的悲秋
質素構成了美感生成的內因，也正是歷歷秋景，爲悲秋作者提供
了取之不盡的昆山鄧林。我們有理由擔心，如果自然界沒有秋，
該是怎樣的黯然失色，令人掃興；社會中若沒有悲秋情感，文學
又該顯得多麼單調乏味，蒼白無力。秋，制約了審美主體的感知
和體驗；正是悲秋寄寓了古往今來無數詩人作家的情感與哲思。

三、「搖落秋爲氣，淒涼多怨情」⑯

—— 悲秋的社會性與文化氛圍

　　悲秋不是一種對物質上追求得不到滿足的悲嘆，而是精神上
鬱悶苦痛合規律性的抒發。它植根於主體審美意識的深層結構，
是一種高度淨化了的審美趣味。其離不開特定時代、社會環境下
主體個人遭際與心境。由悲秋主體的探索我們不僅可以窺見中國
文人諸多的內心隱秘，還可以更爲生動直觀地認識中國封建社
會。

　　以楚文化爲中心四下擴散的悲秋審美體驗，標志著古人對自
然社會人生的認識水平。如黑格爾指出的：「哲學是在這樣一個
時候出發：即當一個民族的精神已經從原始自然生活的蒙昧渾沌
境界中掙扎出來了，並同樣當它超出了慾望私利的觀點，離開了
追求個人目的時候。精神超出了它的自然形態，超出了它的倫理
風俗，它的生命飽滿的力量，而過渡到反省和理解。」⑰隨著文
明演進，基於對自然物候深切的審美體驗，中華民族早在先秦時
代就對人與自然物候關係進行了深刻的理性思考。《呂氏春秋·仲

春記》載:「聖人深慮天下,莫貴乎生」,而要生,就要順天應時。「天地有大美而不言,四時有明法而不議,萬物有成理而不說。聖人者,原天地之美而達萬物之理」,⑱這是要求人順應自然四季的規律,在無爲中靜靜地解悟美的本質。但是,現實世界是喧囂動蕩的,人生是殘酷無情的,所謂「一受其成形,不化以待盡,與物相刃相靡,其行盡如馳,而莫之能止,不亦悲乎!終身役役而不見其成功,苶然疲役而不知所歸,可不哀邪!」⑲於是就產生了對宇宙人生深沉的憂患意識。作爲民族性格的一個突出方面,這種意識深藏在古人內心深處,莫可名狀,深不可測。這就是悲秋具有超越歷史時空的空前審美感召力的心理基因。

悲秋主題一經形成就具有驚人的生命力、吸引力與派生性。中國文人幼年一般都有良好的教育,悲秋作爲一種審美文化積澱幾乎給每個有才華的創作者以巨大的遺傳基因。悲秋意識是踵隨閱歷日豐、藝術臻美而強烈地、深深地滲透到飽學之士的深層思維組織中的。悲秋主題的每個實踐者都以繼承既往信息爲前提,因此悲秋主題的社會性是漸趨增強的。

當代西方自然主義美學認爲:「在對事物的知覺中,當回憶和心理習慣作出顯著貢獻的時候,知覺的價值就不僅由於外在刺激的愉快,而且由於統覺反應的愉快;如果被感知的對象依賴我們的過去經驗和想像傾向愈多,依賴外在對象的結構愈少。」⑳悲秋之作的日漸豐厚使得後世的悲秋創作者逐漸較少地依賴於自然實體,而是順應著前代悲秋的情感慣性。他們漸漸無須乎再像宋玉那樣周詳細備地描繪和一唱三嘆,也無須乎非要借助於秋的物理屬性給感官以直接觸動,只要略一點染,便會給人以無限遐思和良多感慨,語約意豐,餘味雋永。舉凡同秋有關的人事景

物，都可以被有意無意地薈萃到悲秋主題麾下，顯示出系統的整體性功能。錢鍾書先生曾對此精闢概括：「凡與秋可相繫著之物態人事，莫非『蹙』而成『悲』，紛至沓來，匯合『一塗』，寫秋而悲即同氣一體。舉遠行、送歸、失職、羈旅者，以人當秋則感其事更深，亦人當其事而悲秋逾甚……」㉑

　　封建社會的漫長，生產力的落後，階級間與階級內部的爭鬥，民族殘殺，人們認識能力的低下，使得不平事太多，失意人常有，而華夏之邦又沒有悲劇產生的土壤，無法盡情抒發對社會制度、現實對人壓抑的失落感，於是中國文人自然而然地以情外現，集注於秋；又將鬱悶悲慨內化，結體於悲秋之作中。在「悲哉秋之爲氣」引發下，人們從各個角度按各種形式去體味、解悟自然。帝王將相也好，布衣寒士也好，幾乎都不約而同地對悲秋有著油然而起的親切之感。「生年不滿百，常懷千歲憂」；㉒帝王也無法逃脫自然盛衰的規律，位極人臣者也有失意之時，由「秋風起兮白雲飛」，自然聯想到「少壯幾時兮奈老何。」㉓這種最廣義的人之常情，又怎能不引起每個中國文人的共鳴響應。悲秋與社會人生的聯繫決定了悲秋之作的藝術魅力，古人指出：「《大風》千秋氣概之祖，《秋風》百代情致之宗，雖詞語寂寥，而意象靡盡」；㉔『悲哉秋之爲氣也』……模寫秋意入神。皆千古言秋之祖，六代、唐人詩賦靡不自此出者。」㉕

　　早期的社會生活帶周期性的活動，亦構成了悲秋心理的集體無意識。以農爲主的生產方式決定了秋冬之際作爲農閒季節，較多的要舉行征戍、徭役、刑殺，特別是戰爭活動。所謂：「孟秋之月……涼風至，白露降，寒蟬鳴，鷹乃祭鳥，用始行戮。」㉖自然物候帶來的外界景物與動植物的活動變化啓悟了人類活動的

規定性:「天子……乃命將帥，選士厲兵，簡練桀俊，專任有功，以征不義，詰誅暴慢……命有司修法制，繕囹圄，具桎梏……戮有罪，嚴斷刑。」㉗於是掌管刑罰的官自然被稱爲「秋官」。唐賈公彥疏:「鄭《目錄》云:『像秋所立之官，寇，害也；秋者，遒也，如秋義，殺害、收聚、斂藏於萬物也。』㉘征夫思婦亦悲嘆:「王事靡盬，繼嗣我日，日月陽（秋十月）止，女心傷止，征夫遑止。」㉙可見悲秋，不僅具審美的、生命意識的因素，還有著深刻的社會原因和廣闊的民俗背景，此雖看重了秋的肅殺，上述活動代代相沿，以故多難之秋而愈使人悲。

　　儒道互補形成了中國古典美學的核心線索，而儒道二者對悲秋主題各以不同目的、方式來借重。崇尚「中和之美」的儒家以理節情，契合秋的天生麗質，其對社會功利性的重視，對人工之美的偏愛，提高了主題的社會意義。道家暢所欲言，不涉理路，當然更不會忽視悲秋這個理想話題。其屬意天然之美，強調自然天工，增拓了主題的內在審美功能。儒家的入世遭挫，寄意山川與道家的無所爲用，浪跡江湖，都各行其是地在悲秋中找到了情感的噴發口。但總之，悲秋者都終歸是不能脫俗的。悲秋，分明不是純淨的清高峻潔，而是有節度的暢神言志。儒道兩家各取所需，偏其所愛，在生命哲學的共同側面與層次上發展完善了悲秋主題。

　　悲秋內蘊適應以人爲本位的世界一體化傳統觀念，最便於抒發中國文人現實遭遇中的千端愁緒，萬種憂思。而來自現實人生的憂思愁緒是創作的原動力。白居易體會到:「予歷覽古今歌詩，自《風》、《騷》之後，蘇李以還，次及鮑謝徒，迄於李杜輩，其間詞人聞知者累百，詩章留傳者鉅萬。觀其所自，多因讒冤、譴

逐、征戍、行旅、凍餒、病老、存歿、別離、情發於中，文形於外，故憤憂怨傷之作，通計今古十八九焉。世所謂文士多數奇，詩人尤命薄，於斯見矣！」㉚正因爲悲秋主題易於容納人這一「一切社會關係的總和」那多種多樣的哀怨情感，所以悲秋之作的爲人爭相創制是封建社會的必然。對接踵而至的欣賞者（同時又是複製者）來講，還有個欣賞與創作間不斷「正反饋」的過程，緣此悲秋者疊出不窮。悲秋主題使自然的秋幻化爲社會的秋，悲秋實爲悲嘆社會與人生。代代文人寒士，「及至此秋也，未嘗不傷而悲之也，非悲秋也，悲人生之秋也。」㉛以至於「天下淸景，初不擇賢愚而與之遇，然吾特疑端爲我輩設。」㉜悲秋主題變得日益社會化，成爲社會與人生感悟的特殊文化符號。

四、「秋令人悲，又能令人思」㉝

—— 悲秋系統的美感穿透力

前已提及，秋緣其物候特質，對主體沒有恐怖和痛感，容易讓人得以深刻省悟和冷靜反思，在主體的深層心理結構中生發出一種能經久回味的美。悲秋具有驚人的美感寬容度，是可以產生於、適應於不同時代、不同審美情趣人們內心的一種深沉的自我意識。

出現於中國古代文學中的悲秋這一普遍現象不是偶然的，它是人類情感領域中基於美感體驗進而對自然與人類本質認識的結果。休謨詣出：「在自然的途徑和觀念的蟬聯之間，有一種預定的和諧。控制自然途徑的那些力量雖是我們所完全不能知曉的，可是我們看到，我們的思想和構想正和自然的前一種作品在同樣

程序中進行著。這種互相符合之成立，正是憑借於所謂習慣的原則。㉞」不可知論的局限，並沒有掩蓋他對總體上認識自然與人關係的可貴探索的意義。悲秋在中國文學中如此引人注目，正是中國文人對自然與人的意識間契合點關注的表現，也是中華民族文化昌明的一個突出標誌。

《隨園詩話》有言：「凡作詩，寫景易，言情難。何也？景從外來，目之所觸，留心便得；情從心出，非有一種芬芳悱惻之懷，便不能哀感頑艷。」這不僅指出了言悲易於言樂，更是確認表現難於再現，因此古人常常溶表現於再現之中。以悲為雅，以擅悲為美的中國文人，大凡優秀者，無不窺破此中奧秘，為了進入最佳創作狀態，為更易更好地「使情成體」，總是對悲秋有一種特殊的偏愛。更何況「景乃詩之媒，情乃詩之胚，合而為詩」；㉟只有「以景結情」，方能「含有餘不盡之意。」㊱可以說，這也是對整個抒情文學創作經驗的總結，其多半是由悲秋（與春恨）主題的成功魅力中體會到的。

由大自然的生命活動而體驗、領悟到人生的一種意義，一種既朦朧可感又難以名狀的精神境界。是充滿活力的驚贊徹悟，還是無可奈何的悵惘感傷，總之，品味悲秋之作，總讓人有一種感同身受，因主題找到了將自身對象化絕好形式而引起的暢快之忱。悲秋之作的欣賞者往往同時又是積極的復制者，天地動容、前人動情留下的藝術載體，如今舊景仍在，餘音繚繞；新的社會與自然信息又多方觸發，又怎能不令人慨嘆深思？思考的方式制約著思考的深度廣度。

在悲秋之作中，客體大多不是具體特指的，既不確切言明是某年某月之秋季，又非確指某山某水之秋景。因為這樣一來看似

場景眞實，其實反倒讓人心力旁騖，造成心理感受上相對失眞，以致「謹毛失貌」，影響主體對特定情感的整體把握甚或中斷其向自身的心理時空中去神思暢想。悲秋之作內容如此龐雜，悲秋美感涵蓋面驚人之大，緣其悲秋作品更具有詩的這種特點：「詩家之景，如藍田日暖，良玉生煙，可望而不可置於目睫之前也。」㊲這樣才會有較大的凝聚力和同化力。

　　基於對這種美感效應的或明或暗、或先或後、自覺與不自覺的認識，後世悲秋之作大多是寫「心中之景」，過分一些說是「一切景語皆情語也」。悲秋之意不在秋，而在於借此喚起一種深邃的思考。這種思考以悲秋爲媒介，才得以向理性高度昇華。已如前述，悲秋意識深厚的美感積澱，存在於每個中國文人的心理素質中，因此主體一進入悲秋情境，頓生通感，「思想接著思想，觀念跟著觀念，連綿不絕」，「隨著感覺之後，關於以前所受的感覺的觀念不斷引起來，這些觀念之後又跟著好些別的觀念。」㊳這是一種特殊的創作心境，詩人百感交匯，精神高度亢奮，對此西方作家亦有體味：「我所有的最好的靈感往往都是來自最爲憂愁最爲悲慘的時刻」；㊴「大家不是知道，憂鬱，甚至深沉的痛苦，曾使詩人、音樂家、畫家、雕刻家產生最美好的靈感嗎？不是還有一種藝術公然而且故意地悲觀厭世嗎？」㊵悲秋之作絡繹不絕的欣賞者（複製者）正是得此要訣。其自我情感可以在悲秋中點燃照亮。如魯迅所覺察的悲秋之祖《九辯》，雖則「馳神逞想，不如《離騷》，而凄怨之情，實爲獨絕。」㊶正是這種交織著理智概念的「凄怨之情」，令人反思深省，催人共鳴感奮，而並不一定非要去追索什麼明確的抒情目的。歷史使得悲秋漸漸由各自最初具體的物象上升爲能引起主體綜合性美感體驗的意象，帶

有難於盡言的解悟自然人生的普遍性概念。創作主體在這種觀念下選擇、改造、調整客體，自身也在不斷完成著「建構」過程。隨著內在審美結構的完善化，自我本質進行外在表現的傾向日益增強。

可見，悲秋正是將主體在社會人生中的現實感受與自然類屬的意象群融合，把一種自我與外界、歷史與現實、自然與社會的總體性美感體驗有序化。特別是在階級、民族矛盾尖銳化時，以悲秋詠懷就更成爲人們慣常的抒情方式。如元曲《王粲登樓》將原作《登樓賦》中原本沒有寫出的登樓時令明確改成對秋傷悲。爲了言愁抒意，秋愁一體，特定的秋景便成了最佳的背景選擇。其第三折正末的《鷓鴣天》唱到：「一度愁來一倚樓，倚樓又是一番愁。西風塞怨添愁怨，衰草淒淒更暮秋。情默默，思悠悠，心頭了又眉頭，倚樓望斷平安信，不覺腮邊淚自流。」不能不說，只有在秋的特定氛圍烘染下，主角才能如此恰到好處地點出作品核心之旨，抒情高潮的效果才會得以實現。至於與悲秋相關的情境氛圍也爲人敏感地注意，如「登臨須向夕，風雨更宜秋。」㊷

不難看出，悲秋主題之讓人深思，緣其是社會的人自身本質力量對象化慣用形式，也是主體有意將這種模糊朦朧、包容力極大的審美情境來內化，以便入境造境後根據更深刻的內在要求把人化了的秋景結成美的信息載體。秋是周而復始，亘古常同的。但悲秋的內涵卻被實踐著的主體不斷充實進更爲豐富複雜的理性內容。秋加上悲，就相當於系統論整體功能的"1＋1＞2"那樣，產生驚人的藝術魅力和無窮的理趣。爲了歸納與分析的方便，我們不妨將悲秋主題看作是具有三個子系統的複雜的開放系統。

　　A組是客體意象：秋夜、秋山、秋水、秋月、秋雲、秋雨、秋風、秋樹、秋草、秋葉、秋雁、秋蟲、秋蟬……；B組是主體情致：感傷故國、傷時憫亂、惜嘆年華、失意不遇、傷離惜別（征戍徭役、行旅在外）懷舊思故、悲悼親朋、莫可名狀……；C組是風格主調：悲慨、悲愴、悲痛、悲傷、悲哀、悲鬱、悲涼、悲淒、悲苦、悲憫、悲惋、悲酸、悲悼、悲憤……。這三組悲秋主題子系統的各個要素又與許多系統外的隨機性因素滲透融合。在系統中，悲秋之作正是以個別的意象、特定的情致、具體的風格主調，形成多種多樣的排列組合。它們彼此交叉滲透又各個獨立，借助於系統的整體性功能，反映出一種泛化與聚結、普遍一般與具體特殊、主客體、再現與表現統一的意境。它的每一具體篇章都與全系統息息相連，它的各分子共同組成了這個具有自然、社會和人心理的各種呈多變量非線性函數關係的整體。這個整體處在中國社會的大系統中，具有民族文化的系統質，對人、社會與文學形成反饋，不斷調節著民族的審美心理、審美習慣。

五、「愁極本憑詩遣興，詩成吟詠轉淒涼」㊸

—— 悲秋與士大夫文人心理

　　悲秋主題呈現出中國文學發展的內在美學軌跡，由此我們可以追蹤到中國文學之所由形成、所以爲然的部分原因。

　　首先，悲秋主題的存在發展，使中國文學有一條內在的神經網絡，豐富了歷代文人感應信息的心理層次，密切了主體與自然的關係，使人以自然界爲對象世界的關係得以更加自覺地全面展

開。在人的審美心理發展歷程中，悲秋形成了自己一系列的意象群和引申義，成爲人們感應自然與社會敏感的神經末稍，解悟自身的絕妙方式。其溝通了自然與社會、歷史與現實，主客體間的網狀聯繫，具有強大的美感潛能，是能引起信息的信息，創造意象的意象，增生價值的價值。

康德說過：「所謂審美理念（觀念），是指能喚起許多思想而又沒有確定的思想，旣無任何概念能適合於它的那種想像力所構成的表象，從而它非語言所能達到和使之可理解。」㊹悲秋作爲將美感體驗物化時巧妙地用整體性美感效應彌補語言局限的一個創造，給中國文人造成了一種相對穩定的審美觀念和觀念制約下的獨特的情感表達方式。因此，每一語及悲秋系列中的一分子，人與自然社會的諸多觸發點就被瞬時接通了，那「能喚起許多思想而又沒有確定的思想」（審美理念）就散發出一股無形的力量作用於歷代讀者（創作者）的深層結構，盡其難於意識到的力量來吸附雜感，涵括變體，誘發接受主題（創作主體）不期然而然地情往神隨。悲秋雖蘊含著社會人生豐富複雜的內容，卻有一個大致的指向性，即在自然之景與人生際遇上建立津梁，而後將人的理想、願望與價值追求注入到客體上。它不是具體化爲一時一事，而是主體整個內心世界不見容於現實，又不違棄改求，始終堅守節操，懷瑾抱瑜。而把主體自我本質用悲秋歷史化、自然化地「泛化」之後，主體人格就在這淵源有自、左右逢源的帶有悲劇色彩的感傷嗟怨中洞現。

秋這一溫帶地域的自然物候成全了人的一懷悲緒，特定的主體又再造了秋，人化了秋，與此相關的是它帶動了中國抒情文學尤爲注重意象，注重「思與境偕」、情境相生的意境。而古代文

論中的「虛靜」、「韻」、「味」、「趣」等一系列美學範疇，亦無不
或多或少地與悲秋有內在關聯。正是在以悲秋爲中心的一系列藝
術及其由自發到自爲的創作實踐中，有才華的中國文人把多種多
樣的內心情感憑著自然物的各種媒介外化和具體化，從而能夠
「學會在自然中發現事物的典型形式，而且把它們銘刻在藝術上；
研究和認識它們的種種變體……」㊺進而創造了妙奪天工的累累
藝術奇葩。

　　其次，悲秋主題基於中華民族的集體憂患意識，又反饋於這
種意識，進而給整個中國抒情文學的主旋律、總風格以決定性影
響。當然這種影響是與其他主題共同進行的。當代學者指出：
「中國詩時於幽淡中見嫵媚，疏朗中見俊逸，往往十分平易，率
直而含蓄無窮情味。」㊻這恐怕與悲秋主題的存在關係甚大。悲
則思秋，秋又生悲，由悲秋聯想到時代之秋、故國之秋、人生之
秋，「亡國之音哀以思」，㊼「卻道天涼好個秋」，㊽染濃了文學
的社會內容與民族特徵。「烈士多悲心，小人偸自閒」；㊾「多傷
感情調，乃知識分子之常，我亦大有此病，或此生終不能改。」
㊿這言悲示雅的背後是對人生的一種正視和追求，一種不甘不願
庸碌無爲的覺醒。可以說，渾渾噩噩，虛度終日的人是發不出眞
正的悲秋之慨的。悲秋是中國文人自我意識深化、外化的必然產
物。因此從接受美學角度看，清人此語頗耐尋味：「美成《齊天
樂》云：『綠蕪凋盡台城路，殊鄉又逢晩秋』，傷歲暮也。結云：
『醉倒山翁，但愁斜照斂』，幾於愛惜寸陰，日暮之悲，更覺餘於
言外。此種結構，不必多費筆墨，固已意無不達。」(51)這就明確
地認識到悲秋「結構」的藝術力量和美感寬容度，不是停留在泛
泛而論的「情景交融」、「情境相生」一類套語上。而作品的特定

結構恰恰契合中國文人的文化心理結構，這才能夠取得「意無不達」的接受效果。因為主體帶有當代闡釋學美學所說的「先結構」，這種意識的先結構是歷史環境（自然與社會）和歷史進程（文學與美學）所共同決定的。

其三，除了對繪畫等鄰近藝術形式影響之外，在語言藝術自身，悲秋主題對戲曲、小說及說唱文學等均產生了巨大影響。《晏子春秋》即有：「酒酣，晏子作歌曰：『穗乎不得獲，秋風至兮殫零落，風雨之拂殺也，太上之靡弊也！』歌終，顧而流涕，張躬而舞。」㉟《拾遺記》中漢武帝賦《落葉哀蟬曲》，唐傳奇《顏濬》中張麗華詩「秋草荒台響夜蛩，白頭聲盡減悲風」等，都不能不說是悲秋主題向敘事文學的滲透。又如《西廂記》長亭送別淚染霜林的意境，《漢宮秋》雁唳寒更，迥野悲涼的情韻，《梧桐雨》第四折，《牡丹亭》的「鬧殤」，《長生殿》的「聞鈴」、「雨夢」的淒清氛圍，都離不開「秋」與「悲」，其構成了古典戲曲必不可少的「務頭」。又如《紅樓夢》悲封建社會之秋，高潮是四十五回黛玉的《秋風秋雨夕》：「秋花慘淡秋草黃，耿耿秋燈秋夜長，已覺秋窗秋不盡，哪堪風雨助淒涼……」試想，曹雪芹若不得悲秋主題滋潤，《紅樓夢》若無悲秋神髓，這部名著又該是何樣面目！悲秋主題對以《紅樓夢》為代表的封建社會末期感傷主義文學主潮的推動，亦世所共見。

附帶提到，甚至連現代文學，甚至連當代綜合藝術——電影，也在悲秋主題中汲取了可貴的營養。影片《北國紅豆》導演說：「如何傳達出一腔愁緒？我們想起了『曉來誰染霜林醉，總是離人淚』的詞句，把這場戲處理在一片秋色之中」，「秋色絢麗，即將逝去，就像她青春的年華……雪枝此刻翻騰和觀眾感應

的，都包容在這一片秋色之中了。」㉝可見悲秋主題的藝術生命力。

六、「何人解識秋堪美，莫為悲秋浪賦詩」㉞

—— 悲秋主題對中國文學的負價值

物極則反。悲秋主題在中國文學史上的特殊地位亦帶來了一些相應的消極影響。

首先，悲秋主題在凝聚與激發詩人作家的才力情趣，造就眾多名篇佳作的同時，漸漸形成固定的模式。儘管由於系統自身的龐雜充實，可以在本系統內進行多樣化的雜交重組，但畢竟由於主題本身發展的局限，給整個抒情文學創作題材帶來了一種先天既定性，誘使一些人尋此捷徑，不去「搜盡奇峰打草稿」，以致頭腦僵化愚鈍。清人對此早有覺察：「詩有史，詞亦有史，庶乎自樹一幟矣，若乃離別懷思，感士不遇，陳陳相因，唾沈互拾，便思高揖溫、韋，不亦恥乎！」㉟這也是對整個古代抒情文學創作不良傾向的針砭。宋人也早注意到：「文字有反類尊題者。子瞻《秋陽賦》先說夏潦之可憂，卻說秋陽之可喜，絕妙。若出《文選》諸人手，則通篇說秋陽，斬無餘味矣。」㊱悲秋的副作用也波及到散文創作中。無可否認，悲秋的「美感黑洞」某種程度上阻礙了部分創作者多線條多層次地想像、創造，使其思維空間被壓縮得較為狹小，有時竟陷入抒發悲感的模式而不自知。

其次，悲秋主題在中國文學意境說的形成臻善、重視表現再現統一的發展歷程上功勛卓著。但由於以往的成功魅力，吸引大部分詩人作家囿於表情必造像的形式。「指事造形，窮情寫物」，

㊄有時反倒限制了真情實感激切淋漓抒發，以致中國文學像蔡琰《悲憤詩》、關漢卿《竇娥冤》那樣直抒胸臆的感人之作相當之少。這同「溫柔敦厚」的詩教有關，也不能不部分地歸咎於悲秋主題所給予重大影響的崇尚含蓄，「以景結情」的民族審美傳統。古人言：「詩人之工，特在一時情味，不可預設法式也。」㊅而悲秋主題客觀上卻給予詩人以法式，弊利並俱。也有人正確指出：「初盛唐不離景象，故其意不能盡發」，㊈其實有的作品，有些情感盡發其意是會更成功的。王國維總結道：「詞家多以景結情。其專作情語而絕妙者，如牛嶠之『甘作一生拚，盡君一日歡』，顧敻之『換我心，為你心，始知相憶深』，歐陽修之『衣帶漸寬終不悔，為伊消得人憔悴』，美成之『許多煩惱，只為當時，一餉留情』，此等詞，求之古今人詞中，曾不多見。」㊀分明已意識到這種創作上的偏頗及其原由。顯然，上述弊病被說成是中國文學中情詩成就不高的一個原因，不是沒有理由的。我國抒情文學中的這種缺憾，同悲秋主題對創作風格、題材、表現形式的多樣化的掣肘是直接相關的。

第三，主要存在於抒情文學中的悲秋主題，擴散到戲曲小說等敘事文學體裁中，對其表現手段的完善、民族風格的形成起了積極作用，但也助長了一些作品無病呻吟，矯揉造作等違反創作規律的傾向，使作者為悲秋而悲秋。如鴛鴦蝴蝶派小說《玉梨魂》中的大段秋景鋪敘，每每為人詬病：「黃葉聲多，蒼苔色死；海棠開後，鴻雁來時，雨雨風風，催遍幾番秋信；淒淒切切，送來一片秋聲。秋館空空，秋燕已為秋客；秋窗寂寂，秋蟲偏惱秋魂。秋色荒涼，秋容慘淡；秋情綿邈，秋興闌珊。此日秋閨，獨尋秋夢；何時秋月，雙照秋人。秋愁疊疊，並為秋恨綿綿，秋景

匆匆，惱煞秋期負負。盡無限風光到眼，阿儂總覺魂消。最難堪，節序催人，客子能無感集？蓋此時去中秋已無十日矣。」⑥這種脫離情節、脫離人物形象的雜枝蔓筆，不能單怪作者在「炫才」，更由於悲秋主題的吸附，作家對悲秋的偏愛所致。

也正如同秋的存在及其特質、影響並不排斥春、夏、冬的存在一樣，我們著重發掘悲秋主題的價值並不否認以其餘三季之景爲結情之體的抒情之作，但後者相比之下畢竟是少得多了。其實反悲秋的作品又何嘗沒有，如「落日心猶壯，秋風病欲蘇」；⑥「不解何意悲秋氣，直置無秋悲自生」；⑥「自古逢秋悲寂寥，我言秋日勝春朝」；⑥「人言悲秋難爲情，我喜枕上聞秋聲」⑥等等。然而，我們不難看出這不過是在反彈琵琶，恰恰顯示了詩人對悲秋主題感受之深刻。可以說是悲秋原型的一種顛倒型變體，是該主題發展到極致的一種否定性表現形式。

以如此含蘊豐厚、形式複雜的悲秋主題，上述探析不過是以杯量海，難免掛一漏萬。然而悲秋主題在文學史上的地位卻是客觀存在的。而目前我們對悲秋系統的重視、開發則很不夠。因此本文不妨援引這句話作爲收束：「只要我們知道一個系統所包含的所有部分以及它們之間所有的關係，系統的行爲就可以從部分的行爲中推出來。」⑥

註 釋

①陸游：《讀唐人愁詩戲作》，《陸游集》，中華書局1976年版，第1857頁。

②《詩經·魏風·園有桃》。

③《詩經·小雅·四月》。

④杜詔：《滿江紅·過溪水亭》，葉恭綽編：《全清詞鈔》，中華書局1982年

版，第386頁。

⑤村上哲見：《唐五代北宋詞研究》，楊鐵嬰譯，陝西人民出版社1987年版，第234頁。

⑥孟浩然：《秋登蘭山寄張五》，《全唐詩》第370頁。

⑦戴叔倫：《過三閭廟》，《全唐詩》第692頁。

⑧恩格斯：《自然辯證法》，人民出版社1971年版，第28頁。

⑨《迦陵論詞叢稿》，上海古籍出版社1980年版，第263頁。

⑩《己亥六月重過揚州記》，《定盦續集》卷三。

⑪宋玉：《九辯》，《楚辭補注》，中華書局1983年版，第186頁。

⑫《毛詩正義》注《七月》詩，《十三經注疏》，中華書局1980年版，第122頁。

⑬陳子龍：《三子詩選序》，《陳忠裕公全集》卷二十六。

⑭《文心雕龍·物色》，周振甫：《文心雕龍今譯》，第409頁。

⑮《馬克思恩格斯全集》第42卷，人民出版社1979年版，第125頁。

⑯庾信：《擬詠懷》，《先秦漢魏晉南北朝詩》，第2368頁。

⑰《哲學史講演錄》第1卷，賀麟、王太慶譯，商務印書館1983年版，第54頁。

⑱陳鼓應：《莊子今注今譯》，中華書局1983年版，第563頁。

⑲同⑱，第46頁。

⑳桑塔耶那：《美感》，繆靈珠譯，中國社會科學出版社1982年版，第76頁。

㉑《管錐編》，第628頁。

㉒《古詩十九首》，《先秦漢魏晉南北朝詩》，第333頁。

㉓漢武帝：《秋風辭》，上書第94頁。

㉔胡應麟：《詩藪》內編卷三，上海古籍出版社1979年版，第49頁。

㉕同㉔，卷一，第5頁。

㉖《禮記·月令》，《十三經注疏》，中華書局1980年影印版，第1372頁。

㉗同㉖。

㉘《周禮·秋官·司寇》，《十三經注疏》，第867頁。《目錄》即鄭玄《三禮目錄》，已佚。

㉙《詩經·小雅·杕杜》。

㉚白居易：《序洛詩序》，《全唐文》，第6897頁。

㉛《太平廣記》卷八三引《瀟湘錄》。

㉜釋惠洪：《冷齋夜話》引黃庭堅語，王大鵬等；《中國歷代詩話選》（一），岳麓書社1985年版，第362頁。

㉝清·惲格，《南田畫跋》卷一，黃賓虹、鄧實編，《美術叢書》四集第六輯，神州國光社1937年版，第47頁。

㉞《人類理解研究》，商務印書館1957年版，第43頁。

㉟謝榛：《四溟詩話》卷三，《歷代詩話續編》，第1180頁。

㊱沈義父：《樂府指迷》，蔡嵩雲箋釋，人民文學出版社1981年版，第56頁。

㊲唐·戴書倫語，馮浩：《玉谿生詩箋注》卷二引，上海古籍出版社1979年版，第494頁。

㊳〔美〕詹姆斯·穆勒語，見楊清：《現代西方心理學主要派別》，遼寧人民出版社1983年版，第28頁。

㊴巴爾扎克語，茨威格：《巴爾扎克傳》，上海文藝出版社1983年版，第213頁。

㊵〔法〕李博語，見《外國理論家、作家論形象思維》，中國社會科學出版社1979年版，第187頁。

㊶《漢文學史綱要》，《魯迅全集》第9卷，人民文學出版社1982年版，第

375頁。

㊷陳師道：《秋懷四首》，《後山詩注》卷八，四部叢刊初編縮本，上海商務印書館版，第97頁。

㊸杜甫：《至後》，仇兆鰲：《杜詩詳注》，第1199頁。

㊹《判斷力批判》，參見宗白華譯本，商務印書館1694年版，第160頁。

㊺桑塔耶那：《美感》，中國社會科學出版社1982年版，第103頁。

㊻許思園：《中國詩之特色》，《文史哲》1985年第1期。

㊼《樂記·樂本篇》。

㊽辛棄疾：《醜奴兒》，《全宋詞》，第1920頁。

㊾曹植：《雜詩》，《先秦漢魏晉南北朝詩》，第457頁。

㊿《致曹聚仁》，《魯迅書信集》，人民文學出版社1976年版，第533頁。

(51)陳廷焯：《白雨齋詞話》卷一，人民文學出版社1983年版，第18頁。

(52)吳則虞：《晏子春秋集釋》，中華書局1982年版，第114頁。

(53)見《文藝研究》1985年第1期，第86頁。

(54)葉夢得：《鷓鴣天》，《全宋詞》，第779頁。

(55)周濟：《介存齋論詞雜著》，《詞話叢編》，第1630頁。

(56)李塗：《文章精義》，清刻本。

(57)許文雨：《鐘嶸詩品講疏》，成都古籍書店1983年版，第3頁。

(58)《歲寒堂詩話》卷上，《歷代詩話續編》，第453頁。

(59)許學夷：《詩源辯體》卷二十七，人民文學出版社1987年版，第270頁。

(60)《人間詞話刪稿》，許文雨：《鍾嶸詩品講疏》，第219頁。

(61)《玉梨魂》第十九章《秋心》，又參見《文學遺產》1983年第2期范伯群文。

(62)杜甫：《江漢》，仇兆鰲：《杜詩詳注》，第2029頁。

(63)南朝陳·江總：《宛轉歌》，《先秦漢魏晉南北朝詩》，第2575頁。

㉔劉禹錫：《秋詞》,《全唐詩》, 第910頁。

㉕陸游：《秋聲》,《陸游集》, 中華書局1976年版, 第146頁。

㉖〔美〕馮·貝特朗菲：《一般系統論》。

中國古代文學中的春恨主題

在中國古代文學中，悲怨之作的表現模式之一就是「春恨」。春恨主題寄寓了歷代詩人、作家觀物反思，借與自然界的物我關系對社會人生的廣泛思考。春恨主題主要存在於詩、賦、詞、曲等抒情文學當中，又逐漸向戲曲、小說等敘事文學滲透。它雖變體繁多，但卻自成系統，為創作者所代代沿襲、充實、發展，不僅給文學創作及其理論以深遠影響，而且給中華民族的審美心理結構和審美習慣以潛移默化的作用。我們在此不是就某篇作品，哪個朝代，何種體裁的文學現象談論春恨，而是試從古代抒情文學流脈的總體出發對該主題進行初步的考察。

一、「東風不為吹愁去，春日偏能惹恨長」①

—— 春恨的美感成因

如同我們在悲秋主題一節中所談到的，在中華民族對自然界、社會與自我認識的歷程中，直接的感受昇華為理性的思考，理性的總結交融著感性的體驗。溫帶地域天然的地理位置，使得我們民族對自然界的季節物候有了較早和較深的體悟思考，審美意識則是由此而生的情感與認識的統一。

《詩經》中春恨尚處於主題的紋身階段。其《鄭風·有女同

車》將女子美貌與白色、淡紫色的木槿花相比：「顏如舜華」、「顏如舜英」；《鄭風·出其東門》將女子比作白茅花，而白色不如紅色艷麗：「雖則如荼，匪我思且；縞衣茹藘（紅色的茜草），聊可以娛」；《周南》與《召南》中分別用桃花和「唐棣之華」渲染新婚美貌與出嫁時熱烈的氣氛，形成了對特定物候下典型景物與女性人生特定階段、寶貴的容顏青春之間的一體化美感體認。這種將具有物候代表性的植物色相與特定人的線性對應認同，在《小雅》中的《小弁》和《杕杜》中有了發展，前者寫一個被放逐者的痛楚，雖「苑彼柳斯，鳴蜩嘒嘒」，一片柳綠蟬鳴的芳春美景，但他無心觀賞，甚至「心之憂矣，不遑假寐」；後者寫思婦雖睹「卉木萋止」，春滿人間卻悲感頓起。而《小雅·采薇》則用「楊柳依依」的春光美景烘襯離鄉遠戍者的內心悲涼，《豳風·七月》用「春日遲遲，有鳴倉庚」聲情並茂的意境拓展「女心傷悲」的哀傷力度。無怪乎《管錐編》指出後者，「吾國詠『傷春』之詞章者莫古於斯」，「女子求桑采蘩，而感春傷懷，頗徵上古質厚之風」。直至屈原的《招魂》：「目極千里兮傷春心，魂兮歸來哀江南」，才傷極而怨，哀深轉恨，自覺地形成與運用這一主題的美感潛能。哀婉九絕、恨深怨重的《離騷》，美感層次如此豐富，藝術魅力如此強烈，很大程度上也得力於此。

　　自然物候的特質是春恨主題賴以形成的客觀前提。《管子·形勢解》有：「春者，陽氣始上，故萬物生」；《淮南子·謬稱訓》謂：「春女思……知其物化矣。」春，是四季物候中最美好，最宜人的時令，與之相關的一系列美好的意象特質，最易同人的自我感覺中最美好的東西聯結契合。《詩經》中即以「灼灼其華」、「穠彼桃李」等意象作為春與女子的共同表徵，與青春、愛情開

始溝通。而春恨卻沒有這麼簡單，它一開始就呈現出一種生理性（動物性）的和社會性（人性）的結合狀態，只不過這種結合是那樣的緊密別致。大好春光本應令人欣喜嚮往，爲什麼反生「春恨」；這令人不解、困惑，但卻又那樣的爲人習見習感，妙語難傳。

馬克思在《1844年經濟學── 哲學手稿》中指出：「自然界的屬人的本質只有對社會的人來說才是存在著」。春恨，正是一種社會中的人才會產生的自我意識，它既是自然界屬人的本質，又是社會的自然化。由大自然的生命律動聯想到人生自我，進而把自然中生機勃勃的大好春光與人生最美好的青春愛情、事業理想作比照。陽春美景悅目宜人，而觀照者自身卻恰恰缺乏賞美條件，或愛情失意，或事業受挫、壯志難酬。美好的自我本質竟被無情的現實所否定或得不到應有的肯定，於是外在的觀照就強烈地撼動了人的內心，使其哀痛、催其怨恚、促其深省，將對自然景物強烈的愛轉化爲對社會人生殘酷無情的深沉的恨。「夫榮凋之感人，猶色象之在鏡……雖四時之平分，何陽節之淸淑?」②這種怨恨不是單線條、單一層面、單指向的，而是由感傷而起，充溢著遺憾、怨悱與痛悼，一時間千端萬緒，百感交匯。舉凡人生不得意的顯愁隱衷，都集注到「春恨」這一情感噴發的突破口，借自我對自然界美好物候及其諸景物的傾訴，給人以撫慰和滿足。緣此，春恨意識很早且一直爲人們最關注、最常咀嚼的思維內容之一。

男女愛情生活體驗是春恨主題的基礎。孟子說過：「食、色，性也。」③每個創作者都有自己的愛情生活感受，這種體驗不可免地與其對社會現實的體驗評價聯繫起來。也正如《手稿》談到

的：「男女之間的關係……可以表現出人的自然的行為在何種程度上成了人的行為，或者，人的本質在何種程度上對人說來成了自然的本質，他的屬人的自然界在何種程度上對他說來成了自然界。」作為中國文學創作主體的中國文人，正是在春恨文學主題中，將自然「人化」了，把春恨意識物化於作品這一藝術載體中。自然物候的盛衰變化與人的坎坷社會遭遇、人生愛情的悲歡完滿地結合起來，自我意識就在春恨這種對象與主體的規定性關係中找到了最好的運動與確證、復現的方式。

　　愛情，緣其與人的諸多生理機制、心理機制相聯繫，於是自然界與社會的信息很難不與愛情互為貫通，引起人的通覺和全方位地遐想。「愛情把人的自然本質和社會本質聯結在一起，它是生物關係和社會關係、生理因素和心理因素的綜合體，是物質和意識多方面的、深刻的、有生命的辯證體」。④在中國古代，特定的文化形態、禮教制度決定了女性的卑順依附地位，愛情即是女子的生命；而男子，功名不就可以浪跡江湖，在愛情上失意卻無可逃遁，終究也免不了傷心悲恨，愁腸百結。春恨主題一開始就以女子的傷春之情為基石，把女性個人美貌妙齡易失或已經失去來比附男子的君臣不遇，知己難覓。女子韶華難留，男子也非盛年永在，在這一點上原本就是共通的。屈原藝術天才的卓越之處就在於發掘了「哀衆芳之蕪穢」，（自然社會）「美人之遲暮」（愛情人生）濃重深刻的春恨感，使真實生動的自我意識物化為文學作品。春恨主題的立美範式一經確立，創作實踐的成功又形成了對創作、評論欣賞的「正反饋」。如元人劉履《選詩補注》評曹植《美女篇》「盛年處房中，中夜起長嘆」句，謂：「子建志在輔君匡濟，策功垂名，乃不克遂，雖授爵封而其心猶為不仕，

故托處女以寓怨慕之情焉。」清周濟《宋四家詞選》評秦觀《滿庭芳》「謾贏得青樓，薄倖名存」，是「將身世之感，打并入艷情，又是一法。」《論詞隨筆》也說：「感時之作，必借景以形之。如稼軒云：『算只有殷勤，畫檐蛛網，盡日惹飛絮』，同甫云：『恨芳菲世界，遊人未賞，都付與，鶯和燕』，不言正意，而言外有無窮感慨」。這些，都敏銳地感受出自然、社會與愛情人生揉和之後的藝術表現魅力。有時，未必非要以事業人生上造成的大不幸來「窮而後工」，還可以人為地沉浸在困厄鬱結的「虛靜」精神狀態裡，讓一股纏綿悱惻的哀思愁緒染遍身心。所謂「寫怨夫思女之懷，寓孽子孤臣之感。凡交情之冷淡，身世之飄零，皆可於一草一木發之。」⑤這種有意識的藝術創造活動，基於自我意識對象化之後的內化，把創作者與欣賞者深層審美結構中的豐富積澱作為潛能。因此，哪怕有很小的甚至未必直接的外在信息觸發，主客體間的聯繫也會瞬間接通。這就是春恨主題產生、延續的內在原因。

二、「巴蕉不展丁香結，同向春風各自愁」⑥

── 春恨正宗及諸多變體

　　春恨主題所表現的自我意識，不是偶然的、孤立的，而是顯示出複雜的歷史傳承性。人們對自然、社會與人生萬態紛呈的反映與感受，代復一代地匯入到春恨主題的歷史長河中，豐富了它的歷史容量，強化了其社會性。

　　先秦時代的比德之風與魏晉之際的人品之範，都集注了古代文人將自我意識外化於自然的鮮明印記。但文學中體現的自我意

識，除哲學思想導引和審美文化積澱作用外，還受著個人現實生活經歷種種直接體驗的制約。創作者如龍生九種，各不相同，而貫串在對自然、人生、社會這三個基本指向中的自我意識是始終不泯、交錯相通的。每個人的自我意識都不能不在這三個指向、三種基本的關係中不同形式地顯現。即使表層結構爲理性戰勝、感性征服，對三者之中的某一方較爲淡漠，而深層結構卻不知不覺地爲其佔據著，形成一種互補狀態以達到心理的平衡。而這之中愛情人生的內容是最具恆定性的。春恨，便因此成爲最難得的心理補償與情感昇華的範式。當然，歷史因素是複雜的，春恨主題在不同時代不同作者筆下，不斷增進新的時代與個性內容，呈現出不同的狀貌。

漢末的戰亂別離與魏晉的仕宦羈旅、離愁別緒、兩地相思怨悱，使春恨基因向摯友親朋等人際關係上進一步拓展。如《古詩十九首》中的《青青河畔草》、《涉江采芙蓉》、《庭中有奇樹》，一似《樂府古題要解》指出的：「《悲哉行》、陸士衡『遊客芳春林，春其傷客心』，謝惠連『羈人感淑節，緣感欲回沉』，皆感時傷別而已」。再像江淹的《別賦》：「君結綬兮千里，惜瑤草之徒芳」，這種巨大的失落感又怎能不令人爲之感喟：「春草碧色，春水淥波，送君南浦，傷如之何！」睹春景而鄉情生的有：「喧鳥覆春洲，雜英滿芳甸……有情知望鄉，誰能鬒不變」；⑦甚至這種複雜的情感還可以用來喚起人復萌故國之思，使降將頓發回歸之念：「暮春三月，江南草長……見故國之旗鼓，感平生於疇日，撫絃登陴，豈不愴悢。」⑧

南朝末到隋唐之際的宮體詩，使春恨基因得以在男女情愛意緒中進一步擴展。如蕭繹《春別應令》：「花朝月夜動春心，誰忍

相思不相見?」劉希夷《春女行》：「自憐妖艷姿，妝成獨見時；愁心伴楊柳，春盡亂如絲」；其《代白頭翁》更激越地唱出：「今年花落顏色改，明年花開復誰在?」連力倡漢魏風骨的陳子昂也有「但恨紅芳歇，凋傷感所思」⑨之句。

　　皇帝的專制，妃嬪宮女人性的被束縛，宮怨之作大量增多。春恨基因在這些視點立足於女性的作品中，又得到了進一步生發。如王昌齡的宮怨詩就頗得春恨之神。其《閨怨》：「忽見陌頭楊柳色，悔教夫婿覓封侯」；《西宮春怨》：「西宮夜靜百花香，欲卷珠簾春恨長」等，都每每為人傳誦。

　　都市的繁榮，一大批經常接觸文人且有著較高文化素養的職業歌手——青樓女子的出現，使含悲吐怨的春恨主題又抹上了新的淒涼色彩。從先秦巫娼、奴娼到兩漢的官妓與魏晉的家妓，賣笑買，歡笑買歡含悲吐怨的屈辱生活形成的娼妓文化，在六朝至唐代空前鼎盛。像蘇小小、薛濤、劉采春及名不可考的太原妓、武昌妓、舞柘妓等才華出眾的女性才人，都留下了不少千古傳誦的趣聞佳話，她們的活動亦極大地刺激了春恨文化的擴散。如薛濤的《謁巫山廟》：「惆悵廟前多少柳，春來空自鬥眉長」；襄陽妓的《送武補闕》：「無限煙花不留意，忍教芳草悲王孫」；《詞綜》卷二十五就收集著一些妓女填作的春恨詞章，像盼盼的《惜春容》：「而今老更惜花深，終日看花看不足」。這不能不在春恨之篇主要製作者男性詩人那裡喚起強烈的共鳴。相傳高駢就曾口占《楚辭》：「悲莫悲兮生別離，登山臨水送將歸」，而後，「使幕下續之，久未有應。有一妓進曰：『賤妾感相公之恩，續貂可乎?』」即收淚吟曰：「武昌無限新栽柳，不見楊花似雪飛」。竟引起「合座大加賞嘆，駢厚贈之。」楊慎以為：「其詩絕佳，雖使溫

李爲之，不過如此。」⑩男女不同的悲秋春恨文化心態在主題文學的網絡中找到了心靈的契合點。士易生秋悲，女易感春恨，在人生之旅中面臨著物換星移怎能不一拍即合！許多記載著痴情妓女不能得賞春容懷恨而死的故事與文人的悵憾息息相通。韓翃就曾憾深恨重地慨嘆：「章臺柳，章臺柳，顏色青青今在否？」⑪

　　傷時懷古，感物詠懷往往與悲慨人生苦短，不得盡歡的嗟怨並提，春恨基因更是每見其中。因爲懷古常常是登臨極目時所發，空間性的視覺感受向歷史時空縱向延伸；而春恨也是發自這種視覺感受，只不過其是由眼中所見橫向性地與主體自身現存在方式對應。諸如李益的《隋宮燕》：「燕語如傷舊國春，宮花欲落旋成塵」；韋莊的《台城》：「無情最是台城柳，依舊煙籠十里堤」等，均是以傷春發懷古之忱，或曰以懷古發春恨之慨。春光美景激發人生命意緒，更促動人將無窮的寄恨訴諸古人，以求互通款曲而稍慰心胸。雖則「人閒易得芳時恨，地迥難招自古魂」，⑫但人們終究耐不住芳春寂寥而春恨不已。王安石的「春風似舊花仍笑，人生豈得長年少」⑬和晏幾道的「春風自是人間客，主張繁華得幾時」⑭也是這方面的力作。

　　與相思主題一道，春恨的女性化特質，使得其在中國文學中的詩演變爲詞的過渡中起了重要作用。因其題材、格調、意味等等藝術的觸覺伸展到人的內心底蘊，能夠配合音樂獨到地表現中國文人與女性交往時微妙複雜的情感心態。如晏幾道《臨江仙》：「……去年春恨卻來時，落花人獨立，微雨燕雙飛」，本出唐詩。諸多唐詩名篇的春恨相思旨趣意境啓悟了詞作者的藝術思維。像五代翁宏《春殘》詩即謂：「又是春殘也，如何出翠微。落花人獨立，微雨雁雙飛」。年年春恨，春恨年年，這不僅僅是個別文

人的情緒體驗，而是對春的特質與愛情失意時時進行有機聯繫的整個文人階層的共性心態特徵。晚唐五代那些風雲氣少、兒女情多的詞集，幾乎離不開感物傷懷、觸目驚心的春恨模式，這是極明顯的。孫光憲《生查子》：「春病與春愁，何事年年有？半爲枕前人，半爲花間酒」。竟啓悟了《花間集》、《樽前集》兩部詞集的名稱，預示著通過這離不開女性的文人慨嘆，春恨愈加社會化的歷史走向。

　　「詩可以怨」。上述種種，也還不過是春恨主題中的旁枝變體，其主要趨向是人生自我感受的逐漸增強。而真正的春恨「正宗」，芬芳悱惻的屈賦的嫡傳弟子，還是那些以男女愛情來派生出的社會性比喻之作。其以自然物候、愛情人生爲表皮，社會內容爲血肉，主體自我意識爲神髓。如《詩經》中還只是「何彼穠矣，花如桃李」，用春季的桃李之花比喻女子容貌服飾，屈賦就發展爲比喻人才變質：「衆芳蕪穢」；漢人則詠嗟：「陽氣發兮清明，風習習兮和煖，百草萌兮華榮」；但「菫荼茂」，「薜芷凋」，這初春美景又有何用？以此來比況「貞良兮遇害，將夭折兮碎糜」。⑮後世春恨者則多將具體的春景描寫簡化，抒發類似的失意情懷，如唐戎昱《傷春》：「看花淚盡知春盡，魂斷看花只恨春。名位未沾身欲老，詩書寧救眼前貧？」

　　每逢亂世風雲特定文化氛圍的觸發，這種春恨正宗即勃然而興，南宋時曾達到空前的高峰。如辛棄疾詞：「昨日春如十三女兒學繡，一枝枝、不教花瘦。甚無情，便下得、雨僝風僽。向園林、鋪作地衣紅縐。　　而今春似輕薄蕩子難久。記前時、送春歸後。把春波都釀作、一江醇酎，約清愁、楊柳岸邊相候。」⑯

　　以大好春光的兩度流逝喻抗金時機的一失再失，對春天由熱

望至失望的複雜情感，使得哀忱悲慨分外凝重。它如《摸魚兒·更能消幾番風雨》、《漢宮春·春已歸來》等也如此。再看詞選家對並不大出名的《祝英臺近·晚春》的體會。原詞有：「是他春帶愁來，春歸何處，卻不解帶將愁去。」評曰：「前人詩詞中類似本句者很多，……本篇將傷春送別閨怨等等作爲譬喻，其本意實與《摸魚兒》、《賀新郎》諸篇相近。」⑰又如陳亮的《水龍吟·春恨》尤爲頗具美學眼光的劉熙載激賞：「『恨芳菲世界，遊人未賞，都付與，鶯和燕』，言近旨遠，直有宗留守大呼渡河之意。」⑱至此，春恨主題的總趨勢又轉向社會因素漸漸增強，直到明清近代，這種趨勢有增無減，春恨長河也裹挾著小說戲曲等抒情文學樣式（詳後），而抒情文學自身的春恨愈益直露，如晚清丘逢甲的《春愁》。

聞一多先生曾精當地論述過「魚」與「欲」的聯繫，認爲古人以魚以得水喻夫妻和美，進或推及君臣和諧。⑲春恨的原意與所象徵的廣泛的社會意義間也有著這種必然聯繫。用女子的傷時不遇來比附臣見失於君、士見棄於世，也是中國文人自我與現實人生建立聯想的一種心理範式，這在抒情文學中客觀地形成了一種整體性美學功能。誠如古人在此基礎上概括的：「善言詞者，假閨房兒女子之言，通之於《離騷》、《變雅》之義，此尤不得志於時者所宜寄情焉耳」；⑳「聲音發於男女者易感」。㉑分明見出春恨系列枝繁葉盛的內在美學原因，頗帶有對欣賞者接受心理的考慮。自然物候與人的自我本質一經結合，信息增量就會驟然顯現。

可見春恨主題具有較強的吸附力和包容性。許多作品以巧妙的用典，深切的寄托，著意將自然、社會與人生愛情的諸多物

理、生理、事理、心理等因素融爲一體，使懷古傷今、詠物感懷兼具並包。春恨主題由產生、發展到成熟、臻美，流傳廣遠，餘波不息，某種程度上正是借助於它給人聯想的特殊的無限性，而產生強烈持久的藝術魅力。

三、「天荒地變心雖折，若比傷春意未多」㉒

—— 春恨效應的實現過程

　　由自然、愛情角度去解悟人的自我意識，表現人的自我本質，要比由社會性直接地入手高明得多；幾種因素界限含糊一點，也似乎要比明確點出更高明。有時創作主體本意也未必就是鮮明的、單一的，有時也許確有所指，但一進入紛紜流動的春恨主題之中，讀者總可以從各個角度去認同，不知不覺地深入其中。葉燮曾總結道：「凡物之生而美者，美本乎天者也，本乎天自有之美也。然孤芳獨美，不如集眾芳以爲美。待乎集事在乎人者也。夫眾芳非各有美，即美之類而集之。」㉓這種「類而集之」就是借助了主題的系統整體性美感效應。中國文學史各主題系統均不同程度地偏得於此。春恨主題的深厚美感積澱和創作者們的慘淡經營，「使情成體」所凝結的有序化形式結構，正是對這種「類而集之」活動的自覺與不自覺完成。緣此可以充分調動欣賞主體的內在美感儲存，使之產生牽一動萬的想像聯想。如李白《愁陽春賦》：「試登高而望遠，痛切骨而傷心；春心蕩兮如波，春愁亂兮如雪；兼萬情之悲歡，茲一感於芳節。」㉔如果沒有主體深在的「萬情之悲歡」的「先結構」，就形不成對春光美景的一種「期待視野」，也就不會有面對「芳節」的特殊感受。也正

由於春恨基因象徵意蘊及其組成成分的複雜性、層次的豐富性、主體內部結構的多變性，因而它給予欣賞主題的聯想想像等積極活動又非單向式的、一次性的，而是一種發散式的、帶反復性的連鎖反應。

春恨具體可分爲兩種。一是面對初春、仲春美景所發生的怨春、恨春之情，見美景反生愁思，感傷自身本質沒有在人與人或人與社會的關係中得到應有的肯定，這是一種自我與對象同構異質的比照；而另一種，則是面對暮春殘景發出的惜春、憫春之悲，痛惋花褪紅殘、好景不長，聯想到自身在現實中的被否定和難於被肯定，如同春光難久，春去難歸，這是自我與對象間「同形同構」的印證，頗近乎悲秋。後者是由於暮春本身與秋在某種程度上暗合──暮春是春之暮，秋是歲之暮。任何事物都不是絕對的，一成不變。四季遞嬗的自然規律決定了春同人的青春盛年一樣要繼之以衰，像《老子·三十章》說的「物壯則老，是謂不道，不道早已」。於是審美主體自然就不時地從良春美景，進而聯想到花褪紅消：「君不見春鳥初至時，百草含青俱作花。寒風蕭索一旦至，竟得幾時保光華。日月流邁不相饒，令我愁思怨恨多。」㉖這種聯想極爲自然而普遍，連理學家們於此也不例外：「忽嚶鳴其悅豫兮，仰庭柯之蔥蒨。悼芳月之既徂兮，思美人而不見。」㉖上述兩種春恨的內在聯繫，又造成了兩者交織而難於判然而分。但春恨本質上的意義還在於前一種，包括前者向後者演變的過程。「春色無情容易去」，㉗春恨效應的實現過程，正是主體對芳春美景歸於紅消香落的心理體驗過程。人的生命意識在具有特定運動維度的景物面前，格外的強烈而勃動不已，引發出一種光陰不再的惜時嘆逝感，不滿於生命自身的現時存在形式。

有道是「故年花落今復新，新年一故成舊人。」㉘一切都要過去，那麼希望何在？現今的歷歷可人的情景不斷地遞變，預示著可怕的將來，不能不令人深思痛悟。在女子，是「望夫君兮咨嗟，橫涕淚兮怨春華」；㉙對青春、愛情面臨的有限的生命給定性無奈的恨恨；在男子，則更不免於援翰寫心：「凜然以金石自匹，猶不能忘情於春。則知春之所及遠矣，春之所感深矣，此僕所以撫窮賤而惜光陰，懷功名而悲歲月也。」㉚撫時嘆逝又不僅限於反思自我的存在，還由景及人，對人世遭逢中的機遇不再而惜憾。歲月無窮，春華短暫，人生也是沒有個不散的筵席，無法超越生命本身。所謂「年年歲歲花相似，歲歲年年人不同。」㉛由春恨延展爲對整個人生及其生命不永的無窮之恨。正由於自然界與人生命的運動規律都是由盛及衰的，多次的感知體驗又使得創作主體對自然對象未必非要有王夫之講的「現量之景」，而往往代之以「心中之景」，所以兩種春恨大多融合一處，參照補充。由前者思後者，由後者又追念前者。但二者終歸都是格式塔心理學上講的「同構對應」，是主體自我意識中對周而復始自然物候的一種對象化審美解悟。

　　在春恨主題系統結構中，社會、人生、自我、自然、歷史、現實等雜色紛紜的內容被熔鑄到具有象徵意義的意象群中，這種審美客體爲其系統新質不斷充實，系統各要素的協同，提高了其耦合度。㉜這對中國文人藝術思維的活躍，對民族審美情趣的陶冶、造就作用是不應低估的。就欣賞者的接受心理看，中國讀者尤其是中國古代文人，不是將文學作品單純而客觀地去進行表面化的理解，而是注重其「一」與「不一」的關係，努力發現對象中的「言外之意」，「韻外之旨」。春恨緣其欣賞主體幼年即飽受

熏陶並接受偏愛，形成的心理定勢又不斷地「同化」了後來陸續
輸入的外在信息，使之按照自我早已認同了的方式去理解、解
釋、引申、變換，於是，訴說自我與外在對象矛盾對立所造成的
深沉而又複雜的哀哀怨怨，春恨也就成了這種情感狀態與表現形
式的代名詞。

　　人與現實的尖銳對立，一般表現爲外在的與內在的。凡屬些
許小事，一時的饑寒榮辱，只是外在的，不足使志士仁人大爲動
情，「男兒有淚不輕彈」。而內在的哀痛，在人生的愛情、事業上
的重大挫折，都是堪爲情動於中的。自我本質不見容於現實，有
時並不以人的位高名顯等等因素爲轉移，因爲人的自我意識是永
不滿足的。春恨作品正是訴諸人們最熟悉、最切己相關的直接感
受的物象，閃現人堪爲動情的意識流動。作者、作品與讀者間的
共鳴諧振不僅局限於認識、意志、理想的一拍即合，更多的是觸
及心靈的深層心理的互感互通。人們由春恨作品片言隻語的觸
發，內心湧起衆多與之相關的意象與情思，由感知到通感，積極
的聯想中伴隨著無意識活動，在思考與評價外在自然社會對象的
同時，又以自身及其愛情、事業遭逢爲對象來反躬自省。而正因
爲「在內省過程中，明確區分現象的本身和現象的感受是不可能
的；……當我們試圖分析自己的感情時，我們就會失去這種感
情。」33所以，在對象與自我、理智與情感、積澱與衝動的多元
滲透、組合中，春恨主題給人以很大的藝術撞擊力。

四、「曾聞秋士最易生悲，況說傾城由來多怨」34

—— 春恨悲秋美感體驗比較

主要由於產生地域的關係，中國文學同季節物候關係極爲密切，而四季當中最爲人敏感的莫過於秋，其次是春。中國文學主悲，物候類屬的自然特質也就決定了悲秋多於傷春。而同爲悲怨，秋與春於人的情感關係又同中有異。如《優古堂詩話》指出：「陸士衡樂府『遊客春芳林，春其傷客心』，杜子美『花近高樓傷客心』，皆本屈原『目極千里兮傷春心』」；㉟《詩藪》認爲《九歌·湘夫人》寫秋景入畫，而《九辯》寫秋意入神，「皆千古言秋之祖，六代、唐人詩賦，靡不自此出者」。㊱這都極爲精闢地概括了前人春恨悲秋特定美感體驗及其形式對後人心理與抒情寫意傳統的巨大吸附力、聚合力，給人以一種永恆的藝術美感。但是「僅僅具有一定的相似之處和個別共同點的文學現象還不能認爲是同類型的，它們必須在某些根本素質上、結構上相互近似。同時，在概括類型時，相近的、共同的、相似的東西不是從個別的、特殊的東西之中完全抽象出來的東西，不是把一般和特殊截然對立起來，而是在它們的內在聯繫中揭示出來的。」㊲蘇聯當代美學、文藝學領域中的這種類型學研究方法對我們不無啓發。春恨悲秋兩大系列的確有許多內在聯繫和共同點，但它們畢竟是兩種不同的美感體驗，像屈原的比況和宋玉的詠嘆那樣，在美感體驗與表現形式上是各有側重，且是各擅勝場的。

人是自然界的一部分。自然物候特殊的規定性決定了春恨悲秋的大致指向性。「一年景，四季中，惟有春光好……韶光易老，休把春光虛度了。」㊳這是古人將春的特質與自身本質聯繫後形成的普遍性概念。春，這一自然物候中最美好、最宜人、最有價

值的季節，也是最應珍重的，它是生命力的象徵；而虛度春光，便是虛度大好青春年華的同義語。

「春者，陽氣始上，故萬物生」；「秋者，陰氣始下，故萬物收。」㉟春與秋，向來就是陰陽對舉的。對這兩個季節的直觀體驗，《毛詩正義》中的《七月》傳曾視主體的性別而劃分：「春則女悲，秋則士悲，感其萬物之化，故所以悲也。……言男女之志同而傷悲之節異也。」㊵此說本《淮南子‧謬稱訓》：「春女思，秋士悲，而知物化矣」。這就是說，春，女子較爲敏感，緣其春季這一自然物候溫潤、明麗，是萬物萌生的吉日良辰，是「杏花春雨江南」，如同女子的美貌年華。無怪乎早自《詩經》就用春的突出標記—— 桃花的意象比喻女子及其出嫁場景，以盛景烘襯盛年。這是符合心理學規律的：「彼此相似的刺激物比不相似的刺激物有較大的組合傾向，相似意味著強度、顏色、大小、形狀等等這樣一些物理性上的類似。」㊶物理作用於心理，因此，春恨不同於悲秋，後者多以黃昏、暮色、蒼白等冷調子組成一個個意象群，典型畫面是「鐵馬秋風冀北」。

就春恨來說，物之興衰可以周而復生，人卻盛年不再，於是黛玉的《葬花吟》吟出：「閨中女兒惜春暮，愁緒滿懷無釋處」。一懷愁緒難於排遣，因而悲與愁就常常轉化爲怨與恨。「曾聞秋士最易興悲，況說傾城由來多怨」。雖說如此變異，怨與恨的本質還是憂愁鬱結。愁極難免視物移情，甚至產生錯覺：「可憐楊柳傷心樹，可憐桃李斷腸花。」㊷（見出兩種春恨融合）美景春宵也不美了。進而杜麗娘不覺念出：「良辰美景奈何天，賞心樂事誰家院」；㊸有時是更爲深刻的自我反省：「料應是春負我，我非是辜負了春，爲著我心上人，對景越添愁悶。」㊹甚或有意識

地以美人春恨寄懷：「春且住，見說到，天涯芳草無歸路」，⑤圖
式化的聯想比附眞是屢見不鮮。淮南小山：「王孫遊兮不歸，春
草生兮萋萋」；⑥李煜：「離恨恰如春草，更行更遠還生；」⑦到
秦觀的「倚危亭。恨如芳草，萋萋剗盡還生。」⑧由春恨亦見出
封建時代女子的「紅顏薄命」，尤其是在愛情婚姻上的可悲命運。
由此作爲一種約定俗成的引申化比喻和象徵，借喻創作主體自身
理想情操人格之美不被珍重，自我價值得不到現實的應有肯定。

　　悲秋也由秋的自然物候特質所決定。《禮記·鄉飲酒義》有
「秋爲之言愁，秋之以時察（殺），守義者也。」故而其意象多是
冷瑟、淒暗。悲慨主體旣多爲男子，也就以人生事業上的際遇遭
逢爲主要內容，而非春恨之多容貌芳齡。每處逆境，有志向有抱
負的文人士子就對秋格外倚重關注，其實是借自然之秋爲中介過
渡，旨歸在詠嘆人生之秋、故國之秋、時代之秋。悲秋不單單著
眼於主體自身的生理年齡和秋給予人的物理性感受，而是偏重事
業、仕途現實處境上的「實際年齡」和靈魂深處的價值關懷。悲
秋也就成爲悲士不遇的特殊文化符號。

　　春恨悲秋主體上的男女性別之分，（春恨作者多是「男子作
閨音」⑨）內容題材上的相對側重，是中國封建社會男尊女卑，
男子佔絕對主導地位的社會習俗決定的。春恨意緒的情感基礎是
懷春、覓偶，透露著主體要在愛情生活中對象性實現的急迫。封
建社會女子以美貌妙齡爲生命，韶華逝去即失卻了生命的價值；
而男子不自立於世，庸碌無爲則枉爲鬚眉。因此悲秋的深層動男
是建功立業，散發著人生整體價值在社會結構中實現的殷切。在
禮敎瀰漫、儒家思想籠罩著的中國封建社會裡，悲秋之慨因符合
群體需要而較爲合理化；懷春之恨則因倡導個體需要，不符合節

欲美德而常受貶抑。這不單是與男尊女卑民俗心理有關，更是個體人性究竟在何種程度上爲儒家禮教所容忍的複雜的文化現象。錢鍾書先生在《圍城》中，曾風趣地諷刺世俗對這二者不同的態度。男主角方鴻漸稱「神寒形削」，向父母請求解除婚約：「邇來觸緒善感，歡寡愁殷，懷抱別有秋氣」；其父回信申斥：「汝托詞悲秋，吾知汝實爲懷春，難逃老夫洞鑒也……」(50)寥寥數語卻儀態萬方，點出了春恨悲秋各自豐富的文化內涵與不同的價值取向，非深通中國文化底蘊而不能爲此。會心的讀者若察其壼奧，當更覺意趣無窮。可見，細觀春恨悲秋之作，也就是在一個特殊的角度考察中國封建社會的風俗史。當然，由於創作主體組成成份及其社會地位，美感物化需要與情趣等關係，文學史上借春恨抒悲秋之慨的現象是比比皆是的。

「一葉落而知天下秋，一鳥鳴而知天下春」。春恨悲秋作爲悲嘆人生的信號，各自有著合規律性的撥動人感應信息神經的方式。「逢春觸處須縈恨，對景無時不斷腸。」(51)春恨主體在春光美景中感受的是自身沒有、缺少或即將失去賞美條件及內在價值的一種缺憾怨憤之情。春恨者必有不如意處，而悲秋卻可能單只是無可名狀的感傷。春恨是一種較爲痛楚的悲，外界美的特徵越突出，主體內心感受便越強烈；主客體之間質的距離越大，理性的因素亦隨之增強。而悲秋則是蕭瑟淒涼的節令帶給主體的一種順接聯想。悲秋較側重直覺而春恨側重內省。

阿恩海姆指出：「一棵垂柳之所以看上去是悲哀的，並不是因爲它看上去像是一個悲哀的人，而是因爲垂柳枝條的形狀、方向和柔軟本身就傳遞了一種被動下垂的表現性，那種將垂柳的結構與一個悲哀的人或悲哀的心理結構所進行的比較，卻是在知覺

到垂柳的表現性之後才進行的事情。」⑫這段話進一步印證了美感知覺可分爲兩個階段：客體本身所傳遞的表現性直接作用於人是第一階段，繼之而來的主體理性的物我比較是第二階段。主體對審美客體不是一種臨摹式的反映，而是由形得神，再與自我相融合。悲秋給予人的美感體驗頗爲符合上述過程，而春恨則較爲複雜。主體感知的是「樂景」，而這個樂景價值對主體是沒有意義的，於是經歷了一個否定客體性質的階段。客體的映現只是引起主體反思，這個反思本身就是對主體自我本質的一個否定。主體本質是規定性的，而反思也是規定性的。這個心理過程化爲藝術表現，正如王夫之《薑齋詩話》中講的「樂景寫哀」，「一倍增其哀」。這種樂景寫哀，恰恰是創作主體內心極度痛楚的一種否定性表現形式。此外，它往往更加肯定主體本質及其理想追求的堅定執著。

　　「夫詩，溫柔敦厚者也，不質直言之而比興言之，不務勝人而務感人。」⑬就美感物化的具體形式技巧上看，春恨悲秋除了直詠愛情人生的之外，春恨一般表現爲「比體」，將春之美與人的青春性格理想之美比附，春恨多體現爲美的難於久駐，美的價值得不到應有的肯定甚至竟遭毀棄；而悲秋則多表現爲「起興」，其不同於春恨之多喻，原因主要是春恨悲秋各自物候特徵及其與主體的微妙關係。悲秋之作多是篇首點染一下興起抒情，而後便在這淒涼哀怨的感傷氛圍中轉入正題。悲秋之作的以景結情，一般在渲染情味之後不再樓上疊樓，表現形式也似較春恨之作明快顯豁，雖則不如其激越亢奮。

五、「春風堪喜還堪恨，才見開花又落花」⑭

—— 春恨與民族審美接受心理

接受美學認爲，文學創作主體從來就同時是接受主題，在創作時的美感體驗不是從零出發，而是借助於先在於心的「前結構」（即「先結構」），因此其本是先接受了、又在不斷的接受中創作著。而一當人們對自然物候等美感體驗的最初信息載體問世，其就匯同著物候的恆常性成爲不斷作用於人的信息源，對主體產生了心理建構的作用。早期的文學作品《詩經》，最初即面臨著社會性的批評闡釋，如孔子的「興觀群怨」和春秋時期的「賦詩言志」，這不能不影響春恨主題的藝術傳播。文學批評與社會效應反饋於主題自身，而主題又給予批評與創作深遠的影響。

《國語·楚語上》有：「敎之《春秋》，而爲之聳善而抑惡焉……敎之《詩》，而爲之導廣顯德，以耀明其志……」。社會功利性的強調使得人們對春恨之作的解釋更多地在自我意識中達到了對其自然性的揚棄，而強化了其對社會人生的指向性，有時也將愛情生活描寫強行進行社會化比附。

我們知道，在民族文化心理結構構成中，思維方式是一個重要的機制。《荀子·大略》稱：「《易》之咸，見夫婦。夫婦之道不可不正也，君臣父子之本也。咸，感也，以高下下，以男下女，柔上而剛下。」《易·彖下傳》進一步解釋說：「天地感而萬物化生，聖人感人心而天下和平，觀其所感而天地萬物之情可見矣。」㊟這裡，陽尊陰卑與儒家的男尊女卑、君貴臣賤等倫理綱常有序化地聯繫起來。由於遵循「君子以類族辨物」的思維傳統，重視社會功利的漢代文學批評牽強附會地說：「《關雎》，后妃之德也……樂得淑女，以配君子，憂在進賢，不淫其色，哀窈窕，思賢

才，而無傷善之心焉。」此後的疏證等更是多爲闡發，由夫婦到父子、君臣朝廷以致「風化天下」。而我們許多論者總習慣於對此下幾句斷語，如「儒家詩學」、「道學頭巾氣」等，這未免失之簡單化。可以認爲，作傳作疏的古人未必非要有目的性地去按什麼觀點去曲解詩意，這實在與春恨等情感在人深層結構中的作用有關，人們是帶著屈騷比喩和諸多春恨之作造成的審美心理慣性去評價，這是一種美感驅使下觀念不由自主的泛化。

　　當然，哀傷怨悱的屈賦對《詩經》的繼承早爲人知，這種繼承不只在《國風》。清人指出：《大雅》中的《瞻卬》、《召旻》二詩，「皆憂亂之將至，哀痛迫切之音。賢者遭亂世，蒿目傷心，無可告愬，繁冤抑鬱之情，《離騷》、《九章》所自出也。」㊶有賴於此，深得春恨之神的屈賦才在情感上深化發展，成爲春恨主題的眞正源頭。其誘使評論者偏離作品客觀實際，往往像擬作者的情形一樣，「在對歷史上某些事件發生興味時，設身處地，幽然思古，試著想彌補一些歷史的缺憾，給它多增加一點完滿性和戲劇性」。㊷不光對先秦作品，對漢唐之作也如此闡發。陳沆的《詩比興箋》在這方面即是一個突出的代表，如其在古詩十九首《青青河畔草》下箋曰：「《楚辭》……『惟草木之零落兮，恐美人之遲暮』，然則感盛年之易阻，而傷遇合之不再，固放臣同情也……案『倡女』者，未嫁之名，以譬己未遇時；『蕩子行不歸』，則譬仕吳不見用也；『難獨守』者，云行有反期，君恩終償還也。」這也是從反面證實了春恨主題涵括內容的廣泛性、可延展性，不確切的議論反倒點出了主題的複雜內涵與社會性的本質。

　　歷史上的這些文學批評雖有偏頗，畢竟在客觀上制約了春恨

主題的社會性趨向。而這種趨向又加大了文學批評偏離作品實際的歧異度。統治者乘機利用之，「不關風化體，縱好也徒然」，某種程度上限制了創作主體情感層次與表現方法的豐富性，限制了文學批評理論的系統性、思辯性總結以及在虛靜、意境、韻、味、情、理等範疇之外的領域中去探討。

日本學者指出：「就文人文學來說，『閨怨』詩的本來模式是男性以女性爲主人公或借女性的心進行歌詠，而且可以說詠男女之情的詩幾乎全部如此。這是中國這類詩的重大特色。」⊗此論雖有偏頗處，但從接受美學角度看，古代文學有涉男女之情的諸多抒情作品，的確可以用「春恨」主題模式的角度去解悟闡釋，春恨的本質是借特定的物候與女性的口吻發自我本質不得實現的恨憾之忱，是中國文人心態的獨特的寫照。作爲一個文學主題，春恨主要存在於古代抒情文學中，還向戲曲小說等敘事文學延伸。如中國戲曲多在唱詞中抒情，「春恨」往往是曲中最精彩的「務頭」之一。如《牡丹亭》中的杜麗娘，正是通過春恨，抒發了許多難言之憾，內心隱衷，以及那種對美好自然與青春的嚮往，對自由與愛情的熱望。這是被束縛的人性的解放。而有了自我意識的覺醒，才會見出春景的不同昔日：「憑今春關情似去年？」聯想自身美貌青春不爲人賞：「天啊！春色惱人，信有之乎？常觀詩詞樂府，古之女子，因春感情，遇秋成恨，誠不謬矣！吾今年已二八，未逢折桂之夫，忽慕春情，怎得蟾宮之客？……」⑤春恨文化積澱於小說中也不勝枚舉，其往往同人物性格尤其是女性心理緊密聯繫著，如「嗟怨，自古風流悮（誤）少年，哪堪暮春天」，「空敎我黛眉蹙破春山恨」；⑥在多如過江之鯽的明淸小說（特別是以才子佳人爲中心人物的言情小說）中，

春恨之於女性的心理描寫幾乎是不可或缺的。很難想像，如果沒有「春恨悲秋皆自惹，花容月貌爲誰妍」㉑人格化的寫照，古典小說的傑作《紅樓夢》意韻風神該是如何。不難理解，許多古典小說戲曲成功的秘訣之一，就是借助了春恨悲秋等主要由抒情文學作品造成的審美文化積澱，使欣賞者們讀曲觀文而生詩詞之意境，感古今之情理。「類化」的思維方式既造就了春恨悲秋等文學主題，也是促動創作者自覺不自覺地將春恨等基因滲入戲曲小說諸體裁的一個重要根源。

春恨主題進入明清後向戲曲小說的延伸滲透，與悲秋主題等一道，促進了中國文學中再現與表現因素的進一步融合，濃化了叙事性作品中的表現性，特別是在再現中注意主體情感意志的自我表現。這也是推動明清感傷文學思潮興起繁榮的動力之一。與此同時，春恨又聯合著悲秋等主題，延緩了戲曲小說等文學樣式的成熟臻善，儘管其用多渠道滲透的方式促進了後者的民族化形式，畢竟是利弊互見的。因爲春恨悲秋系統雖有著內在複雜的組合排列，使得中國文學有著多層面的內在組織，較強的民族色彩與獨立性、同化力（這不過是成因之一），但畢竟由於「這種結構的本質經歷許多世紀仍舊不變」，㉒也就不能不讓我們承認，春恨悲秋影響所致，使中國文學情感因子不夠豐富多樣，使側重再現的戲劇、小說發展成熟較晚，抒情文學中直抒胸臆之作不多等等。更重要的是它誘使創作主體大多不願用前人未體驗的情感、方式來構思創作，作品的因襲成分濃重。彷彿大凡抒情都要經過自然物候的三棱鏡折射，透過哀怨悲戚的濾色鏡正色，否則便不能含蓄蘊藉、情深意摯似的。㉓西方力主「摹仿自然」，我國則總要借自然抒發情志；西方側重分析再現，我國則偏愛直覺

內省。由春恨主題看中西方審美觀念上的差異是十分顯明的。春恨主題的存在是導致古典文學、美學、文論，特別是審美理想、審美習慣上中西方大爲異趣的一個深在文化原因。

在中國古代文學中，春恨主題的地位稍遜於悲秋主題，但其與相思主題、女性文學的聯繫卻相當密切。僅由上述亦可看出，我們發掘並剖析該主題，有助於於文學史上諸多現象的宏觀理解、評價及發展歷程的把握描述，對最能體現詩人、作家深層心理結構中的自我意識運動規律的綜合研究，同樣是極有意義的。

註　釋

①賈至：《春思》，《全唐詩》，第586頁。

②卞承之：《懷春賦》，《全晉文》，第2268頁。

③《孟子譯注》，中華書局1980年版，第255頁。

④〔保〕基·瓦西列夫：《情愛論》，三聯書店1984年版，第42頁。

⑤陳廷焯：《白雨齋詞話》卷一，人民文學出版社1983年版，第5頁。

⑥李商隱：《代贈》，《全唐詩》，第1368頁。

⑦謝朓：《晚登三山還望京邑》，《先秦漢魏晉南北朝詩》，第1431頁。

⑧丘遲：《與陳伯之書》，《全梁文》，第3284頁。

⑨《感遇詩三十八首》之二十九，《全唐詩》，第212頁。

⑩《升庵詩話》卷九，《歷代詩話續編》，中華書局1983年版，第806頁。高駢，一說爲韋蟾，韋書此詩句後，「有妓起口占二句，無不嘉賞，蟾贈數千納之。」參見王書奴：《中國娼妓史》，上海三聯書店1988年版，第92—93頁。

⑪《全唐詩話》卷二，《歷代詩話》，中華書局1981年版，第100頁。

⑫韓偓：《春盡》，《全唐詩》，第1715頁。

⑬《胡笳十八拍》，《王文公文集》，上海古籍出版社1974年版，第867頁。

⑭《與鄭俠絕句》，參見吳曾：《能改齋漫錄》，上海古籍出版社1960年版，第214頁。

⑮王逸：《九思·傷時》，洪興祖：《楚辭補注》，中華書局1983年版，第323—324頁。

⑯《粉蝶兒·和晉臣賦落花》，《全宋詞》，第1919頁。

⑰俞平伯：《唐宋詞選釋》，人民文學出版社1979年版，第191頁。

⑱《藝概》，上海古籍出版社1978年版，第111頁。

⑲《說魚》，《聞一多全集》第1冊，三聯書店1982年版。

⑳朱彝尊：《＜紅鹽詞＞序》，參見《詞學集成》卷五，《詞話叢編》，中華書局1986年版，第3265頁。

㉑陸以謙：《＜詞林紀事＞序》引郝氏語，中華書局1959年版。

㉒李商隱：《曲江》，《全唐詩》，第1377頁。

㉓《已畦文集》卷六，見《中國美學史資料選編》下冊，中華書局1981年版，第324頁。

㉔王琦注：《李太白全集》，中華書局1977年版，第21頁。

㉕鮑照：《擬行路難》，錢仲聯：《鮑參軍集注》，上海古籍出版社1980年版，第243頁。

㉖朱熹：《感春賦》，《朱文公文集》卷一，四部業刊初編縮本，上海商務印書館版，第63頁。

㉗歐陽修：《玉樓春》，《全宋詞》，第132頁。

㉘沈炯：《幽庭賦》，《全陳文》，第3478頁。

㉙李太白：《惜餘春賦》，《太李白全集》，第19頁。

㉚王勃：《春思賦》，《全唐文》，第1798頁。

㉛劉希夷：《代悲白頭翁》，參見《管錐編》，第1484頁所收諸例。

㉜「耦合」爲物理學術語，指兩個（或兩個以上）體系或運動形式之間通過各種相互作用而彼此影響的現象。

㉝〔丹麥〕玻爾：《原始物理學和人類認識》，商務印書館1964年版，第30頁。

㉞《長生殿·汪序》，見《長生殿》，人民文學出版社1980年版，第228頁。

㉟丁福保輯：《歷代詩話續編》，第242頁。

㊱胡應麟：《詩藪》內編卷一，上海古籍出版社1979年版，第5頁。

㊲〔蘇〕M.赫拉普欽科：《關於文學研究中的幾個基本方向》，《俄羅斯文學》1973年第1期。

㊳《金瓶梅詞話》第四十六回，人民文學出版社1985年版。

㊴《管子·形勢解》，見《管子》卷二十，四部叢刊初編縮本，上海商務印書館版，第113頁。

㊵《十三經注疏》，中華書局1980年版，第122頁。

㊶〔美〕克雷奇等：《心理學綱要》下冊，文化教育出版社1980年版，第62頁。

㊷劉希夷：《公子行》，《全唐詩》，第210頁。

㊸《牡丹亭·驚夢》，人民文學出版社1984年版。

㊹《金瓶梅詞話》第六十一回，戴鴻森校點，人民文學出版社1985年版。

㊺辛棄疾：《摸魚兒》，《全宋詞》，第1867頁。

㊻《招隱士》，洪興祖：《楚辭補注》，中華書局1983年版，第233頁。

㊼《清平樂》，張璋、黃畬編：《全唐五代詞》，上海古籍出版社1986年版，第459頁。

㊽《八六子》，《全宋詞》，第456頁。

㊾田同之：《西圃詞說》，《詞話叢編》，第1449頁。

㊿錢鍾書：《圍城》，人民文學出版社1980年版，第8頁。

○51朱淑貞：《傷別》，《斷腸詩詞》，長春市古籍書店1983年版，第68頁。

○52《藝術與視知覺》，中國社會科學出版社1984年版，第615頁。

○53《毛詩鄭氏集》中焦循語。

○54雍陶：《過南鄰花園》，《全唐詩》，第1314頁。

○55徐志銳：《周易大傳新注》，齊魯書社1986年版，第202頁。

○56吳闓生：《詩義會通》，中華書局1962年版，第243頁。

○57王瑤：《中古文學史論集》，上海古典文學出版社1956年版，第81頁。

○58村上哲見：《唐五代北宋詞研究》，楊鐵嬰譯，陝西人民出版社1987年
　　版，第215頁。

○59徐朔方校注：《牡丹亭》，人民文學出版社1984年版，第44頁。

○60《金瓶梅詞話》第五十二回。

○61《紅樓夢》第五回薄命司對聯。

○62〔美〕韋勒克、沃倫：《文學理論》，三聯書店1984年版，第164頁。

○63參見拙文：《篇末言悲、曲終奏雅── 先秦文學中的一種抒情模式及其
　　演變過程》，《中國人民大學複印報刊資料》J₂專題1987年第12期。

中國古代文學的遊仙主題

　　文學的本質，是創作主體對現實與自身的一種超越。它無疑帶有現實與歷史印記，但這印記是通過作家詩人心靈振蕩而記錄的。談起遊仙主題，人們自然會想起魏晉南北朝時期的遊仙詩，其實後者不過是整個中國文學中該主題歷時性發展的一個階段，雖重要而遠非全部。遊仙是莊、屈傳統、巫系文化與人超現實審美理想的組合體。由於這涉及神話、宗教、哲學、民俗心理等一系列複雜的問題，我們只能以文學作品為主，略及其餘，作一淺略探析。

一、「安得不死藥，高飛向蓬瀛」①

—— 遊仙主題的文學史討源

　　古神話中遊仙意識即已萌芽。儘管文獻殘佚，若從月神嫦（姮）娥與不死藥的傳說中考察，仍可見一斑；與之相關的伐桂者吳剛，即為後世的學仙人。②原始巫教誠然是遊仙意識滋生的心靈土壤，伴隨現實苦痛的撞擊與不斷理論化的哲學、美學觀念，又使之趨向成熟。側重在擺脫現實苦難而明確理想境界尚未出現的《詩經》，還找不出真正的遊仙作品。《魏風·碩鼠》的不甘殘害，「逝將去女，適彼樂土」；《小雅·四月》的遭亂自傷稱，

「匪鶉匪鳶，翰飛戾天」，憧憬的所在均尚模糊朦朧。又《邶風·泉水》、《衛風·竹竿》因歸鄉不得的「駕言出遊，以寫（瀉）我憂」，借出遊行國排遣愁悵，但究竟遊向何方才能恆久而非暫時，實在而非空幻地開釋郁懷，也未可知。朱熹《詩集傳》謂《邶風·簡兮》：「『西方之人』者，嘆其遠而不得見之詞也。」似乎約略感覺出了一個遠不可及的非現實世界的存在。《小雅·大東》寫牛女星宿，以非人間形式喻現實生活內容，啓仙遊想象之端。正由於體認到人生「如彼雨雪，先集維霰」③，肉體生命爲時有限，於是期待「君子萬年，永錫祚（福祿）胤（子孫）」。④企冀生年持久的幸福與種族不盡的延續。主題發軔《詩經》大致表現有三：一爲脫離苦難現實，移換環境；二爲暫時變更主客格局、解憂遣煩；三爲實心實意地祈求生命的永恆。

其實在嘏辭中即有「祈黃髮」，寧老而勿死的癡願。本能欲求在外界苦痛刺激下，觸發了人力圖改變自身與現實關係的要求。到底是神仙西來還是本土自生，今尚存疑。但戰國後期神仙思想產生，無疑使遊仙主題脫去了胚胎形態。屈原《離騷》中光怪陸離的神仙世界，《九歌》中楚楚動人的男女衆神，《九章·涉江》「登昆侖兮食玉英」，「駕青蚖兮驂白螭」等意境畫面，都明顯地要引人進入虛幻的天國世界中。具有理想人格的神話人物彭咸在《離騷》中兩見，《九章》中五見。近人已指出彭咸即巫咸、巫彭，敬神事鬼意愈分明；且作者臨死時還行將往彭咸居處，旨在達到一種完善的神仙境界。《遠遊》更是被稱爲「後世遊仙詩之祖」。⑤儘管如前輩學者指出的，由於詩中出現了道家煉氣養生和赤松子、王喬、韓終等神仙家的神話，其大概不是漢以前的作品，但它畢竟文辭華美，「是神仙家盛行以後一篇較早的流傳

到現在的遊仙詩，在《離騷》與魏晉遊仙詩之中做一個橋梁。」因此可以說，「遊仙在漢樂府中是一個常見的母題。」⑥這個母題從曹氏父子遊仙之作的許多題目上就可以看出來，而這些是始自《楚辭》，特別是其中的《離騷》和《遠遊》的。顯然，《遠遊》的內在神理與《離騷》略有別，像「貴眞人之休德兮，美往世之登仙，與化去而不見兮，名聲著而日延。仍羽人於丹丘兮，留不死之舊」邦等等。其遠遊是爲了輕舉離世，與《離騷》等篇的「遠逝以自疏」和遠遊求索有異其趣，但仍屬《離騷》系列中的。《遠遊》介乎遊仙主題兩大分支之間，於是影響頗巨。

不過，《遠遊》並未能同化了《離騷》，主要靠著以後者爲代表的屈賦仙遊意趣開創了遊仙主題的另一分支。它重視「坎懍詠懷」而非實心實意地求仙。而作爲主題的另一分支——《詩經》的脫俗遠遁務實精神由秦漢方士壯其勢，像秦始皇《仙眞人詩》、漢武帝欣賞的祝壽樂府則突出表現爲一種神學旨歸。劉安《八公操》：「馳乘風雲，使玉女兮；含精吐氣，嚼芝草兮」；漢樂府《王子喬》《董逃行》、《善哉行》、《西門行》、《仙人騎白鹿》、《太眞》、《馬明》等一脈相承。大賦如《上林》、《子虛》、《七發》等寫珍禽異獸也伴有偓佺、靑琴、宓妃諸仙，那種奢華的遊獵場面氣勢非凡，幾近仙境。《大人賦》更有「悲世俗之迫隘兮，揭輕舉而遠遊」，諸多的神名和仙遊聖處（弱水、流沙、蔥極、三危、閬風、陰山等）歷歷在目。揚雄《太玄賦》：「載羨門（仙人）與儷遊兮，永覽周乎八極」，其《甘泉》、《河東》、《羽獵》諸賦類似語甚多。後漢外戚宦官之爭日烈，戰爭瘟疫並作，時人惶恐，方術風熾，遊仙神秘感濃化加深。張衡《思玄賦》：「願得（松喬）遠度以自娛，上下無常窮六區」；仲長統《述志詩》：「翺遊

太清，縱意容冶」等，仙語滿口。《後漢書·方術傳》等諸多鬼怪異事及死期預測之載，亦見出人們因亂世遭逢愈益關注人生。

曹操《氣出唱》、《陌上桑》、《秋胡行》、《精列》諸作，都在人道短天地久的惜時嗟嘆中企求與神人俱遊。《藝文類聚》卷七十八所載曹丕、曹植《遊仙詩》最早以遊仙命題。曹丕《折楊柳行》雖言：「王喬假虛辭，赤松空垂言」，但《芙蓉池作》又自慰：「壽命非金石，誰能得神仙？遨遊快心意，保己終百年。」在《秋思賦》中發出：「松喬難慕兮誰能仙」的曹植，也是不信仙而為精神上超脫愉悅。曹植遊仙是在理想不得實現逆境下，不得已而轉向人格追求的。《五遊詠》的「王子奉仙藥，羨門進奇方」；《苦思行》裡的「下有兩真人，舉翅翻高飛；我心何踴躍，思欲攀云追」等，在滿是不現實的期待與憧憬中，透露了深重的現實感。繼《楚辭》後，主題第二個高峰的降臨實現了其本質上的精神意義。

正始文人多在一種對現實深切憂憤的情緒裡傳達仙遊渴望。嵇康的「思與王喬，乘雲遊八極」⑦，「比翼翔雲漢，飲露餐瓊枝」⑧和《遊仙詩》等，恰如顏延之的《五遊詠》所評：「中散不偶世，本自餐霞人」。惟其不偶世，才思餐霞得仙。阮籍《詠懷》部分作品也體現了卓爾不群，玩世不恭的仙思。如其十五：「千秋萬歲後，榮名安所之？乃悟羨門子，噭噭今自嗤。」向往建功立業的社會取向轉而偏向了求仙祈命的現世追求。故清人陳祚明《采菽堂古詩選》予以深刻的揭示：「阮、嵇輕世肆志，所托不群，非真欲仙也，所願長與俗人別耳。」何劭《遊仙詩》：「抗跡遺萬里，豈戀生民樂，長憶慕仙類，眇然心綿邈」；成公綏《遊仙詩》：「盛年無幾時，奄忽行欲老，那得赤松子，從學度仙

道」等又轉爲實心實意想遊仙延命。隨著人們對自然山水感受力日增，張華、張協的《遊仙》，陸機《招隱詩》等，遊仙與遊山並舉，至郭璞集其大成。「登岳采五芝，涉澗將六草」已表明其處隱生活體驗；「朱門何足榮，未若托蓬萊」，「長揖當途人，去來山林客」，更見出其高蹈世外的歸宿是自然山水而非仙宮玉闕。主題至此又昇華爲新的境界。王逸早就點出遊仙與隱居相似之點，⑨這時益見明朗化。雖天上人間有別，二者內在精神都是要遠離塵世紛爭，求得內心的愉悅充實。沉浸在欣賞音樂的藝術境界裡，人們可以仙思頓起：「餐沆瀣兮帶朝霞，眇翩翩兮薄天遊；」⑩「子喬輕舉，明君懷歸」；⑪重溫自然美觀照體驗時，人們也可以織進去玄風仙趣：「海童之所巡遊，琴高之所靈矯」；⑫「覿安期於蓬萊，見喬山之帝像」。⑬如果說，中國文學中的生死主題極爲重視山的意象，那麼，遊仙主題則是將山、海與天空的意象匯合貫通，雜出並用了。神話中的昆侖系統、蓬萊系統與天空系統，⑭共同組成了仙遊之境。又如《博物志》中「八月浮槎」的故事，講凡人由大海進入天河，恍如眞歷。自然之美與人工之美，想象與現實被如此緊密地聯繫起來了，渾融難分。而道教的服食煉丹求仙活動與佛教禪宗的超脫塵世謀求淡泊寧靜又殊途同歸，種種文化與審美上的原因將主題推向繼楚騷、三曹遊仙之作的第三個高峰期。

陶淵明《讀山海經》等也脫不開仙遊之誘：「恨不及周穆，托乘一來遊」（之三）；「我欲因此鳥，具向王母言：在世無所須，惟酒與長年」。（之五）《桃花源詩》尾曰：「願言躡輕風，高舉尋吾契。」（志趣相投者）不過，他更多的是寄望於田園逸隱：「天道幽且遠，鬼神茫昧然」；⑮「即事如已高，何必昇華嵩？」⑯仙

隱異轍而旨同，何必捨近求遠。遊仙遐想刺激了山水田園文學內在的美學因子的活躍。此前的謝安、孫綽和此後的陶弘景、周顒等，以遊仙訪道、隱逸山林爲曲通仕途之術，遊仙之願已不再像魏晉時那麼轟轟烈烈。南北朝經濟的發展，生活的相對穩定；尤其是佛教講究生死輪回帶給人心理上的慰藉寄托，某種程度上又沖淡了遊仙之念。

唐代統治者尊道教爲國教。《唐摭言》、《才調集》載文人上表請爲道士者，《唐會要》等載入道爲女冠的公主、宮女甚多。《舊唐書·隱逸傳》言時人走「終南捷徑」者亦比比皆是。主題至此又蔚爲大觀。當首推「五岳尋仙不辭遠，一生好入名山遊」⑰的李白，其仙遊詩賦充滿了近乎屈原的鬥爭勇氣和憂患情緒。自然山水的雄奇壯麗，自身價值的洋洋氣勢，出處不拘的人生態度，顯示著實實在在的人生追求。粗獷奔放又樂觀明朗。李賀詩中的鬼氣仙氛則構製了苦思幻設的另一種審美境界，精工細密而淒清幽暗。李商隱詠女冠、寄鬱懷、諷皇帝學仙，朦朧迷茫的仙宮神闕裡透出一種纏綿繾綣之致，交融著濃郁的生活情趣。白居易雖也有《海漫漫——戒求仙》，自稱：「不言藥，不言仙，不言白日升青天」，但反彈琵琶之語正像自《招魂》和東漢魏晉就有的「反遊仙」之類作品一樣，並不影響其筆下仙景神境給人的感染。又《長恨歌》、《長恨歌傳》均以幻境仙圓作結。唐傳奇《柳毅傳》、《遊仙窟》、《李章武傳》等皆承《幽明錄·劉晨阮肇》等洞窟奇遇傳說，把美女麗媛稱爲仙人、仙女，以美妙仙境寓人間男女恩愛之所，仙氣神氛中洋溢著撲面可感的人間煙火味。道士兼文人的杜光庭、吳筠、曹唐等輩，不僅在其仙篇創作中寄寓了一定的宗教理想，還表露了男歡女愛等生活情趣。

　　曹唐的《大遊仙詩》今存十七首，基本上是漢魏遊仙故事與傳說的敷演復述。施蟄存先生懷疑：「這些詩都是當時說唱故事的人用作插曲的，正和《李娃傳》之有《李娃歌》、《馮燕傳》之有《馮燕歌》一樣……詩與故事的發展配合的」。⑬不光凡人思仙，仙亦思人，說不盡的悵惘寂寥。至若《小遊仙詩》九十九首，尤其具有同宮詞相近的意味。作品將神話、仙話、傳說和仙遊詩賦等熔爲一爐，辭采明艷，畫面斑斕，凡穆天子、九天王母、嫦娥、武帝、玉皇、叔卿、太一元君、絳闕夫人等人接連登場，男女慕戀與仙宮企羨結爲一體，顯示了相思主題與遊仙主題的合流。宋人郭茂倩《樂府詩集》卷七十八選收唐人僅《步虛詞》就有三十五首，卷六十三、六十四也選了多首。林大椿輯《唐五代詞》所錄呂岩（洞賓）詠道家思想的詞亦有四十餘首。繼這第四個高峰之後，遊仙主題便開始衰落了，但衰而不亡。

二、精神超越與肉體永恆

── 遊仙主題內涵的兩大層面

　　遊仙思想的成因是複雜、多元的。在人類對肉體生命與精神理想永恆和幸福追求的過程中，形成了對現實世界、現有文化的否定意識，由此派生出變革現實超越塵世的心理，設想一個非現實性的神仙世界，遂產生遊仙動機。

　　《說文》無「遊」字，段注「游」：「又引申爲出游、嬉游，俗作遊。」《廣雅·釋詁》：「遊，戲也」。但遊仙最初非同兒戲，乃是古人認眞努力要去實現的高度理想化人生境界。《說文》又謂：「仚（仙），人在山上貌，從人山」，又作「僊」，「僊，長生僊去，

從人 。」《釋名，釋長幼》：「老而不死曰仙。仙，遷也，遷入山也。」可見遊仙重要基質與理想是人生的永恆。前述「不死藥」傳說和金文、《詩經》祈壽文字，顯示了初民癡願生命長在，而要越此死亡鐵限，不可能存望現世。於是早在原始巫術中，人們便向超現實世界中探尋。《周易·觀卦象辭》有：「聖人以神道設教而天下服矣。」《尚書·伊訓》載祈神儀式：「恆舞於宮，酣歌於室，時（是）謂巫風。」《漢書·地理志》中對楚俗尚巫的記載和屈原改造的《九歌》娛神歌辭，特別是《史記·封禪書》載戰國末期燕齊神仙方士的活躍，形成了先秦到秦漢訪藥慕仙的時代氛圍。「夫神仙之法，所以與俗人不同者，正以不老不死爲貴耳。」⑲但主題開山祖師屈原和莊子，其遊仙卻基本上限於精神世界的「形而上」運動。

對現實厭棄至於絕望了的莊子，力圖達到精神絕對自由而獲取至道的聖境。於是爲求得精神實體超脫，手段與目的合一：「至人神矣！大澤焚而不能熱，河漢沍而不能寒，疾雷破山而不能傷，飄風振海而不能驚。若然者，乘雲氣，騎日月，而遊乎四海之外。」⑳我們從「遊心於淡」，㉑「遊心於無窮」，㉒「心有天遊」，㉓「且夫乘物以遊心，托不得已以養中，至矣」㉔等想落天外的哲思中，可充分了解到其要達到的是「精神四達並流，無所不極，上際於天，下蟠於地」㉕的超凡入聖之境。緣此不能不欽羨藐孤射之山的神人，卓然世外。

同樣不滿現卻始終「懷瑾抱瑜」、希圖匡世的屈原，其本體完善爲的是得到外界認同肯定，他遊仙的手段目的矛盾。所謂「以仙比俗」追求變革之徑恰恰是宣告此路不通。《遠遊》「臨不死之舊鄉」雖是出於無奈；「悲時俗之迫厄兮，願輕舉而遠遊」

的確開啓了中國文人困擾於現實而遊仙抒懷的基本格局。㉖如果說，莊子遊仙是主動的、樂觀的；屈原遊仙則更多帶有被動、悲劇式成分。兩種遊仙格調實爲兩種人生態度，染及整部作品風貌，明人謂：「蓋屈原、莊周皆哀樂過人也，哀者毗（連接）於陰，故《離騷》孤沉而深往；樂者毗於陽，故《南華》（《莊子》）奔放而飄飛」。㉗是爲至論。因爲二者一爲標舉仙遊，闡明道理：一爲假托遊仙，抒寫情致懷抱。所以《莊子》側重揭示遊仙的目的，輕鬆愉快地談論眞人、神人；屈賦則筆調深婉地描述遊仙過程，展示怡恍迷離、五色斑斕的神界風光。莊、屈都不安於現世，《逍遙遊》尋求的是自我解脫，是對現世全部否定後的豁達；《離騷》則是以出世行入世，是對現世部分否定而又不甘於這種否定的執著。

　　歷代帝王看重的肉體久存也是人本能要求的眞實祖露。近人謂：「蓋我國人之思想，事事必求其圓滿，專制時代之爲皇帝者，已屬無上之尊，而貪心猶未已。秦皇漢武，至欲求長生不死之術，亦其例也。」㉘這種求生慕仙之舉在戰國時齊威王、宣王、燕昭王時便開始了。《史記·封禪書》云：「自齊威、宣之時、騶子之徒論著終始五德之運，及秦帝，而齊人奏之，故始皇採用之。而宋毋忌、正伯僑、充尙、羨門高最後，皆燕人，爲方仙道，形解銷化，依於鬼神之事。」這本不足爲怪，因爲《左傳》中就每多將星相災異夢驗等與人事禍福聯繫之語。㉙殷的「率民以事神」，周的「以德配天」、「救德保民」傳統爲秦漢統治者們承繼，一本正經，煞有介事地去「郊祀」、「封禪」，祈年禳災，此都無非是要在處理現實與非現實、人與自然的關係中去把握、完善與提高人的自我價値。方士神仙家的思想匯集著蛻變了的道

家離世抗俗的精神趨向，成爲漢初意識形態的中心。至於儒家「天人感應」雖未矚目世外，其是立足現世的「治國平天下」；然而其「天人合一」與遊仙的追索一個相對於人世的彼岸世界，這在本質上仍不無相通之處。《淮南子》的《精神訓》即自覺利用陰陽五行學說解釋宇宙人生，《俶眞訓》承《莊子》而大談超越時空的「眞人」；《史記》中的《留侯世家》言張良在天下大定後「欲從赤松子遊」、「乃學避穀，道引輕身」；托爲宋玉作的《高唐賦》稱：「有方之士，羨門、高谿、上成、鬱林、公樂、聚穀、進純犧，禱璇室，醮諸神，禮太一。」這同司馬相如的《上林賦》「靈圉（衆仙）燕於閑館，偓佺（仙人）之倫暴於南榮」何其相似乃爾！漢樂府《長歌行》亦云：「仙人騎白鹿，發短耳何長，導我上太華，攬芝獲赤幢。來到主人門，奉藥一玉箱。主人服此藥，身體日康強。髮白復更黑，延年壽命長。」清人謂：「《樂府》祝頌者多，每言延年康強，作神仙語。後人擬古言神仙以此。然樂府頌君，古詩言志，旨各不同，志有所寄可耳，不宜概襲。」㉚見出這類祈壽頌福諸作正是務實式遊仙意識的藝術實踐。而與之呼應的煉丹仙術的實行則是對遊仙祈命目標技術上的探索。葛洪《抱朴子》，這部在中國醫藥史、科技史上的重要著作，就至少在動機上看不乏孜孜進取的科學求實成分，不應一概抹煞。

由此看來，難怪歷代仙篇作者知其虛妄而偏要屢言煙霞之志了。祈年煉丹與遺世神遊具有某些內在要求上的相似點。它們都是人自覺地認識到主體重要性的反映，只不過選擇保全、完善與發揮主體性的途徑方式不同。「只有當主體認識到自己是精神的具有自我意識的唯一的實在，有理由怕死，把死看作對自己的否定時，他才意識到上文所說的生的無限價值。」㉛東漢末流行民

間的《太平經》已初步建立了神學宗教意識形態及經典敎義，其即講究「夫天道惡殺好生」。受《淮南子》佚篇影響的魏伯陽《周易參同契》㉜到葛洪《抱朴子》及陸修靜、寇謙之的論著，以生命價值爲基礎的道敎學說日益完備精致。其以生爲樂的要旨和不死的追求，使之取得了愚民的高度信仰，亦構成了遊仙主題深厚社會氛圍與文化土壤。葛洪言：「篤而論文，求長生者，正惜今日之所欲耳。本不汲汲於升虛，以飛騰爲勝於地上也。若幸可止家而不死者，亦何必求於速登天乎？」㉝後來，受佛家「三十三天」說影響，還產生了宋張君房編輯的《雲笈七籤》，所載的「三十六洞天」，「七十二福地」等㉞，都顯示出立足自我，企慕彼岸世界的深層動機。

　　一如上述，兩大精神流向形成了遊仙主題構築的兩大層面：一重精神超越解脫，一重肉體飛昇長生。前者分入世（屈原）與出世（莊子）型；後者分求實（帝王術士祈命之作）與戲語（文人詠懷）型。第四種又常兼具前三種特點。長生追求的務實流向構成了遊仙主題表面結構，它的深層結構是精神超越。而精神超越時的離世遠遁與理想痴念又常糾纏不已，騷動於中，使整個主題呈現出複雜風貌與錯綜變幻的內在網絡。

三、執著於過程與身殉於祈壽

—— 超文化追求中的積極質素

　　遊仙之作基於人深層意識中現實與非現實因素的融合統一，不管主體能否明確覺察，它終歸是人力圖在非現實世界中實現自我的趨向。《昭明文選》中即將「遊仙」作爲詩歌中的一類，唐

李善注:「凡遊仙之篇,皆所以滓穢塵網,錙銖纓紱,餐霞倒景,餌玉玄都。」這可正宗遊仙之作的定義。題材為神仙,展示的生活又超凡絕俗。然而,「有人如果想在天國的幻想的現實性中尋找一種超人的存在物,而他找到的卻只是自己本身的反映。」㉟從中我們可以清楚地審視到人在超越自身現實處境、現文化階段的努力。

仙篇寫作不同於煉丹求仙,它雖帶有後者的自我實現趨向,大多時候卻並非認真,而是明知超脫為暫時、有限、相對,而偏要不經意為之,嘗試著在藝術世界裡遊戲人生。求仙是宗教活動,具有實利旨歸;遊仙戲作是藝術創造,重在審美價值。「藝術的功用就在使現象的真實意蘊從這種虛幻的世界的外形和幻相之中解脫出來,使現象具有更高的由心靈產生的實在,因此,藝術不僅不是空洞的顯現(外形),而且比起日常現實世界反而是更高的實在,更真實的客觀存在。」㊱所以,仙篇創作,不能皮相地只看作是道家思想、道教精神的寫照。從接受美學角度上看,它達到的是這樣一種功效:它使人在虛幻天堂美景反照下,更清醒地觀察與思索人生;它使人在遊仙主體積極求索的努力中,感染到一種不甘於現狀,改變自身與現實的啟示。面對現實與非現實、真幻虛實雜糅的遊仙作品,接受主體可以按自己的情感意趣,多角度多層面自由解悟,以此它贏得了不盡的認同神往。晉人謂:「列仙之道,作者既集,而登遐未有焉。莊周有言:我試妄言之,子試妄聽之。彼之有無,蓋難以理求;我之妄聽,顧可以言寄之。」㊲這樣,遊仙之作就會引發人生體意識的覺醒。

遊仙主題又突出地反映了人類共有的一種對理想信念執著的心態。表現於華夏之邦,則是儒家「天行健,君子以自強不息」,

「知其不可而爲之」，從而形成的藝術化情感思維方式。人生所能幸會的際遇機緣是如此的有限與短暫，人在天地大化面前是何等的渺小無力，但遊仙，卻並非是爲仙怪懾服，而是驅之爲用。何況既要遊仙，就要有一個誰來遊、爲什麼遊、怎樣遊、遊向何方等問題。遊仙的重點並非在「仙」，（以往論者多著眼於此）而是在「遊」字上，遊的主體是人。單只從道家道敎思想影響角度解釋遊仙成因，更多地注意了遊仙字面意義與表層結構。中國文人重視的是內在倫理尺度、精神需求及其追索過程，其是在過程本身中尋求精神愉悅、滿足，而較少計較終極目的是否實現；重視表達對事情（物）的態度而非描繪事情（物）本身，這都極爲契合遊仙心理。民族文化心理中的重名理，重視人本體完善的傾向使遊仙之作較少因其虛妄而遭冷遇。

　　遊仙之盛也是類推思維形式集中體現。中國人思維習慣，既非邏輯推論，又非經驗實證，而是一種類比博依式的。表現於遊仙文學創作，即是用可見性的文字描述，象徵不可見、不可能之事。似乎在文學符號所表現的藝術圖景中實現了，現實中也會類似如此。這眞有些原始巫術心理遺傳基因深在作用的意味。主體在心造的藝術對象中實現了自己，以幻證眞，以虛當實地取得了現實中得不到的快慰。因爲：「幸福的人決不會幻想，只有那些得不到滿足的人才會幻想。得不到滿足的願望是幻想的驅動力，每一個幻想都是一個願望的滿足，一個對不予人滿足的現實的矯正。」⊗遊仙之作借助於民族類推思維方式，沖破了現實與非現實疆限，從而達到一種超文化追求的迷人境界。

　　也不應忽視巫風術士，求仙煉丹活動的文化意義。秦漢至唐，統治者訪藥求仙史不絕書。許多貴爲天子者雖年輕時不信長

生之術，而晚年終歸甘冒風險服藥祈命。《漢書‧郊祀志》載秦始皇晚年凡四次遊海上求仙，「如恐弗及」，「幾遇海中三神山之奇藥，不得，還到沙鹿崩。」這是衰老死亡之期的迫近使然。而漢昭帝「即位，富於春秋，未嘗親巡祭云」。因其年輕而懼死之念較淡漠，於是連泰山「修封」這樣的大事都不去了。正所謂「窮途悔短計，晚志重長生」。㊴漢成帝時谷永就言辭犀利地剖析求仙虛偽，㊵但無濟於事。讖緯之學，方術之風日熾，至魏晉道教大興，宗教神氛更使求仙祈命走火入魔。明知「服食求神仙，終爲藥所誤」，㊶人們還是熱衷此道，趨之若鶩。且主題隆盛，也有力地證明人的情感追求不可理喻而逆轉。曹氏父子、郭璞等都不信仙而戲談遊仙。同一個陸機在其詩中，既言：「求仙鮮克（能）仙，太虛不可凌」，㊷但還要「濯髮冒雲冠，洗身被羽衣。」㊸又李白的「好神仙非慕其輕舉，將不可求之事求之。」㊹許多作品一再告誡人們仙不可信，不可妄求，以否定形式說明遊仙意念之頑強持久。

　　無可否認，上述類似的現象反映了共性規律，作爲主題創作自身，逐漸形成了藝術化掌握世界並見諸情感符號反映世事，表現自我的特有方式。遊仙的審美追求與藝術創作是人們穩態喪失時得到的補償。因爲人作爲生命體有兩個環境，一是內環境（milieu interne），一是外環境（milieu externe）。生命體內環境需要穩態，穩態保持才爲健康，破裂即死亡。㊺宗教就是通過藝術的手段作用於人的感情，從而達到現實中苦痛心靈的撫慰，空虛心理的充實。遊仙文學主題的創作恰恰極好地起到了這種以宗教信仰爲基本素材，人內心源源不絕的超越欲望爲動力的心理平衡作用。中國人宗教觀念淡薄，並不實信宗教教義卻想利用帶宗教

氣息的文學來達到同樣作用。遊仙主題的創作欣賞充分說明了這種文化心理和文化現象。「宗教所最有密切關係者，惟有情感作用，即所謂美感。凡宗教之建築，多擇山水最勝之處，吾國人所謂天下名山僧占多，即其例也。」㊻土生土長的道教亦當然如此！除了以情感宣泄形式構成宗教代用品外，諸如採藥、入山、服食修煉等亦促使了人對大自然的審美體驗解悟。遊仙在許多並不眞信神仙的賢達之士眼裡幾乎就等於遊山。因此，遊仙文學主題透過人的生命意識、與自然界的物我關係又激發了主體藝術思維、想像的迸湧，其泛化深化，使人愈加「不由自主地通過想像力使自己內在的本質直觀化；他使它離開他自己而顯露於外」。㊼這種內在機制中的雙向建構趨向，通過遊仙主題，強化了中國文人的超文化追求意念。

四、務實尚眞與內在補償

—— 惜時與遊仙的人性價值比較

馬斯洛認爲，「價值生命（精神的、宗教的、哲學的、價值論的等等）是人的生物學的一個方面，它與『低級』的動物生命是處在同一個連續統一體上，兩者並不是分立的、矛盾的或互相排斥的。從而，它可能是遍及全人種的、超文化的、儘管它必須通過文化才能實現自己的存在。」㊽圍繞著生死之思與人性價值，中國文學惜時與遊仙兩大主題突現出：基於人的生物性本能，主體物種自身條件與其超越性動機間必然產生的矛盾衝突，兩大主題在不同層面上延展了人的主體價值。

遊仙思緒是人偏重於感受宇宙自然，且將其與生命意識聯繫

後產生的奇特想像；惜時則是人在農業生產活動中對物候農時重
視後形成的，多著眼於現實塵世中的社會人生遭際。如果說，遊
仙重視的是生命絕對的延續，生命長度的增加；那麼，惜時則重
視生命相對的有效利用，生命密度的提高，現實世界裡自我價值
的實現。生命體生存的需要構成了人的本體價值，其力求存在且
在一定的時間區間內合理地發展。而遊仙則是以存在為基礎的精
神的需要，由此構成了人不滿足於現實存在的精神價值。精神是
人本體存在不可或缺的要素，來自現實壓抑否定所給予人的焦慮
渴求又催動人在失落無望時渴求精神價值的補償。因此，惜時與
遊仙具有不同的表現特色。

　　遊仙主題中，時間這一客觀存在被有意淡化了。人既可以同
壽不知幾何的古仙遨遊，又似乎置身於一個沒有時間流淌沒有生
死圍限的神秘世界中，在理想的玫瑰色中無憂無慮。惜時主題中
則有單維時間與循環時間：循環時間多表現在人對外在自然界
（日月出沒圓缺，四季更替萬物榮枯生死）運動規律的體認中；
單維時間表現在人對個體與種族必然歸宿的感嘆裡，是由循環時
間規律聯想到自身所得出的逝者難留盛年不再的無窮之恨。

　　在遊仙系統中，人的本質被充分地理想化、外化於自然，於
是山水自然亦人化、審美化了，成為人的完美人格、完善人性的
對象化載體。遊仙詩之於山水文學的推動，遊仙有時衍化為遊山
即充分說明了這一點。而在惜時系統裡，主體多是將自然的盛衰
本質內化。聚斂到心靈宇宙中，主體在此極力捕捉的是物理與心
理的同步節奏，於是人的本質被自然化了，人雖在不停地拼命抗
爭，終歸在興替輪轉的宇宙進程中可憐巴巴地掙扎。遊仙文學更
有權利被稱為人作為物種類屬的藝術活動，側重表現性；惜時文

學似乎更接近於一種不甘運命的情感發泄，側重再現性。有理由說，惜時是將人的現實體驗情緒化，遊仙是將人的理想信念藝術化。仙遊之篇大多重視神思想像的飛騰，意象畫面的流金溢彩，語求驚座；惜時之章則每每直抒胸臆，意象平實貧乏，語眞情苦。遊仙文學藝術表現往往與理性認識是對立的——明知仙不可求仍標舉煙霞之志；惜時文學藝術表現則與理性認識同一，是反省現實與人生後訴諸情感的率眞袒露。

卡西爾認爲，藝術「不是對實在的摹仿，而是對實在的發現」，因爲在藝術活動中，同在語言、宗教、科學活動中一樣，「人都發現並且證實了一種新的力量——建設一個人自己的世界，一個『理想世界』的力量」。㊽遊仙文學正屬於這樣一種本質上的藝術活動，而惜時文學則離此遠些，某種意義上講，其更像是一種有別於藝術的感情活動。當然這兩大情感流向時或重合融會，如魏晉時的遊仙詩賦就每多惜時之嗟。曹植《感節賦》：「折若華之翳日，庶朱光之長照」，以幻爲眞地要在遊仙境界中達到塵世無法得到的對時間的占有；郭璞《遊仙詩》：「……雖欲騰丹溪，雲蜗非我駕！愧無魯陽德，迴日向三舍；臨川哀年邁，獨心獨悲吒」，則是以對遊仙的抑止來高揚惜時，借否定遊仙來肯定惜時。兩大主題交叉分合的歷史狀貌，豈可膠柱鼓瑟求之！

按施普蘭格爾關於人的價值等級結構學說，中國古代文學惜時主題中建功立業的指向可算作社會價值、政治價值的體現，及時行樂指向屬經濟價值體現。正所謂「一旦經濟價值本身成了目的，生命的意義也就淪爲單純的享樂和安逸了。」這也是一種人性價值，因爲人生意義並不光在「奉獻」，也有索取，否則生命體就維持不了正常機能，生命活力就不能充分高漲。當然爲行樂

而用非正當甚至罪惡手段索求是不足取的，可否定索取的某些手段不應該將索取這個行爲本身也一同否定。何況惜時主題中吐露的及時行樂、孜孜索取並沒有那簡單，中國文人經濟價值的追求不光蒙上了一層厚厚的倫理面紗，還往往集注了對現政治與社會價值頑強追求不可得的憤世嫉俗。至於遊仙主題則體現爲審美價值與宗敎價值。特別是宗敎價值，「是建立在這樣一種事實上的：生命的所有其他價值都是和生命總的、整體的意義相聯繫的。……這一價值可以通過兩種方式的信念表達出來：(1)最高的、最完美的價值是無所不在、無時不有的；(2)否定空間和時間，設想出一種永恆而無限的超越。」⑩從中國文化宗敎氛圍淡薄這一點來看，古代文學遊仙意趣實爲對「不語怪、力、亂、神」的儒學理性精神的衝擊。尤其是漢末傳入的佛敎與魏晉盛興的道敎，更與遊仙主題互爲生發，使中國文化中的價值取向多維化。以人性價值爲聚焦，道敎與佛敎在其融合階段往往是惜時、遊仙並重的。如深受佛敎熏染的謝靈運謂：「駭彼促年，愛是長生。冀浮丘之誘接，望安期之招迎。甘松桂之苦味，夷皮褐以頹形。羨蟬蛻之匪日，托雲蜺其若驚。」⑪遊仙與惜時、修身與服食這些道家、儒家、道敎的文化傳統竟也被佛門弟子接受了。

中國文人在遊仙與惜時兩者關係處理上，突出地表現了民族文化心理中「兩極對應」互補原則。猶如在惜時主題中反映的「兼濟天下」不成而「獨善其身」一樣；猶如在遊仙主題中表現的明知生死與時空難逾仍要仙語滿口、神遊虛幻一樣，惜時與遊仙二者又分別成爲中國文人窮通出處矛盾交織時百詠不厭的永恆主題。惜時尙用世仕進，遊仙尙避世隱退，前者集中體現了儒家文化的實踐理性精神，後者與道家和道敎聯繫密切，提倡清心寡

欲，忘卻功利是非，「不怵乎窮，不榮乎達，不戚於毀，不悅乎譽。」⑫基於人性價值這兩種極延展傾向，遊仙與惜時又常常共同存在、作用於主體深層結構中，使現實社會中的人成爲一個矛盾對立的統一體──既想塵世追求又欲精神超越，追求不可得便愈加力圖超越；超越後又展開新的追求，始終無法眞正超越。因爲惜時與遊仙兩者畢竟都基於人對死亡的惶懼，遊仙又可以說是惜時意念的超文化擴展的極端化，是主體意志遠騖於非現實世界的變形表現。兩者統一於一個作家、作品中，這種現實與非現實的對立紛爭，便攜帶著各自主題系統的諸多要素，通過中國文人的心靈折射而組合成豐富多采，絢爛奪目的藝術迷宮。

五、離經叛道與神思遠騖

── 仙聲神氛的文化與審美價值

流播於中國文化史上的遊仙文學主題，對中國文學產生了深遠影響。

首先，主題內部自莊、屈與萌芽於《詩經》的樂府仙篇等，形成了詠懷寫心與求仙寫實兩大系列。兩者雖交錯撞擊，卻有明顯分野。清人曾指出《遠遊》與《大人賦》之別，後者「末六句與《遠遊》語同，然屈子意在遠去世之沉濁，故云至淸而與太初爲鄰。長卿則謂帝若果能爲仙人，即居此無聞無見無友之地，亦胡樂乎此邪？與屈子語同而意別矣。」⑬而這兩大系列常常作用於一個具體作家創作心態中，使之往往明知仙遊虛妄而偏要神遊筆端，令人眞假難辨。體現於一個具體作品，也時或出現表層結構爲非現實世界求仙寫實與現實世界詠懷寫心的對立。主要存在

於抒情文學的矛盾特徵波及敘事文學，如標舉「實錄」的司馬遷之「愛奇」。清人稱「史遷寫留侯事，頗多怪跡，滄海、黃石、赤松、四皓，後之論者，均斷定都無此人」；「遷性好奇，特點綴神異，以爲行文之別派，此實爲後世小說濫觴。」(54)殊不知此乃起於遊仙文學之端。類似現象後世不乏其例，像陸游議論違牾就曾受譏誚：「謂老子祇言淸靜，丹經丹方皆糟粕無用……而又曰『人間事事皆須命，惟有神仙可自求，』（《讀仙書作》），『子有金丹煉即成，人人各自具長生。』（《金丹》）」(55)

上述兩大系列，大體說一重實在的情，一重虛幻的理；一重情致表現，一重幻影再現，符合民族文化心理中兩極對應普遍原則。如國外一些東方學者指出的，中國哲學有兩大方面，一是講實際重現實，「與此互補的還有具有中國特色的神秘主義方面。它要求最高的哲學目標超越社會和日常生活世界，達到更高層次的意識。」(56)這在幾乎全部中國文學發生發展進程中，歷時性產生了內在效應，直接體現在藝術美創造過程中的情理、幻眞、表現再現、寫意寫實等傾向及其互爲借重交融與對立衝突中；體現在創作主體幻滅與追求心態裡；體現在文學作品以虛代實、空靈飄逸風神上，也展示在整個中國文學詩騷相映的演進軌跡中。

其次，遊仙主題緣其非現實性的內在基質，強化了中國文學非正統的一面，增多了其否定因素和反抗現實的意識。從而給創作主體個性情緒抒發與主體意識的執著注入了強化劑。遊仙之作較神怪描寫不同，它以主體審美的精神指向在非現實世界中「暢神」爲主。而後者自《山海經》、《穆天子傳》、《漢武故事》、《列仙傳》、《漢武帝內傳》及至《神仙傳》、六朝志怪小說如《搜神記》、《列異記》等，兼有歷代史書中的《五行志》，本質上則是

以神怪爲本位，以推測式的「實錄」爲能。由於以神力決定一切，命運不可抗拒爲前提，偶然性隨機性很大。而遊仙之作即便有許多看似不經意爲之，卻重在體現人的主體性，是人有意識或潛意識中力圖超越現實、改變命運與自身的一種努力，突顯出人的智慧才能與精神追求。

這種區分除了讓我們洞察遊仙主題神理，更體現在其主題自身發展流變中。凡是擷取仙遊題材，流露離世傾向的作品，都帶有一定程度的否定現實、離經叛道的個性意識。如阮籍、嵇康、郭璞、陶潛、李白等等。理想追求的無法實現，對現實的失望無望，令其「每欲思遐登蓬萊，極目四海，手弄白日，頂摩青穹，揮斥幽憤，不可得也。」(57)因此仙遊之作也是詩人作家的「心史」，往往爲其現實處境、遭逢、心境的折映。而這種與儒家詩學「溫柔敦厚」相左的非正統、個性化傾向，唐宋後又有所加強。如宋詩與宋詞內在審美流向不同。尙理趣的宋詩絕少仙篇，而以詠嘆個人情感爲主的倚聲合樂的詞裡則不乏其類。眞是「詩莊詞媚」，如蘇軾、秦觀、辛棄疾等等皆有可稱道的遊仙詞作。淸人謂：「詩有遊仙，詞亦有遊仙」，柳永《樂章集》中「《巫山一段雲》詞，工於遊仙，又飄飄有凌雲之意，人所未知也。」(58)甚至不少詞牌得名也源於仙遊故事，如《解佩令》由《列仙傳》江妃二人解佩與鄭交甫事得名。《惜分釵》由道士楊通幽於蓬萊仙山見楊貴妃，取回半片金釵給唐明皇事得名。古板的詩神在宋代束縛於理性，反不如詞的隨放不拘，正像潑辣率直的元曲（及小令）中仙遊氛圍濃烈一樣。《錄鬼簿》載四百本元劇劇目中，神仙道化戲約占十分之一。尤其是馬致遠神仙道化戲，鄙棄功名，超俗離世，否定現實傾向鮮明。此當然與北宋《道藏》刊

行，道經完備和元代廣爲傳播的全眞敎、正一敎及文人隱居之風等有關，且取材也多唐宋後的史書仙話；但毋庸置疑，其脫不開遊仙主題否定性遺傳基因的重大影響。尤其與晚唐五代詞中的瑤臺夢相關。

「任何一種否認，要成之於生動而富有詩意的，都必須是爲了理想而作的。」⑤明清許多戲曲小說批判、否定現實的意趣，反傳統反正統傾向，也是處可找出遊仙主題胎息。如鬼魂復仇、神仙描寫中的愛憎取捨、勸善懲惡等，均體現出事爲人起的主觀意願、道德尺度與審美要求。遊仙主題文化意義上的延伸深化，心理線索上的遞進遷移，從一個非禮敎、非正統的角度，增強與補充了文學的諷諭傳統，干預生活意識。因爲遊仙主題畢竟吸收並發展了道敎對天命、自然的抗爭精神，⑥不免隨之也強化了傳統文化心理中的「應然」主義傾向，成爲世俗文化理想願望的藝術載體；雖離不開道家與道敎的神秘色彩，在文學史的長河奔流中又裏挾著愈來愈多的仙話傳說材料，卻愈來愈逼近人間。這充分表現了主體影響下，創作主題強化了對現實、現文化階段的不滿、抗議與攻訐。

其三，遊仙主題促進了中國文學創作主體在創作方法上的靈活變更，拓展了其思維空間，使之更爲能動地創造、選擇與運用材料。文學作爲藝術的一個門類，原本就帶有與宗敎相似相通的質素。兩者「所表達的感情似乎都與生活感情不同或者高於生活感情」，因而，「兩者都是達到脫俗的心理狀態的手段。藝術與宗敎均屬於同一世界」，⑥即所謂「感情世界」。但藝術又不同於宗敎，如桑塔耶那《宗敎中的理性》申明的：「宗敎的詩意價值在開始時本來要比詩歌本身偉大得多，實際得多，因爲它所觸及的

某些生活方面，較之一般詩歌所慣彈的風花雪月的老調，更加迫
切需要一些想像的渲染和理想的解釋。」⑰由於中國文學遊仙主
題獨特的與宗教在想像性、理想化等精神形態上的類似性質，決
定了其帶有某些宗教文化、宗教情感等神奇魅力與功能。主題不
單與道教關係密切，也與儒、釋相通。後兩者經邦濟世的不倦追
求與自我本體的靜心養性，從不同層面上與複雜的遊仙意識交織
互補，從而體現了共同的「精神信仰」。遊仙文學又與神怪、仙
話故事等攜手而行，前者不斷充實、調節、耕耘著後者得以流傳
的心靈土壤；後者不斷豐富、擴散著前者的創作題材與文化氛
圍。可以說，六朝志怪小說及其直接的承繼者唐人傳奇，它們的
許多基質都與遊仙主題類似，它們的繁榮亦離不開遊仙主題鋪展
的文化積澱與心理衝動。遊仙與志怪有時就幾乎難於辨清。任何
文學主題都離不開、並相應地造成一定的宗教、民俗背景，而遊
仙主題較為生動地表明了這一點。

　　遊仙主題突出特徵是理想主義，它以時空無限性發展來滿足
主體強烈的情感需要，這是人強烈心理欲求外射的極端化文學表
現。在主觀幻想的表層世界是瑰麗的奇景妙境、四荒八極、林林
總總的人、物；在深層結構中是永遠享用這一切的自我意識的無
限膨脹。於是連類以及，遊仙題材可以表達諸如懷才不遇、男女
戀慕、祈壽求生、超越現實等等永恆的渴慕追盼，萬緒千端的意
念情思。主題貫徹了一種現實與非現實合一，仙凡相通無別的思
維方式，這種藝術性的思維常常造成一種心理定勢，啟示與誘發
人們在文學創作中自覺不自覺地偏愛於高蹈遠引，譸張為幻。如
清人曾不無誇張地從這個角度上強調：「曹唐《遊仙詩》，有『洞
裡有天春寂寂，人間無路月茫茫』，玉谿《無題》詩，千妖百媚，

不如此二語縹緲銷魂。」㉝的確，遊仙之作正是以其飄渺超越的特質讓人痴迷神往，爲之銷魂。像《高唐賦》、《洛神賦》的人神之戀；唐傳奇《裴航》、《柳毅傳》的人仙結合；《封神演義》、《水滸》中的飛行道術、駕雲施法；《西遊記》中的天宮冥界、土地城隍、時空超越及人的能力的無限伸展；《紅樓夢》中的寶玉神遊太虛幻境等等，都見出其文化、文學本體上的淵源有自。王公貴族求仙學道，爲的是永享榮華富貴；貧民百姓學法仙人，爲的是祛邪除惡；至若唐宋之後神仙營壘的擴大，民間諸神的增多，新題材與神仙人物大量湧進文學作品，重要原因之一就是中國文人遊仙創作的藝術實踐，以及這種實踐積澱下的文化傳統與情感思維形式習慣。遊仙主題，眞正成功而動人地打破了塵世與天堂之間那種現實與非現實界限，在人心靈世界中將人間與幻界融爲一個審美對象化意象整體，自由而自覺地移入作品，開創了中國文學創作主體重感覺想像，著重表現人生命活力的習慣。「能遊的人，實即藝術精神呈現出來的人」。㉞文學作品《尤其是戲曲小說）人物的神通，乃是遊仙主題文化意義上的延展深化。因而不過分地說，中國歷史上存在著一種遊仙文化。而中國文學抒情意味濃郁，對空靈飄逸意境神韻的追求，與此亦至爲相關。

　　此外遊仙主題亦密切了人與大自然親和關係，使中國文人更熱愛大自然，對自然觀照有了更多層面與意趣。山林與大海意象在遊仙篇章中的特殊位置反饋、泛化到中國文學其他主題中，這對古人審美指向及古代山水文學發展影響頗大。近人謂：「中國文化最高理想，與其最高精神，乃在通天人一內外，以今語言之，則爲人文與自然和合成體，即人文之自然化，自然之人文化，而城市之山林化，乃爲中國全社會所同心嚮往之一事。」㉟

可見遊仙主題在中國文化史上確應據一席之地。

　　雖如此，如果不是從審美、不是從遊仙主題對中國文人藝術創造力激發上來評價，而是用科學的價值尺度衡量，那麼遊仙主題無疑帶有更多的消極色彩，客觀上有時起到宣揚迷信果報，傳播虛妄之談的作用，不免助長了一些失意文人脫離現實、空言虛狂的風氣，在思想史、文化史上是不值得完全肯定的。

註　釋

①李白：《遊泰山六首》，王琦注：《李太白全集》，第924頁。

②本段成式：《酉陽雜俎》，又參見何新：《諸神的起源》第三章，三聯書店1986年版。

③《唐風·蟋蟀》。

④《大雅·旣醉》。

⑤清·朱乾《樂府正義》卷十二。

⑥朱光潛：《〈楚辭〉和遊仙詩》，《藝文雜談》，黃山書社1986年版，第220—222頁。

⑦⑧《代秋胡歌》、《述志》，《先秦漢魏晉南北朝詩》，第480頁，第488頁。

⑨《楚辭章句》：「小山之徒閔傷屈原，又怪其升天乘雲，役使百神，似若仙者，雖身沉沒，名德顯聞，與隱處山澤無異，故作《招隱士》之賦以章其志也。」

⑩嵇康：《琴賦》，《全三國文》，第1319頁。

⑪潘岳：《笙賦》，《全晉文》，第1988頁。

⑫郭璞：《江賦》，《全晉文》，第2147頁。

⑬木華：《海賦》，《全晉文》，第2062頁。

⑭參閱蕭兵：《楚辭與神話》，江蘇古籍出版社1987年版。

⑮《怨詩楚調示龐主簿鄧治中》、《五月旦作和戴主簿》，逯欽立校注：《陶淵明集》，中華書局1979年版，第49頁，第53頁。

⑯同⑮。

⑰《廬山謠寄盧侍御虛舟》，《李太白全集》，中華書局1977年版，第863頁。

⑱施蟄存：《唐詩百話》，上海古籍出版社1987年版，第645頁。

⑲葛洪：《抱朴子·道意》，王明：《抱朴子內篇校釋》，中華書局1985年版，第174頁。

⑳《齊物論》、《應帝王》、《則陽》、《外物》、《人間世》，陳鼓應：《莊子今注今釋》，中華書局1983年版，第81頁，第215頁，第678頁，第720頁，第123頁。

㉑同⑳

㉒同⑳

㉓同⑳

㉔同⑳

㉕《莊子·刻意》，《莊子今注今譯》，第399頁。

㉖台灣學者李豐楙本蔣驥說，認爲：「『好脩與遠遊』爲屈原作品中最重要的主題……（其）正是巫系文學的母題，也是道敎形成前後遊仙文學的基型。」見《古典文學》第3集，台北學生書局1981年版，第71—72頁。

㉗陳繼儒：《文奇豹斑》，《楚辭評論資料選》，湖北人民出版社1985年版，第273頁。

㉘《蔡元培選集》，中華書局1959年版，第47頁。

㉙參見拙文：《論〈左傳〉預見藝術的審美效應》，《靑海師範大學學報》，1987年第2期。

㉚黃節：《漢魏樂府風箋》卷二引陳胤倩語，人民文學出版社1958年版，第16頁。

㉛黑格爾：《美學》第2卷，商務印書館1981年版，第281頁。

㉜參見卿希泰：《中國道敎思想史綱》，四川人民出版社1980年版，第62頁。

㉝《抱朴子·對俗》，《抱朴子內篇校釋》，第53頁。

㉞參見：《日本學者論中國哲學史》，中華書局1986年版，第292—294頁。

㉟馬克思：《黑格爾法哲學批判·導言》，《馬克思恩格斯全集》第1卷，人民出版社1965年版，第452頁。

㊱黑格爾：《美學》第1卷，商務印書館1979年版，第12頁。

㊲陸雲：《登遐頌序》，《全晉文》，第2051頁。

㊳弗洛伊德：《創作家與白日夢》，《美學譯文》(3)，中國社會科學出版社1984年版，第331頁。

㊴鮑照：《代升天行》，《鮑參軍集注》，上海古籍出版社1980年版，第174頁。

㊵《說成帝拒絕祭祀方術》：「廣崇祭祀之方，求報無福之祠，及言世有仙人，服食不終之藥，遙興輕舉，登遐倒景……皆奸人惑衆，挾左道，懷詐僞，以欺罔世主。」《全漢文》，第379頁。

㊶《古詩十九首》，《先秦漢魏晉南北朝詩》，第332頁。

㊷《駕言出北闕行》，《東武吟行》，郝立權：《陸士衡詩注》，人民文學出版社1958年版，第3頁，第33頁。

㊸同㊷。

㊹范傳正：《唐左拾遺翰林學士李公新墓碑序》，《李太白全集》，第1464頁。

㊺參見洛伊斯.N.瑪格納：《生命科學史》，華中工學院出版社1985年版。

㊻蔡元培：《對於敎育方針之意見》，《中國美學史資料選編》下冊，中華書局1981年版，第459頁。

㊼《費爾巴哈哲學著作選集》下卷，商務印書館1984年版，第249頁。

㊽林方主編：《人的潛能和價値》，華夏出版社1987年版，第223頁。

㊾卡西爾：《人論》，上海譯文出版社1986年版，第182頁。

㊿林方主編：《人的潛能和價値》，第21頁。

(51)《山居賦》，《全宋文》，第2607頁。

(52)葛洪：《抱朴子·明本》，王明：《抱朴子內篇校釋》，中華書局1985年版，第187頁。

(53)姚鼐：《古文辭類纂》卷六十六，中國書店1986年版，第1182頁。

(54)邱煒萲：《客雲廬小說話》。

(55)錢鍾書：《談藝錄》，中華書局1984年版，第128頁。

(56)灌耕編譯：《現代物理學與東方神秘主義》，四川人民出版社1983年版，第79頁。

(57)《暮春江夏送張祖監丞之東都序》，《李太白全集》，第1253頁。

(58)李調元：《雨村詞話》，《詞話叢編》，中華書局1986年版，第1391頁。

(59)《別林斯基選集》第２卷，時代出版社1953年版，第399頁。

(60)傅勤家將三教對比，指出：「儒畏天命，終身以俟；佛亦謂此身根塵幻化，業不可逃，壽終有盡；道教獨欲長生不死，變化飛昇，其不信天命，不信業果，力抗自然，勇猛何如耶！」見《中國道教史》，上海書店1984年影印版，第214頁。

(61)克萊夫．貝爾：《藝術》，中國文聯出版公司1984年版，第54頁。

(62)〔美〕M. 懷特編著：《分析的時代》，杜任之主譯，商務印書館1986年版，第56頁。

(63)黃子雲：《野鴻詩的》，《淸詩話》，上海古籍出版社1978年版，第865頁。

(64)徐復觀：《中國藝術精神》，台北學生書局1983年版，第63頁。

(65)錢穆：《現代中國學術論衡》，岳麓書社1986年版，第214頁。

中國古代文學中的思鄉主題

　　每個人都有自己的故鄉，每個民族都有其成長的搖籃，各國文學都不乏動人的思鄉之作。思鄉，是離鄉背井的人們複雜的、但又是美麗的感情表現。歷史悠久的中華民族，勤勞智慧的炎黃子孫，對於故土家園從來就有著十分誠摯的感情。熱愛文學的讀者不難發現，在中國古代文學中，存在著一個包容面甚廣，吸附力很大的思鄉主題，它貫串著古代文學的始終，並且成爲民族群體內聚力的嚴固心理動因。單就文學家來說，它集聚了中國文人個體生命力與社會倫理規範間複雜的聯繫與衝突。歷時性追索與剖析思鄉文學主題，是尋解中國文學之根，把握中國文化精神無法回避的課題之一。

一、鄉音不斷

　　── 思鄉主題的文學史檢視

　　發端《詩經》的思鄉主題，一開始就突現出濃鬱的血緣倫理觀念。「豈不懷歸？畏此罪罟」，①「王事靡鹽（無止息），不遑將（養）父（父母）」，於是「豈不懷歸，是用作歌，將母來諗（思念）」。②外在的政治壓力和社會勞役之苦限制了行役者親緣相依的願望滿足，卻阻止不了人們強烈的內心騷動。像《小雅·

北山》的「王事靡盬，憂我父母」，《唐風·鴇羽》的「王事靡盬，不能藝稷黍，父母何怙」等，都極言公役羈靡而荒廢了農耕，遠離了父母，從而思歸之情頓生。古人的離鄉，多半是被迫的。因而客居他鄉，心理不禁失去依恃，無人理解，不得不形影相弔，面對蒼天發出無可奈何之嘆：「無父何怙？無母何恃？出則銜恤，入則靡至（親人）。」③有時則登高懸想親人的掛念叮嚀。④不說自己思親，而想像親人的掛念，這就不僅在寫法上顯得曲折生姿，而且情感上更顯得騰挪閃耀。

　　思鄉的內容是歷史的。時代不同，鄉思有別。伴隨著氏族社會共同體逐步向有固定居住區域的國家過渡，思鄉往往體現為對家園舊邦的具體情感指向。《邶風·泉水》寫「女子有行（出嫁），遠父母兄弟」，用「泉水之得流於淇，興己之欲歸於衛。」⑤《衛風·河廣》則如此呼之急切：「誰謂河廣，一葦杭（航）之；誰謂宋遠，跂（跍腳）予望之。」正所謂「人有心則事無難，情思深切則視河水清淺；跂以望宋，覺洋洋者若不能容刀，可以葦杭。」⑥更有「懷哉懷哉！曷月予還歸哉」，⑦「言旋言歸，復我邦族」，⑧「顧瞻周道，中心怛（憂傷）兮」，甚至由己度人，意欲慰藉思念中的親人：「誰將西歸？懷之好音？」⑨

　　《詩經》思鄉已連帶著念舊感，此為該主題延續性特徵之一（詳後）。《豳風·東山》將主人公新婚舊景重現，見出非有回憶的甜蜜故鄉就不值得懷戀了。久為傳頌的「楊柳依依」，「雨雪霏霏」⑩和「黍稷方華」、「雨雪載塗」，⑪悲喜相照，寫出了時間流逝下人的心情，落筆雖輕，感情相當沉鬱，飽浸生命消耗的惜痛，顯露出乍離鄉不知憂到久別復歸鄉愁不盡的情感落差。

　　屈賦思鄉則超越了《詩經》樸質的親緣悵嘆，而是以現實中

不忍離開故土與理想中遠遊求索的激烈內心衝突來編織鄉思情懷。其對象化自我實現的趨向在鄉戀中突出了。《九章·哀郢》展示了內心願望與形體行跡的反向運動:「羌靈魂之欲歸兮,何須臾之忘反;背夏浦而西思兮,哀故都之日遠。」時光遞遷,現實與理想反差對立越來越大,於是內心更爲淒楚,從而發出志士仁人反而不如鳥獸的感慨:「鳥飛返故鄉兮,狐死必首丘」。思鄉之情是如此執著,人生價值的對比是如此沉痛。現實對人生是無情的,人對現實是絕望的,哀莫大於心死。屈原的自沉是必然的,然而卻是千古奇冤。「目極千里兮傷春心,魂兮歸來哀江南」(《招魂》),將思鄉主題從親人之念提升到了人生價值的思考,這在當時簡直是石破天驚!

對山川景物的依戀於離鄉者來說概莫能外,但屈賦思鄉念故更重於故國父老的同情理解。「願搖起而橫奔兮,覽民尤以自鎮(自鎮止而慰己)。」(《抽思》)主體的鄉土意識以既往自我曾得到肯定爲前提,不然,「國無人莫我知兮,又何懷乎故都?」與《離騷》「僕悲馬懷」一樣,《遠遊》也寫了鄉情依依割捨不斷:「涉青雲以泛濫遊兮,忽臨睨夫舊鄉,僕夫懷餘心悲兮,邊馬顧而不行。思舊故以想像兮,長太息而掩涕⋯⋯」通覽全篇,「舊鄉」、「舊故」包蘊了對整個故國人情故舊的思念,留去兩難已在愛國情懷的氛圍中發出了千古悲音。

屈賦思鄉較之《詩經》單純質樸地懷戀親人與鄉土生活,在思想深度上已有明顯進展,個人政治理想與社會群體命運緊密結合。回顧以往,有理想幻滅的痛苦;瞻望未來,有蒼生橫遭厄運的悲哀,但哀痛並未壓倒屈原的愛國主義深情,他的思鄉依然帶有欲將自認爲美好的政治理想重新運用於故國的巨大使命感,憧

憬著有一天能夠獲得某種機緣，以便重新施展抱負。

　　降至漢代，高祖「大風起兮雲飛揚，威加海內兮歸故鄉」渾厚的音響，已預示著思鄉之作突破詩歌體裁範圍。「聲哀哀而懷高丘兮，心愁愁而思舊邦」，⑫「過故鄉而一顧兮，泣戲歔而沾衿」⑬尚回蕩屈騷餘音。眷念故舊的依依陰柔之美與宏壯的時代氣氛交織，帝王立業之志與文士失志的寂寞融會，使鄉情抒發剛柔並俱。值得注意的是，伴隨著遊仙之作初萌，思鄉作品中也展示了現實與非現實間對立衝突：「念我長生而久仙兮，不如返余之故鄉」⑭的賈誼，「與神人兮相胥」而「覽舊邦兮滃鬱，余安能兮久居」⑮的王褒等，都強調了懷鄉這對於心靈歸宿的指向。漢代之後思鄉情起的誘因較為複雜，如李陵雖降，而《重報蘇武書》的剖白不可謂不深摯：「遠托異國，昔人所悲；望風懷想，能不依依……」；晉宋人總結道：「昔文章之士，多作行旅賦，或欣在觀國，或怵在斥徒，或述職邦邑，或羈旅戎陣。事由於外，興不自已……」。⑯歸納起來，造成思鄉的外部原因大致有六：一為征戍徭役，二為求仕求學，三為戰亂（災荒）流離，四為遷徙移民，五為經商遠行，最後是現實坎坷導致的失意無著。

　　《詩經》作為主題第一個高峰，所吟詠的基本為征戍徭役之苦。東漢至魏晉可為高峰之二，先為求仕求學者眾；⑰後因戰亂，瘟疫饑荒流離者多⑱。王粲《七哀》：「狐狸馳赴穴，飛鳥翔故林」，曹植《失題》：「遊鳥翔故巢，狐死返丘穴」等等，均有人同鳥獸甚或不如的孤獨與危機濃氛。如果說，漢初人已開始思索現實非現實間矛盾對立的選擇，那麼軍閥混戰，文人「繞樹三匝，何枝可依」，現實給人的憂患感加重，又不得不寄意仙篇。然而遊仙詩的興起並未使思鄉之嗟減弱。以致連持道德論的批評

者也承認其審美體驗:「魏武《卻東西門行》:『神龍藏深泉,猛獸步高崗;狐死歸首丘,故鄉安可忘』,此與『月明星稀,烏鵲南飛』同一神理。奸雄雖慘刻無情,然迥望枌楡,亦未嘗漠然無動也。」⑲晉人也連呼:「越鳥戀乎南枝,胡馬懷夫朔風;惟人情之有思,乃否滯而發中」;⑳「感羈旅兮苦心,懷桑梓兮增慕;胡馬兮戀北,越鳥兮依陽;彼禽獸兮尙然,況君子兮去故鄉。」㉑《藝文類聚》卷二十七載此間思鄉之作甚多,賦即有班彪《北征賦》,班昭《東征賦》,蔡邕《述行賦》等,直至陸機《行思賦》,《思歸賦》,鮑照《遊思賦》,謝朓《思歸賦》。

　　東晉後北國雖失,而南朝偏安一隅,南遷士族心境的悲凄,又突出反映在謝靈運、謝朓、江淹等人的懷土之作上,思鄉與出仕心理亦發生尖銳矛盾。要步入官場不免要離開鄉土;而官場與鄉土的對立,又成爲促使人回歸自然懷抱,尋找新的「鄉土」原因之一。思鄉情感慣性又直接構成了人們對自然山水的景慕。從以往的由舊友親朋等「故人」身上發現自我價值,而一變試圖從自然美中找到價值確證,脫開回憶的歡欣而覓求發現的驚贊,這不能不說是山水詩繁盛的原因之一。

　　南朝後,經濟特別是運河水路交通的發展與長江中下游城市的繁榮,使得經商遠行引發的思鄉懷人作品驟增。沈約《八詠詩》就寫出了思鄉的凄苦;何遜、蕭統也不乏鄉嘆。思鄉至此多同男女愛情相思之曲合奏。

　　初盛唐文人覺得躬逢盛世而應有所作爲,於是強烈的功業心較故土鄉情更有魅力,往往並不覺得熱土難離。儘管邊塞戰爭連年不已,征戍徭役在籍不免,但思鄉文學情調卻由哀傷低沉較爲達觀高昂,從而使主題進入第三個高峰期。那時對外戰爭是主動

性的，思鄉多表現爲戍邊寂寞的排遣，而不像魏晉時那麼古直悲涼。「豈不思故鄉，從來感知己」⑫；丈夫多別離，各有四方事」。⑬安史之亂後亂離之世又至，國勢日衰，大唐王朝夕陽殘照，鄉音又多發哀婉之調：「未老莫還鄉，還鄉須斷腸。」⑭李煜等人的故國鄉戀更爲淒絕動人。至南宋懷悼失地，故國河山，思鄉內容更爲寬泛充實，湧現出主題的第四個高峰，這也算戰亂所致。至於因人坎坷失意而倦於客宦，思乞骸骨之嘆則綿延不絕。這之中全身遠禍，隱逸鄉間成份不少，於魏晉、晚唐、清初爲盛。明清文學尤其戲曲小說中，思鄉大部分已同相思懷人，潦倒寄意融會。要之，思鄉可謂許多中國文人情感生活的重要組成部分，亦爲其諸般悲思愁緒抒發時一個幾不可或離的表現特徵。

二、聞聲而起

—— 鄉情萌動的多發契機

宋陳梅莊《述懷》詩曰：「一片愁心怯杜鵑，懶妝從任鬢雲偏。怕郎說起陽關意，常掩琵琶第四弦。」⑮此詩雖詠相思，實得思鄉主題之神，不僅抓住了思鄉的幾個原型意象，還透露了鄉情緣起及其與聽覺效應的切近關係。

王褒的《洞簫賦》、馬融的《長笛賦》、嵇康的《琴賦》、潘岳的《笙賦》等，都曾極寫聞樂音生哀心。表思鄉音響的樂器主要有琵琶、胡笳、羌笛、蘆管一類「胡樂」。人的視覺感官篩選、分辨力較強，不易感知到與故土形象相仿的景物、故人相類的容顏；而聽覺則要模糊、寬容得多。紛繁的音響極易勾起人們類似的記憶表象：「爾乃聽聲類形，狀似流水，又象飛鴻，泛濫溥漠，

浩浩洋洋。」(《長笛賦》)器樂又不像聲樂那樣有較明確的歌詞符號，其灌注固有文化蘊涵的節奏旋律，可以多角度全方位地喚起人們懷鄉的想像和聯想。例如：

「胡笳哀急邊氣寒，聽此愁人兮奈何，登山遠望得留顏」；㉖「泣故關之已盡，傷故國之無際……切趙瑟之橫涕，吟燕笳而坐悲」；㉗「胡笳落淚曲，羌笛斷腸歌」；㉘「隴上行人夜吹笛，關西老將不勝愁，駐馬聽之雙淚流」；㉙「不知何處吹蘆管，一夜征人盡望鄉」；㉚「遼東小婦年十五，慣彈琵琶解歌舞。今為羌笛出塞聲，使我三軍淚如雨」㉛等等。尤其是在塞外邊陲那灰暗寒冷的氛圍中，這些樂音傳播的是一種定型化了的思鄉文化信息，雖則「琵琶起舞換新聲」，但在聽眾感覺上，卻「總是關山舊別情」。㉜因而就連寫作時尚未有邊塞生活深切體驗的岑參，也曾道：「君不聞，胡笳聲最悲，紫髯綠眼胡人吹，吹之一曲猶未了，愁殺樓蘭征戍兒……胡笳怨兮將送君，秦山遙望隴山雲。」㉝

樂音(包括聲樂)可分為兩類，一為鄉音，一為異國之調。前者引人共鳴，向回憶中延伸，情感指向既往；後者則使人頓悟身居異地，在現實的失落感中警奮：「涼秋九月，塞外草衰，夜不能寐；側耳遠聽，胡笳互動，牧馬悲鳴，吟嘯成群，邊聲四起；晨坐聽之，不覺淚下。」㉞真是「越鳥結楚思，漢耳聽胡音」。㉟但總之，鄉音異曲，都可以匯聚非是非非，亦是亦非的音響，具有廣闊性、豐富性和複雜性，在共同的環境和共同的情調氛圍中一起表示思鄉內蘊。

「座中亦有江南客，莫向春風唱《鷓鴣》」。㊱文學中所凝聚的人的心聲心曲，源於外在現實世界的觸發。動物、飛禽與昆蟲

的鳴叫，本無確定的含義，但對有特定情懷的人來說，卻常被賦
予鄉思意味，成爲鄉思導引。於是在「殘星幾點雁橫塞，長笛一
聲人倚樓」之刻，也自然沉浸於「鱸魚正美不歸去，空戴南冠學
楚囚」㊲的鄉思苦緒裡，難於自拔。這符合人心理活動中的「條
件反射泛化」規律。不難理解：「如果我們對任何一個樂音形成
條件反射時，那麼不只其他的樂音，而且許多其他的聲音也都引
起同一的條件反應來。這在高級神經活動生理學上叫做條件反射
的泛化。」㊳以雁爲例，《詩經·邶風·匏有苦葉》即有「雝雝鳴
雁，旭日始旦」，這種候鳥並未一開始就同鄉情產生必然聯繫。
《禮記·月令》也只是說「八月鴻雁來，九月鴻雁來賓」。相傳齊
桓公曾嘆曰：「今彼鴻鵠，有時而南，有時而北，有時而往，有
時而來……」㊴至東漢班彪《北征賦》始謂：「雁邕邕以群翔兮，
……遊子悲其故鄉。」《漢書·蘇武傳》中鴻雁傳書典故賦予其鄉
音傳遞的文化內涵，安土重遷的時代氣氛更使之原型意義確立。
由雁的鳴叫聯想起它們歲歲往還於故棲之地，於是人雁認同相通
感便油然而至。至曹操《卻東西門行》：「鴻雁出塞北，乃在無人
鄉，……狐死歸首丘，故鄉安可忘」；曹丕《雜詩》亦因「孤雁
獨南翔」而「綿綿思故鄉」；蕭衍《代蘇屬國婦》：「或聽西北雁，
似從寒海湄。果銜萬里書，中有離土辭」；此意已明。由於唐代
「相思」一語亦指思念兄弟朋友，所以雁的原型意象系統中思鄉
與相思交融。如杜甫《孤雁》寫其戀群的執著，既有思鄉神韻，
又含相思血淚：「誰憐一片影，相失萬重雲。望盡似猶見，哀多
猶更聞。」不過更多的仍爲鄉音符號。劉禹錫《秋風引》寫雁聲
「孤客最先聞」；韋應物《聞雁》亦言思鄉者「淮南秋雨夜，高齋
聞雁來」；范仲淹《漁家傲》「衡陽雁去無留意」更以雁歸而人未

歸物我相映，見出鄉情之切。按古代婚俗儀式以雁作「納采」、「納吉」，這種禮俗又稱作「奠雁」，取其長幼成序，失偶守節之義。可見其與男女愛情相思亦存在著文化上的有機聯繫。⑩此外，像蟬鳴、猿啼、蟋蟀與鷓鴣叫聲等也常表鄉思，而其中最具代表性的便是杜鵑啼歸。

　　杜鵑亦稱杜宇、子規、子鵑、思歸鳥等。杜宇本蜀古帝名，蜀人懷之，後遂爲思鄉念舊代稱。這種鳥在暮春時叫聲最多，染及那漫山盛開的杜鵑花，感人至深。所謂：「一叫一回腸一斷，三春三月憶三巴。」⑪其生長區域以江西、兩湖特別是四川的蜀中爲多。由於文化重心南移，表現題材、地域風物的更換以及文學本身禽言詩的發展，思鄉觸發媒介也相應地起了變化。如果說，晉至唐多以「胡樂」喚起鄉情，那麼，晚唐北宋後便多以飛禽尤其是杜鵑引出鄉思，且後者更有著廣泛性。由杜鵑「不如歸去」凄楚的鳴叫而鄉思難消。如「門外子規啼未休……猶有歸時一段愁」；⑫「我無雲翼飛歸去，杜宇能飛卻不歸」；⑬「言歸汝亦無歸處，何用多言傷我情」；⑭「子規叫得三更月，聽聲聲、枕上勸不歸，歸難得」；⑮「從今別卻江南路，化作啼鵑帶血歸」⑯等等。元明人亦有「不信呵去那綠楊影裡聽杜宇，一聲聲道：『不如歸去』」；⑰「傷情處，數聲杜宇，客淚滿衣襟」⑱等等。

　　《荊楚歲時記》謂：「杜鵑初鳴，先聞者主離別，學其聲，令人吐血於廁溷上。」凄切的杜鵑鳴音實在已近似於一種樂音節奏，無意識的鳴叫聲響引起了人有意識的聯想，重現了深在心理中思鄉文化營造的「先結構」。不難理解，「音樂的最大作用就是把我們的情感概念組織成一個感情潮動的非偶然性的認識，也就是使我們透徹地了解什麼是眞正的『情感生命』，了解作爲主觀

整體的經驗。而這一點，則是根據把物理存在組織成一種生物學圖式—— 節奏這樣一種相同的原則做到的。」㊾與許多外界音響信息一樣，只要具有與思鄉主體矚盼心理類似的節奏，那麼就不管這節奏音響是發自於人、物，還是發自於鳥、獸；是有意還是無意，是纏綿還是粗獷。外界音響與思鄉主體審美心理呈顯出的是一種「同構異質」的契合關係。即便是客體無意識的信息釋放也被賦予、追加了有性格有意義的文化符號性質。

對鄉音的審美效應，虞世南《琵琶賦》中曾以主客相通角度描述道：「……集古今而定質，擬神明而攄思；慰遠嫁之羈情，寬絕域之歸志。」也就是說，某種思鄉音響節奏不光會引人頓生鄉思，念故懷憂，還會令人原本因擾於中的鄉愁得到某種撫慰。這種特定的音響之於人情緒心境最爲孤獨敏感的風雨晨昏時辰，秋末春曉節候，其共同美的美感效應很大。《世說新語·賞譽》中劉孝標注引《晉紀》：「劉疇……曾避亂塢壁，有胡數百欲害之。疇無懼色，援笳而吹之，爲《出塞》、《入塞》之聲，以動其遊客之思，於是群胡皆去之。」㊿《晉書·劉琨傳》言其爲胡騎所圍，「乃乘月登樓清嘯，賊聞之皆淒然長嘆；中夜奏胡笳，賊又流涕歔欷，有懷土之切；向曉復吹之，賊並棄圍而走。」更有甚者，人稱王琛之婢朝雲善吹篪，「諸羌聞之，悉皆流涕，迭相謂曰：『何爲棄墳井，在山谷爲寇也?』即相率歸降。」51這些記載不免有誇大與虛構成分，但卻有趣地展示了華夏之邦如何按照自己的思鄉文化模式來推導、渲染鄉情威力的。因而唐人也韻味悠長地吟誦：「城南虜已合，一夜幾重圍。自有金笳引，能沾出塞衣。聽臨關月苦，清入海風微。三奏高樓曉，胡人掩涕歸」。52這些帶有鮮明的時代文化印記的記述表明，音樂、音響那規定性的節

奏，含有極豐富微妙的戀土思鄉符號意義與情緒力結構，較之語言文字更易於衝破民族、地域、階級與階層的限制，以訴諸聽覺的特殊的信息傳導方式，作用於無數思鄉主體的生理機制與美感神經。這種審美體驗又訴諸於一種時間幻象，「本質上是一種對生命的機能和生活事件中的推移的感受，這種感受被我們內在地感受爲一種張力—— 一種肉體的、情感的以及精神上的張力。」㊳不管是誰，只要他生活在這個思鄉文化圈內，就會在鄉思信息媒介這些人盡可通的情愫觸動下，美感注意集注到「遊客之思」、「懷土之切」上，自覺不自覺地進行表象重現、情緒重味，爲之心馳神馳，動情動容。當然，也可能由此而產生復歸故里、守護墳井的行爲衝動，更不用說潸然淚下了。

三、登高以望

—— 思鄉表達的原型意象

任何文學主題都有著慣常運用的表現形式，其突出特點是歷史的傳承性，爲後人代代嗣續。榮格指出：「爲了解釋我們知覺的這種一致性和規律性，我們必須求助於這樣一個與決定著領悟模式的要素相關聯的概念。正是這一要素，我稱之爲原型或原型意象。」㊴除了前已提及的「歸雁」、「越鳥」、「胡馬」、㊵「杜鵑」等等由鄉情引發契機漸漸積澱爲富有特定內涵的原型外，思鄉最常見的原型意象是抒情主體自身的登高望遠。

《詩經》中的《衛風·定之方中》有：「升彼虛矣，以望楚矣」；《漢廣》則有「誰謂宋遠，跂予望之」；《魏風·陟岵》言：「陟（登）彼岵兮，瞻望父兮」等。方玉潤《詩經原始》評《東

山》詩謂:「人之行役,登高思親,人情之常。」屈原也在哀故都
日遠時,「登大墳以遠望兮,聊以舒吾憂心。」(《哀郢》)清人張
玉穀在《古詩賞析》中評樂府古辭《悲歌》:「惟其欲泣,所以悲
歌;惟不能歸,所以遠望。」思鄉痛楚,就這樣每每體現於主體
登高遠望的具體的動作行爲之中,而這特定的動作行爲又是思鄉
痛楚的宣洩補償。漢樂府《古八變歌》:「故鄉不可見,長望從此
回」;《巫山高》:「臨水遠望,泣下沾衣,遠道之人心思歸」;《古
詩十九首》:「還顧望舊鄉,長路漫浩浩」等,也都以此展示了鄉
思執著。有時甚至想登遍所有的高處:「若爲化得身千億,散上
峰頭望故鄉」。㊸甚或不明說「望」,卻表露出登望引起的鄉情:
「去國登茲樓,懷歸傷暮秋。」㊼

　　「現實生活中,姿勢是表達我們各種願望、意圖、期待、要
求和情感的信號和徵兆。」㊽當然,登望時遊目騁懷,審美主體
觀照解悟的不只是鄉情歸思。清李元度《賦學正鵠》評王粲《登
樓賦》極爲確當:「因登樓而四望,因四望而觸動其憂時、感事、
去國、懷鄉之思……」由於登望這一動作行爲本身就是具特定含
義的情感語言,正所謂「囊括古來衆作,團詞以蔽,不外乎登高
臨遠,每足使有愁者添愁而無愁者生愁。」㊾但思鄉念故,無疑
是登高臨遠時最具代表性的情感,其又滲透到與登望相關的其他
情緒中。

　　登高遠望,眼界心胸頓闊,人在自然與社會舊有格局中位置
關係被暫時打破,想像聯想爲主的審美心態處於最活躍狀態,原
來深層結構中被壓抑的情感也最易勃發迸湧。於是具有現實功利
性的責任義務與本能需要的矛盾明朗化。昔日熟悉、親切的追憶
讓人情動,寬慰欣悅:「舊國舊都,望之暢然,雖使丘陵草木之

緡，入之者十九，猶之暢然。況見見聞聞者也?」⑩漢以後人屢謂:「君子登高必賦」;⑪「登高能賦，可以爲大夫」。⑫而民間「重九」登高習尙，可說是思鄉文學主題及類似心理機制、文化傳統的生成物。「歲往月來，忽復九月九日。九爲陽數，而日月並應，俗嘉其名，以爲宜於長久，故以享宴高會」，⑬由與親友共祝良願聯想鄉思。至唐後重九登高思親成分益重，軍戍逆旅甚至累土爲台眺望家鄉（更有推測冥間存在望鄉台。）⑭諸如「九月九日望鄉台，他席他鄉送客杯」;⑮「九月九日眺山川，歸山歸望積風煙」;⑯「綠杯紅袖趁重陽，人情似故鄉」⑰等等，重九登望幾乎離不開思鄉懷故，簡直成了懷土思聚的節日。無怪人屢屢因之感嘆:「強欲登高去，無人送酒來，遙憐故鄉菊，應傍戰場開」;⑱「怯重陽九月九，強登臨情思悠悠;望故國三千里，倚秋風十二樓，沒來由引起閒愁」。⑲這裡的「強」，見出巨大的民俗傳統與內心痛楚間的矛盾;這「沒來由」，恰表明思鄉文化綿延的淵源有自。

　　如上所述，客觀外界的音響用時間形式喚醒了思鄉者深厚的經驗感受，主體自身用定向的空間動作形式延伸、凝結了這一股切情懷。根據思鄉之情本身及其表現上的空間性特點，人深在的審美圖景也不免帶有一定的空間性。於是一些具典型意義的思鄉之作多同地名相關。如東山之哀，隴頭流水，陽關三疊。這三個相繼產生的原型意象爲後人屢屢提及，象徵意蘊卻同中有異，它們與登望既存在著不同程度的關係，又可代表鄉情結構中的不同層次和側重點。

　　東山之哀，語出《詩經》，其表情方式較質直古樸，以直呼突顯遠行者的孤獨無著，由此懸想家人的種種思念情態。與隴水

比，東山之哀較爲深沉凝重。如曹操《苦寒行》:「悲彼東山詩，悠悠使我哀」，與其氣韻沉雄、舒緩豪壯詩風相契。東山之哀又較爲偏重人倫情感，與隴水的偏重山川風物有別。東山之哀一般只適用征戍徭役中的鄉思，不像陽關三疊詠嘆對象與情緒的寬泛。

隴頭流水，語出《漢樂府》:「隴頭流水，鳴聲嗚咽；遙望秦川，心肝斷絕。」情調凄切哀婉，渲染了鄉思之烈。郭仲產《秦州記》謂隴山東有懸溜，「山之東人行役，昇此而瞻望者，莫不悲思。」辛氏《三秦記》曰，時人「東望秦川，如四五百里，人上隴者想還故鄉，悲思而歌，有絕死者。」《樂府詩集》卷二十一載梁元帝以下至唐人的《隴頭水》曲辭多首。諸如隴水、隴上、隴頭、隴阪等亦爲這種鄉思意象情調的同義語。

陽關三疊，與《隴水歌》一樣是曲辭名。陽關爲漢代古關，唐人引入文學後又爲琴曲，中唐後多在離別筵上演奏，重在表達即別鄉關時那種難分難捨的情懷。其適用於幾乎所有的離緒別故之慨。李東陽《懷麓堂詩話》謂:「王摩詰『陽關無故人』之句，盛唐以前所未道，此辭一出，一時傳頌。不足，至爲三疊歌之，後之詠別者千言萬語，殆不能出其意之外。」此曲突現了詩詞與音樂的密切關係，⑩展示了鄉情體驗與表現的歷史發展軌跡。唐時思鄉主題作爲藝術本體系統已有了聯想滋生的豐腴土壤，其觸發並使之泛化的是主體對整個人生的一種失落感，在對故土親人的眷眷相依之刻生成了預感別後痛楚的超前意識。文學通過音樂載體更廣泛地流播蔓延，「嘆人生，最難歡聚易離別……聽取陽關徹」；⑪「想人生最苦離別，唱到陽關，休唱三疊」；⑫「奈一杯酒醒，怕聽歌三疊」⑬等，這種思鄉情懷又多爲描述與追憶分

別時那最搖憾人心的瞬間，因而很容易將鄉情推向高潮。

　　此外如明月、楊柳、⑭桑梓等原型意象，又如《燕歌行》、《梅花落》、《關山月》、《折楊柳》、《烏夜啼》、《思歸引》、《思歸樂》諸曲調和詠昭君詩詞等，也緣其習見習感，爲鄉情故思每每稱引，多所寓托，形成一種濃縮多層次文化信息的意象交叉融合系統。人生哲理意緒的傳達，歷史與美學含義的領會，言約意豐又微妙細膩的美感效應屢試不爽。

四、安土重遷

——思鄉心態的社會成因

　　當代美學認爲：「感情的爆發可能表現爲一種特徵，但它絕非原始的反應。心理分析法完全證明：表面看來最富自發性的行爲，當它們進行顯示時，它們是歷史的結果。只是因爲這些行爲來自這裡，所以它們才能提供關於自我的情況。」⑮思鄉主體雖遭際各異，自我感覺有程度、側重不同與久暫之分，但總歸是在一個共同的文化傳統之下的。漢人語曰：「安土重（師古注：重，難也）遷，黎民之性；骨肉相附，人情所願也」；⑯「小人之情，安土重遷，寧就飢餒，無適樂土之慮」；⑰「夫士（安土）重遷，戀慕墳墓，賢不肖之所同也。」⑱「安土樂業，民之樂也。」⑲這「安土」，可謂一語破的，點出了思鄉文化心理成因。

　　山隔海阻的地理環境，小農經濟爲主的生產方式，決定了思鄉情愫作爲農業社會、大陸文化的必然產物及其廣闊的民俗背景。「對於最原始的人來說，家的基本概念，不是可蔽風雨和遮蓋家庭過夜的較長久的或臨時性的建築，而是部落的土地整體」，

「土地才是他們的家」。⑩安土重遷意識約定型於西周。《尚書·盤庚》載商民屢遷，「不常厥邑，於今五邦」，緣其農業生產還靠地力，須輪作，又不得不避水患。後隨種植技術改善與治水能力增強而漸趨定居。盤庚時百姓已不願離土遠遷，故其只得軟硬兼施進行動員。《尚書·多士》載成王時周公訓誡殷民：「爾乃尚有爾土，爾乃尚寧於止」，「爾不克敬，爾不啻不有爾土，予亦致天之罰於爾躬」。以失去土地威脅子民。《管子·治國》透闢地點明：「安鄉重家則敬上畏罪，敬上畏罪則易治也，」否則，「危鄉輕家則敢陵上犯禁，陵上犯禁則難治也。」歷代統治者無不得此要義。漢法明確規定不許人民自由遷徙，且隱匿逃戶有罪；連官員甚至諸侯王也不得離開自己所任封地，隋唐律法仍沿此例。⑪

另一方面，爲維護封建秩序，統治者對人民依附土地的情感行爲又贊許褒揚，鼓勵民衆安居樂業。《周禮·地官》就注意以地方區域劃分行政管理系統：「令五家爲比，五比爲閭，使之相受；四閭爲族，使之相葬；五族爲黨，使之相救；五黨爲州，使之相賙；五州爲鄉，使之相賓。」《老子·八十章》力倡：「小國寡民……使民重死而不遠徙，」「安其居，樂其俗。」《呂氏春秋·上農》亦謂：「重徙則死其處而無二慮，」「輕徙則國有患，皆有遠志無有居心。」統治者唯恐人民犯上作亂，用種種實際措施割斷黎民的聯繫，限制其交往，以便總體上造成一種「愚民」效果。這種效果與外在的國家形式、律令互爲表裏。司馬遷曾批評道：「必用此爲務，挽近世塗民耳目，幾無行矣。」⑫班固則承孟子勸滕文公旨曰：「理民之道，地著爲本，故必建步立晦（畝），正其經界……出入相友，守望相助，疾病相救，民以是和睦，而教化齊同，力役生產可得而平也。」⑬統治者實行的教化政策及法律措

施，從一個側面整合了民族文化心理。戀土保種安居意識無疑是利於維持統治秩序的。

思鄉戀舊實質上又是宗法制人倫關係的一種特殊表現，反映出偏重社會倫理的民族心態與價值取向。論者謂中國古人「在宗教觀念上的敬天，在倫理觀念上就延長而爲敬德。同樣地，在宗教觀念上的尊祖，在倫理觀念上也就延長而爲宗孝。」㉞這種敬德宗孝觀念首要表現就是不忘故舊。《左傳·成公九年》載楚囚言稱先職，琴操南音。范文子曰：「楚囚，君子也。言稱先職，不背本也；樂操土風，不忘舊也，」「不背本，仁也；不忘舊，信也。」對於一個囚徒，竟然在道德評價上如此之高，一方面曲折反映了當權者對臣民的現實要求，同時也是氏族血親傳統道德在歷史長河裡的浮標。《詩經·小雅·小弁》曰：「維桑維梓，必恭敬止；靡瞻匪父，靡依匪母。」《論語·里仁》稱：「父母在，不遠遊，遊必有方。」盡孝父母的內心規範與血親宗法制度，家庭本位觀念表裡相副。孔子偶或也批評：「小人懷土」（同前），但「小人」此指衆人，恰恰說明懷土觀念之普遍。《孟子》幾次提到孔子語：「五十而慕者，予於大舜見之矣。」以舜五十歲還依戀父母爲人格高尚的標記。《萬章》、《盡心》篇兩次提到孔子離開齊國時行動很快，而離開魯國時則說：「遲遲吾行也，去父母國之道也。」「父母國」一語，足見思鄉與盡孝盡倫，愛國情感的內在聯繫（詳後）。《列子·天瑞》亦從否定角度談到：「有人去鄉土，離六親，廢家業，遊於四方而不歸者，何人哉？世必謂之爲狂蕩之人矣。」因而自漢代流民起，中國歷代流民在災荒戰禍後都紛紛回歸故土。㉟

此外，漢魏時「舉孝廉」，把奉養父母盡孝的程度，通過鄉

閭清議，作爲舉薦的條件。因爲「孝」是敬上的基本道德規範，所謂「其爲人也孝弟（悌），而好犯上者，鮮矣。」㊱提倡孝道實際上是爲安定社會秩序。「舉孝廉」的效果是有兩面性的，一方面出現了不少欺世盜名的醜事，但也的確出現了一些重孝敬親的「佳話」。如趙至「爲遼東從事，……自痛棄親遠遊，母亡不見，吐血發病，服未竟而亡。」㊲類似事當時屢見不鮮。而官吏任用下屬時又多照顧「同鄉」情分。民族傳統心態中對同鄉情誼的重視，都與思鄉情感成因及其影響密切相關。㊳這種人所共通、代代嗣續相沿的思鄉習尙，深在地建構了中國文人士大夫的價值系統。以致於形成人格評定的價值尺度。如唐代便有這樣廣爲傳誦的故事：「吳越司賓使沈韜文，湖州人，有《遊西湖》詩云：『菰米蘋花似故鄉……不是不歸歸未得，好風明月一思量。』武肅憫其思鄉，授以湖州刺史。」㊴鄉思情染，竟有如此之大的力量，免不了帶來消極作用。歷史上的農商關係便與此相聯。從商鞅、韓非到賈誼、晁錯，向有所謂「本末」之辯。農爲本，商爲末，結果形成了統一國家中的局部鄉土分割，限制了商品流通，阻滯了經濟發展，甚至助長藩鎮割據，占山爲王的局面形成。不管歷史的功過如何，同懷古等主題一樣，思鄉主題是較能體現中華民族文化精神的。受這種文化類型規範，長期的政教倫理薰陶下人們極具恆定性的情感生活、深廣的經濟、文化與民俗傳統，使思鄉意識早就注入了中國文學的血脈，從而作爲不可忽視的一個文化基因，該主題又強固了中華民族獨特的文化模式。

五、念故戀群

—— 思鄉意念的心理動源

宋長白《柳亭詩話》卷五體會到：「魏文帝詩：『回頭四向望，眼中無故人』，陳思王詩：『不見舊耆老，但睹新少年』，每於羈旅淹留之後，乍還鄉井，諷詠此言，不自覺其酸風貫眸子耳。」⑨所謂故舊，是指與人們曾經有過交往之誼的親友賓朋。而久別還鄉，不料他們都已淒然作古，這就不僅勾引起對亡友親人的哀思，而且更深切地寄托著人生聚散無常的慨嘆以及生命短暫的牢悉。思鄉在這裡雖然指爲過去時，但它的情緒記憶卻縱橫交錯，動情力更是遠出言意之表！

現代心理學證明，人的記憶有一種選擇性。凡是人們喜好的記憶表象較多地保存在大腦皮層中，隨著往事煙消，漸趨淡化，積留下的便多爲詩一般美好的回憶。故鄉之情因爲是童年時代所建立，具有天眞無邪特點，那是人們對於世界最初的印象。等到童年一去，入世漸深，人們就會深深地惋嘆童年生活的可貴。所謂「人到中年憂患多」就是與童年生活比較而言的。一經比較，印象彌深。何況人在鄉思最烈之際，往往正是處境不佳、孤寂繞心之時。「人窮則反本」，此刻精神上也不自主地轉向昔日美好追憶中尋覓慰藉。純淨化了的舊懷鄉思由是頓然而至。回憶又會提供「各種相互交織在一起的對象形式和被給予形式」。⑪思鄉正是將人記憶中對故舊諸般美好事物、現象交織而發生聯繫的契機。這種形式借助於昔日的意象讓人傾心而迷戀。

「意象是一個既屬於心理學，又屬於文學研究的題目，在心理學中，『意象』一詞表示有關過去的感受上、知覺上的經驗在心中的重現或回憶。」⑫這種廣義的意象，既含有理性，又飽浸

著主體情感。而思鄉之情極易找到外界觸發媒介，牽動起昔日意象的重視與回憶。《晉書》本傳載爲官在外的張翰「因見秋風起，乃思吳中菰菜、蓴羹、鱸魚膾，曰『人生貴得適志，何能羈官數千里以要名爵乎！』遂命駕而歸。」此事後來成爲其明察時勢的美談。他理性上預測朝廷政治紛爭將很快產生大的政治動亂，且無意捲入其中，於是假名清高曠志，物候適宜來強化無可阻滯的思鄉之情。從這裡還可看出：舊時經驗感受呈示出的意象改變了人的價值觀念，隨之原本很一般的東西也變得彌足珍貴。因爲「重複，對同一事物的重新體驗，其本身顯然就是一種愉快的源泉。」⑬魯迅就有同感：「我有一時，曾經屢次憶起兒時故鄉所吃的蔬果：菱角，羅漢豆……都曾是使我思鄉的蠱惑……惟獨在記憶上，還有舊來的意味留存。他們也許要哄騙我一生，使我時時反顧。」⑭這種懷舊感使思鄉之情有了一種自調節的心理機制，使之恆定持久。

　　人是社會動物，社會群體意識是人類精神特徵之一。但是社會群體意識感情上有親疏之別，思鄉所引發的正是一種親近的社會群體意識。其本質上是以孤獨心態爲內在特徵的特殊情感體驗方式。人在孤獨無依時，價值取向偏重尋求安全感，希冀著親和力的憑依。這時往日群體生活體驗，故鄉景物親朋故舊對象化的漢足，就隨著舊情重溫的認同給人莫大的愉悅。這也是「離群託詩以怨」⑮的深層動因。按古人對此早有認識。《韓非子·外儲說右上》載秦樗里疾誣陷犀首泄密，理由就是「犀首也羈旅，新抵罪，其心孤，是言嫁於衆也（取得衆人信任）。」而秦王能聽信，說明力遣孤寂感的正當要求在當時已經得到普遍的認同。

　　離別了故鄉的人才會深深地體味到故鄉的可親，失去了祖國

的人對於亡國奴的命運才會確認爲奇恥大辱。人稱「隔絕機制」
是舊式愛國主義產生的土壤，此言縱非眞理，也不能否認它確是
一種經驗之談。愛國不是一個空泛的概念，故國山川、兒時往
事、父母親朋、舊屋桑梓……熟悉而親切的一切所在，都無不與
鄉情血肉相通。《詩經》中即有「君子萬年，保其家邦」；⑯「刑
於寡妻，至於兄弟，以御於家邦」。⑰邦是大家，家是小邦，實
爲一體。因爲「天下之本在國，國之本在家」。⑱由此所謂「鄉
國」、「家國」往往並提。《吳越春秋》載：「王與大夫嘆曰：『吾
與絕望，永辭萬民，豈料再還，重復鄉國?」鄉即爲國。梁簡文
帝《箏賦》言聽箏弄響，「足使遊客戀國」，戀國即爲思鄉。庾信
詩賦的鄉關之思是公認的故國之情典範。杜甫的《北征》名篇由
國寫到家，再由家寫到國，家國一體而幾難分開。⑲王梵志《晚
秋登城之作》有：「鄉國云山遮不見，風光慘淡益愁深」；韓愈
《憶昨行和張十一》言：「眼中了了見鄉國，知有歸日眉方開」；
宋元人也謂：「少年行路今頭白，不盡還家去國情」；⑳「入座台
山景趣新，因君鄉國重情親」。㉑至清人還在詠嘆：「鄉國茫茫何
處是，珠江一片夕陽愁」。㉒思鄉之忱就這樣從一個無法替代的
角度，不斷提示人們家庭與國家間的內在聯繫。思鄉，不光是懷
念故國父母家園等實體，更重要的是人類群體生活意識、經驗強
烈而頑強的表現；它是人要以歸依誠信方式實現自我與社會要求
的努力。正是這種滲透著傳統文化精神的喜聚不喜散、戀群戀故
心理，使人們力圖在文學中達到對包括家庭、親友、種族、國家
等多元多層的人類群體生活的靈魂上的復歸，由此，鄉情得到不
斷的補充與強化。

六、感傷怨慕

—— 思鄉與相思的情感內涵比較

我們知道，相思是人心理、生理欲望與自我本質確證於異性對象的需要所致，是人自我意識的集注煥發，更多的帶有心理學、美學意義；思鄉則爲群體倫理義務感驅使，是外在的血緣宗法制度積澱的內心情結，更帶有民俗學、文化學意義，它們具有不同的情感內涵。

在封建社會專制制度壓迫與倫理規範約束下，男女雙方不能自由歡晤，而主體偏不怯懦，反而更孜孜以求，相思標志著個體的奮求；⑩而思鄉則是群體價值觀念整合個體的結果。男女相思，講究的是自身權利，相對的自由平等，重視爲自我做些什麼（儘管其有許多歷史局限），而思鄉則聯繫著義務、責任，有著等級性與歸屬感，重視爲親族社會做些什麼。以故歷代統治者總是對相思愛欲壓抑貶損，而提倡戀故思鄉，極力讓家、國同構。

《抱朴子》稱「夫不忠不孝，罪之大惡。」傳統文化重倫理，尤其強調「忠」、「孝」。在織滿人文精神的倫理型文化系統中，相思與思鄉也都被倫理化了，超出了其各自原生意義，被賦予忠、孝的神聖光環，具有一定的宗法等級性。但相思的自我實現熾望，更多的與「忠」相聯繫：「只願君心似我心，定不負相思意。」⑭進而如同傾慕異性，渴求理解且矢志不渝那樣希冀著被君主恩幸賞識，拳拳以忠（如屈原）。相思本質上既是一種具有「性感的性質」的愛欲，男女之思喻君臣之戀本身就愈加帶有「忠君」色彩。思鄉則因其血緣倫理性的義務感，大多與「孝」

相聯繫，孝敬之心須臾不可失，有如不能忘故背親、忘恩背主一樣，此又與「忠」有共通性。「孝慈，則忠」；⑩「人臣孝，則事君忠，處官廉，臨難死。」⑩按漢晉以孝治天下，此間思鄉之作興盛便極正常。漢趙歧注《孟子·離婁上》曾謂：「於禮有不孝者三事」，其中第二項便是「家窮親老，不爲祿仕。」而若要得祿仕，便要離鄉遠求。由於「人之行莫大於孝，」⑩實現孝行——離鄉——思鄉——盡孝，就如此循環往復，不斷凝結著人們的情感意念，集注爲思鄉模式。

　　前舉《世說新語》注引趙至事，即是由於他「自恥士伍，欲以宦學立名，期於榮養」以報父母之恩的，此事見出爲仕求學主要動力之一就是爲盡孝。孝愈加促使人離鄉求仕，但爲了盡孝得仕，求學仕子們還必得借助於家族、父母的力量。目的實現的手段與過程反饋回目的自身，又強化了盡孝的責任。特別是公元七世紀科舉制實行後，確如論者言：「表面看來，考場內的筆墨，可以使一代清貧立即成爲顯達，其實幕後的慘淡經營則歷時至久。這種經過多年的奮鬥而取得的榮譽，接受者只是一個人或至多幾個人，但其基礎則爲全體家庭。因此，榮譽的獲得者必須對家庭負有道義上的全部責任，保持休戚與共的集體觀念」，甚至推及所有家族成員，「一個人讀書中舉而後成爲官員，如果認識到他的成功和幾代祖先息息相關，他就不能對他家族中其他成員的福利完全漠視，」因而「這種經濟上的利害關係被抽象而升華爲道德」。⑩

　　無須回避，中國文人缺乏懺悔意識，他們總是以所追求的如何有價值來標榜自勵，而拙於清醒地時時反思這追求究竟爲何；一當失敗或受挫，他們很少從自身上找原因，老怨天尤人，嘆生

不逢時命途多舛。由於歷史總是在「挑戰—— 應戰」往復不已的
程序中前進，人生也總是在「追求—— 受阻—— 再追求」的起伏
節奏中發展，所以思鄉與相思兩者具有廣泛而深邃的情感內涵。
每當中國文人困頓孤寂之時，相思強調的是如何以積極、執著的
態度去追索；思鄉則往往與消極退避之念共生並俱。「內聖外王」
的價值追求決定了「外求不得反求諸身」，於是思鄉常常由對故
土親人的思念牽掛，泛化為一種精神上的回歸意識，對當前從事
活動的意義價值表示懷疑困惑。如方東樹《昭昧詹言》卷二評古
詩《步出城東門》「我欲渡河水」句，認為這是「言涉世險艱，
故願還故鄉。故鄉者，本性同原之善也。經疢疾憂患危難懼而後
知悔，古人無不從此過而能成德者也。」歷代出山受挫或功成身
退回歸田園者，都以鄉情鄉戀為失衡心靈的精神遁逃藪。

　　這種精神上的回歸意識同禪宗的「明心見性」，悟得本原結
合起來，構成古代文學與宗教相通的某些契機。如海外學者指出
的，《西遊記》中孫悟空即建議唐僧：「我等若能溫養二八，九九
成功，那時節，見佛容易，反故田亦易也」，論者認為「故田」
不僅指唐僧等渴望歸去的世俗中國，也是歷盡艱辛贖「前世」之
罪後，返回「真正的故園」—— 西方極樂世界。因此「『返鄉』
恰可以看作是作者寫成仙之道時，一個意蘊深刻又發展容易的母
題。」⑩

　　心靈故鄉的迷途得返是超凡入聖的保障，而這必須完成在人
間現世的倫理義務，即「廣修十善」，尤其是孝養父母和奉事師
長。因而「返鄉」實為人的倫理價值實現的代名詞。晚唐五代時
興起的淨土宗，其教義倡導迷凡悟聖，淨穢在心，如惠能主張的
在自心自性中尋找淨土，從而又為中國文人指出了一條溝通佛國

天堂與凡塵苦海的佳徑，這就是以特定的倫理行爲解脫於現世，達到靈魂上的佛性照臨復歸故鄉。緣此，思鄉戀舊又得以在宗敎意義上浸染了古代文人的苦難心靈。

　　相思與思鄉情感上反映出士大夫文人價値觀念的變化，亦常常在主體人生不同階段創作上體現出來。如白居易三十五歲時作《長恨歌》，無非要禮讚執著深切的男女戀情，此與政治上的進取心息息相關，作品字裡行間滿是一往無前的相思追慕，說來理直氣壯，意定神閑。而四十六歲時所作《琵琶行》則不然，此時他已飽嘗仕途坎坷之苦，感傷中轉向退守，由對象性思念變爲廣義性的思鄉回歸意緒：「其間旦暮聞何物？杜鵑啼血猿哀鳴」；「今夜聞君琵琶語，如聽仙樂耳暫明」。這裡的「杜鵑」、「琵琶」等思鄉原型意象帶有難可盡言的心理象徵蘊味，退避思舊的淒苦呻吟裡夾雜著隨遇而安、以期恬淡安逸的禪意，一種忍讓克制而不再奮求的幻滅感於是可見。

　　人生的情緒指向一般隨閱歷深淺而變化。陳寅恪先生謂：「人生時間約可分爲兩節，一爲中歲以前，一爲中歲以後。人生本體之施受於外物者，亦可別爲情感及事功之二部。若古代之士大夫階級，關於社會政治者言之，則中歲以前，情感之部爲婚姻，中歲以後，事功之部爲仕宦。」⑩大體說來，士大夫文人中歲前多相思，中歲後多思鄉。而前者愛情相思渴求多伴隨著事業功名追求尚未得的怨慕；後者仕宦或功成名就，或努力無望不再奮勉，於是每發思鄉傷感。「人到中年才能深切的體會到人生的意義，責任和問題，反省到人生的究竟，所以哀樂之感得以深沉。」⑪思鄉正是一種極深沉的情感，它與人中年後心態變化有關。《世說新語·言語》曾謂：「中年傷於哀樂，與親友別，輒作

數日惡。」況乃背井離鄉呢？尤其年邁之時，那些思「致仕」、「乞骸骨」歸鄉返里之願，史不絕書。如《漢書》本傳載貢禹「願乞骸骨，及身生歸鄉里，死亡所恨」；《後漢書》卷四十七載班超「自以久在絕域，年老思土」，於是上疏稱：「臣聞太公封齊，五世葬周。狐死首丘，代馬依風。夫周齊同在中土千里之間，況於遠處絕域，小臣能無依風首丘之思哉！」其至還有死後托夢以求還鄉的傳說。⑫這些，都與思鄉及相思主題互為生發，交相影響和補充，兩大主題各以特定的文化內涵實現了自己的價值關懷。

七、鄉愁難消

思鄉主題的正負文化價值

正因為有上述錯綜複雜的內在結構與機制，思鄉主題之於整個中國古代文學、中國文化的關係也就不能不是複雜多元的，不能只用愛國思想一個價值尺度來衡量論定。極目歷史雲煙，主題的確傳播並凝聚了中華民族的群體意識，成為維繫民族與國家統一、穩定的情感紐帶。其建構並強化了古人對祖國母親孺慕相依的心理。中國文學民族意識較強，愛國之作很多，這與鄉思情熾，主題浸染分不開。但毋庸諱言，思鄉亦帶來一種民族的「兒童化」傾向，念舊戀土，成熟期晚。主體的個性獨立意識淺薄，習慣於隨順社會倫理規範的整合。在倫理義務約束下，「自然界對人類的一切關係，主觀情緒的一切要求，都完全被抹殺、漠視。」黑格爾《歷史哲學》中的這段話也適用於此。此外傳統心態對故里、家園看得也總是水軟山溫，鄉土觀念重，常常有一種

盲目的優越感和自我中心感；不是歡快地告別過去，而癡迷於找尋、回歸精神故鄉，以致於在一定程度上妨害了民族寶貴的開拓精神、追尋視野和否定意識。

其次，思鄉固有的哀愁質素，強化了民族憂患意識，誘使歷代創作主體將思鄉懷故作爲慣用的宣泄模式。中國文人往往青年時依戀父母，壯年時眷念妻子，晚年懷舊感傷，擔心不能骸骨返鄉，魂歸故里，幾乎一生都浸泡在淒清孤苦的鄉思氛圍中。對過去的惜戀歸依常常得到的是空幻的解脫安慰，從一個側面又流露出在特定的歷史條件下，個體生命與外在現實間無法調和的矛盾衝突。類似的文化心理受思鄉主題薰染，又反饋於主題創作及其鑒賞評價。思鄉懷故至今仍爲人們超越現實、減輕憂痛的途徑之一。

思鄉主題還拓展了中國文學的表情層次。鄉情本身及主題系統特有的美感包容力，使得諸如離別、相思、失意、懷故、思古等等人生豐富複雜的勃鬱之忱，都可以融入思鄉情懷中吐露。清人評曹丕《雜詩》曰：「離間之懼，不可明言，只借思鄉作影，其實非轉指思鄉也」；⑬又評曹植《情詩》：「大抵子建平生，只爲不得於文帝，常有憂生之嗟，因借徭役思歸之情，以喻其憂讒畏譏，進退維谷之意。」⑭可見，正由於創作主體感受，抒發上述情感時，可以多形式多方面地將人生共生共感，親切熟悉的思鄉心態、情緒滲透其中，遷延後世。因爲鄉情本身就是一種極富包容力的情感。如陸機《懷土賦序》所言：「去家既久，懷土彌篤。方思之殷，何物不感！曲街委巷，罔不興詠；水泉草木，咸足悲焉……」。審美觀照的敏感性激發了藝術表現力的豐富精細，於是中國文學的語言便爲之更富有多層面多指向的美學功能（當

然這只是原因之一）。情感用相應的語言、原型與表現技巧語詞化，語詞的運用與傳承在一定範圍內又豐富了人們的審美感知層次。思鄉是人在現實環境中的空間指向；懷故是人在心理世界中的時間指向，而這兩者又是如此密不可分，互為借重。故而中國文學深層隱義的綿密婉致，比喻寄托的繁富多樣等等，也一定程度上得力於此。

總而言之，中國古代文學中的思鄉主題，是我們引為驕傲又深感不幸的。在總結借鑒其藝術美創造經驗的同時，沿此進一步對傳統文化進行反思批判，當是古化文學宏觀研究與中國文化史研究中一個不應忽視的課題。

註 釋

①《小雅·小明》。

②《小雅·四牡》。

③《小雅·蓼莪》。

④《魏風·陟岵》。

⑤〔清〕馬瑞辰：《毛詩傳箋通釋》。

⑥錢鍾書：《管錐編》，中華書局1979年版，第95頁。

⑦《王風·揚之水》。

⑧《小雅·黃鳥》。

⑨《檜風·匪風》。

⑩《小雅·采薇》。

⑪《小雅·出車》。

⑫⑬⑭⑮《九嘆》、《七諫》、《惜誓》、《九懷》，見《楚辭補注》，中華書局1983年版，第283頁，第229頁，第273頁。

⑯謝靈運：《歸塗賦序》，《全宋文》，第2599頁。

⑰僅順帝時京師太學校舍就有一千八百多間，太學生三萬多人；班固《東都賦》稱「四海之內，學校如林」。

⑱《全漢文》卷八獻帝《令州郡罷兵招》：「今四民流移，托身佗方，攜白首於山野，棄稚子於溝壑，顧故鄉而哀嘆，向阡陌而流涕。」《魏書·食貨志》載：「晉末天下大亂，生民道盡，或死於干戈，或死於飢饉，其幸而存者，蓋十五焉。」

⑲宋長白：《柳亭詩話》卷十一，《三曹資料匯編》，第27頁。

⑳㉑夏侯湛：《夜聽笳賦》、湛方生：《懷歸謠》，《全晉文》，第1850頁，第2269頁。

㉒高適：《登壟》，《全唐詩》，第500頁。

㉓陶翰：《送朱大出關》，《全唐詩》，第337頁。

㉔韋莊：《菩薩蠻》，張璋、黃畬編：《全唐五代詞》，上海古籍出版社1986年版，第527頁。

㉕見厲鶚：《宋詩紀事》，上海古籍出版社1983年版，第2103頁。

㉖鮑照：《擬行路難》，《先秦漢魏晉南北朝詩》，第1277頁。

㉗江淹：《去故鄉賦》、《江文通集匯注》，中華書局1984年版，第11頁。

㉘庾信：《擬詠懷》、《先秦漢魏晉南北朝詩》，第2368頁。

㉙王維：《隴頭吟》，《全唐詩》，第289頁。

㉚李益：《夜上受降城聞笛》，《全唐詩》，第718頁。

㉛李欣：《古意》，《全唐詩》，第310頁。

㉜王昌齡：《從軍行》，《全唐詩》，第330頁。

㉝岑參：《胡笳歌送顏眞卿使赴河隴》，《全唐詩》，第467頁。

㉞李陵：《重報蘇武書》，《全後漢文》，第282頁。

㉟吳邁遠：《胡笳曲》，《先秦漢魏晉南北朝詩》，第1319頁。

㊱鄭谷：《席上貽歌者》，《全唐詩》，第1697頁。

㊲趙嘏：《長安晚秋》，《全唐詩》，第1402頁。

㊳《巴甫洛夫選集》，科學出版社1955年版，第155頁。

㊴《管子·霸形》，四部叢刊初編縮本，上海商務印書館版，第52頁。

㊵靄理士認爲：「鳥類可以爲了失偶的緣故，傷感到一個自我毀滅的境界，可知這其間所牽涉到的決不祇是一個單純的性的本能，而是此種本能與其他生命要素的一個綜合」；譯者指出：「雁就是最好的一個例子。富有人本思想與浸淫於擬人論的中國文學家也早就觀察到此。」參見：《性心理學》，三聯書店1987年版，潘光旦譯第432頁，第463頁。

㊶李白：《宣城見杜鵑花》，《李太白全集》，第1165頁。

㊷陳與義：《送人歸京師》，《陳與義集》，中華書局1982年版，第524頁。

㊸朱淑貞：《悶懷》，《斷腸詩詞》卷二，長春市古籍書店1983年版，第19頁。

㊹洪炎：《山中聞杜鵑》，錢鍾書：《宋詩選注》，人民文學出版社1979年版，第124頁。

㊺辛棄疾：《滿江紅》，《全宋詞》，第1953頁。

㊻文天祥：《金陵驛》，《宋詩選注》，第313頁。

㊼王季思校：《西廂記》，上海古籍出版社1978年版，第192頁。

㊽錢南揚：《元本琵琶記校注》，上海古籍出版社1980年版，第51頁。

㊾〔美〕蘇珊·朗格：《情感與形式》，中國社會科學出版社1986年版，第146頁。

㊿余嘉錫：《世說新語箋疏》，中華書局1983年版，第442頁。

５１范祥雍：《洛陽伽藍記校注》，上海古籍出版社1978年版，第206—207頁。

５２王昌齡：《胡笳曲》，《全唐詩》，第329頁。

㊷蘇珊·朗格：《藝術問題》，中國社會科學出版社1983年版，第35—36頁。

㊸《榮格文集》第 8 卷，普林斯頓大學出版社英文版，第136頁。

㊹「越鳥」、「胡馬」（又「代馬」）等是早自漢樂府就被賦予思鄉文化色彩的原型意象。「胡」、「越」極言其遠，二者對舉，如「胡馬依北風，越鳥巢南枝。」（《古詩十九首》）魏晉人使用較多。後人亦以之爲鄉情代稱，品評作品。如張溥《漢魏六朝百三家集題辭》評徐陵：「……羈旅篇牘，親朋報章，蘇李悲歌，猶見遺則，代馬越鳥，能不淒然！」因該原型較常見、單純，此不細論。

㊺柳宗元：《與浩初上人同看山寄京華親故》，《全唐詩》，第870頁。

㊻李白：《登新平樓》，《全唐詩》，第420頁。

㊼蘇珊·朗格：《情感與形式》，第199頁。

㊽見《管錐編》，第876頁。

㊾《莊子·則陽》，陳鼓應：《莊子今注今譯》，第673頁。

㊿《韓詩外傳集釋》卷七，中華書局1980年版，第268頁。

62《漢書·藝文志》關於辭賦的論贊與《文心雕龍·詮賦》引《毛傳》語。

63曹丕：《九日與鍾繇書》，《全三國文》，第1088頁。

64「望鄉台」之說似應更早些，《水經注》卷十九載：「安邑，禹都也。禹娶塗山氏女，思戀本國，築臺以望之，今城南門，臺基猶存。」見王國維：《水經注校》，上海人民出版社1984年版，第598頁。

65王勃：《蜀中九日》，《全唐詩》，第168頁。

66盧照鄰：《九月九日登玄武山》，《全唐詩》，第136頁。

67晏幾道：《阮郎歸》，《全宋詞》，第238頁。

68岑參：《行軍九日思長安故園》，《全唐詩》第477頁。

69無名氏：〔前調〕《重九登臨》，王季思等：《元散曲選注》，北京出版社1981年版，第338頁。

⑦ 方成培:《詞塵》:「唐人所歌,多五、七言絕,必雜以散聲,然後可比之管弦,如《陽關》詩必至三疊而後成音。」

⑦ 寇準:《陽關引》,《全宋詞》,第3頁。

⑦ 劉庭信:〔折桂令〕《憶別》,《全元散曲》,中華書局1981年版,第1430頁。

⑦ 楊春星:《思歸引》,《全清詞鈔》,中華書局1982年版,第175頁。

⑦ 參見拙文:《柳與中國文學──傳統文化物我關係一瞥》,《中國人民大學複印報刊資料》J₂專題1987年第11期。

⑦ 〔法〕杜夫海納:《審美經驗現象學》,《世界藝術與美學》第7輯,文化藝術出版社1986年版,第117頁。

⑦ 《漢書·元帝紀》。

⑦ 崔寔:《政論》,《全後漢文》,第272頁。

⑦ 王符:《潛夫論·實邊》,《潛夫論箋校正》,中華書局1985年版,第282頁。

⑦ 揚雄:《連珠》,《全漢文》,第416頁。

⑧ 〔德〕利普斯:《事物的起源》,四川民族出版社1982年版,第2頁。

⑧ 《漢書·淮南厲王長傳》載薄昭書:「亡之諸侯,遊宦事人,乃捨匿者,論皆有法。」作爲漢戶律延續的《唐律》有「諸脫戶籍,家長徙三年。」參見《唐律疏義》卷十二。

⑧ 《史記·貨殖列傳》。

⑧ 《漢書·食貨志》。

⑧ 侯外廬等:《中國思想通史》第1卷,人民出版社1957年版,第94頁。

⑧ 如《宋書·諸志總序》有:「自戎狄內侮,有晉東遷,中土遺民,播遷江外,莫不各樹邦邑,思復舊井。」

⑧ 《論語·學而》,《論語譯注》,中華書局1980年版,第2頁。

⑧《世說新語·言語》注引嵇紹:《趙至叙》,《世說新語箋疏》,第75頁。
又參見《晉書·文苑傳》。

⑧如《世說新語·賢媛》載:「許允爲吏部郎,多用其鄉里,」理由爲「舉
爾所知」,便於官得其人:《論語·子路》有「子曰:『舉爾所知……』」;
又《南史·王懿傳》稱:「北土重同姓,並謂之骨肉,有遠來相投者,莫
不竭力營贍。若有一人不至者,以爲不義,不爲鄉邑所容。」見出鄉情
不僅具有倫理上的特殊價值,也是士族聚合的一個心理要素。早自漢王
符:《潛夫論·實貢》就指斥過這種現象。

⑧宋·阮閱編:《詩話總龜》前集卷四,人民文學出版社1987年版,第36
頁。

⑨見《三曹資料匯編》,第173頁。

⑨〔德〕埃德蒙德·胡塞爾:《現象學的觀念》,上海譯文出版社1986年版,
第56頁。

⑨〔美〕韋勒克、沃倫:《文學理論》,三聯書店1984年版,第201頁。

⑨《弗洛伊德後期著作選》,上海譯文出版社1986年版,第38頁。

⑨《朝花夕拾·小引》,《魯迅全集》第 2 卷,人民文學出版社1981年版,
第229—230頁。

⑨鍾嶸:《詩品·序》,《鍾嶸詩品講疏》,成都古籍書店1983年版,第 3 頁。

⑨《詩經·大雅》:《瞻彼洛矣》,《思齊》。

⑨同⑨。

⑨楊伯峻:《孟子譯注》,中華書局1981年版,第167頁。

⑨參見拙文:《談＜北征＞》,錦州師院《語文教學與研究》1981年第 1
期。

⑩陳師道:《舟中二首》,《後山詩注》卷四,四部叢刊初編縮本,上海商
務印書館版,第 6 頁。

⑩元好問：《贈答普安師》，《元遺山詩集箋注》卷十，人民文學出版社1958年版，第491頁。

⑩王攄：《重陽前一日登鎮海樓》，《清詩別裁集》，中華書局1975年版，第244頁。

⑩參見相思主題。

⑩李之儀：《卜算子》，《全宋詞》，第343頁。

⑩《論語·爲政》，《論語譯注》，第20頁。

⑩《呂氏春秋·孝行》，《呂氏春秋校釋》，第731頁。

⑩《漢書·平當傳》。

⑩〔美〕黃仁宇：《萬歷十五年》，中華書局1982年版，第209頁。

⑩余國藩：《宗敎與中國文學——論＜西遊記＞的玄道》，台北《中外文學》月刊1986年第6期。

⑩《元白詩箋證稿》，上海古籍出版社1978年版，第82頁。

⑪宗白華：《美學散步》，上海人民出版社1981年版，第184頁。

⑫《後漢書·溫序傳》。

⑬張玉穀：《古詩賞析》卷八，《三曹資料匯編》，中華書局1980年版，第86頁。

⑭吳淇：《六朝選詩定論》卷五，上書第154頁。

中國古代文學中的黍離主題

在璀璨的古代文化寶藏中，愛國主義文學是閃爍著動人光彩的精品之一。而愛國之作於華夏之邦最具民族特色且爲內在神理的即是黍離之思。黍離之思超越了愛國主義概念所界定的範圍，諸如社會與自然、歷史與現實、經濟與政治、傳統與個性、詩意與哲理等等複雜的情感意緒與哲思，都可以在這種切膚之痛的迸湧中呈現出來。本文試對該主題作一歷時情描述及其深在成因、表現特徵及影響的簡略剖析。

一、「嘆黍離之愍周兮，悲麥秀於殷墟」①

—— 黍離原型初始與流播

「黍離」一語出自《詩經・王風・黍離》。此詩歷史上有三說，一說爲《詩序》：「黍離，閔宗周也。周大夫行役至於宗周，過故宗廟宮室，盡爲禾黍，閔周室之顛覆，仿徨不忍去，而作是詩也。」②另說爲《韓詩》，認爲該詩爲尹吉甫之子伯封所作；三說爲《新序》，「以爲衛宣公子壽閔其兄伋之見害而作。」③後世多取第一說。從原型及其流變軌跡上看，也正是此說的精神給中國文學影響最大。周幽王時，申侯勾結犬戎殺幽王於驪山，周土被占；而後犬戎又攻入洛陽，逐走襄王。於是產生了周大夫來到鎬

京後感時傷舊的黍離之痛:「彼黍離離, 彼稷之苗;行邁遲遲, 中心搖搖。知我者謂我心憂, 不知我者謂我何求!悠悠蒼天, 此何人哉……」。這重章疊句, 往復回環的詠嘆, 表達了詩人古樸蒼涼又激越悲憤的情感。自此,「黍離之痛」爲後世人們不斷回味充實, 漸成爲歷代戰亂後人們目睹宗社丘墟、悼往傷今的符號象徵。

海外學人謂:「所有的心智活動, 不論其在創作上或是在學理的推演上以及最終的決定和判斷, 都有意無意的必以某一種『模子』爲起點。」④但「模子」的形成並非偶然, 且往往不是孤立存在的。《黍離》詩意情氛每每成爲故國之思代碼、懷舊之痛原型, 有著時代、文化的原因, 也有其自身理由。如果說, 常與之並提的《麥秀歌》因其爲漢人僞托而相形見絀不爲怪, 那麼, 較之產生年代相近的《小雅·小弁》:「踧踧周道, 鞠爲茂草, 我心憂傷, 惄(憂痛)焉如擣」則更說明問題。後者雖也發「衰草」、「春草」諸意象、意境之先, 但距可以視爲有普遍原型意義的原型尚差很遠。原因之一是《黍離》那種情感極爲沉鬱痛切;二是其意象特徵較鮮明, 不像「茂草」那麼籠統;「離離」的動態性情貌竟引起主體「中心搖搖」, 文情騰挪生姿;而最重要的是詩人自我形象較突出, 其情感線索聯結現實所感, 繫於「知我」與「不知我」的對照上。中國文人向來重視人際關係中對方對自己的理解程度。⑤正由於《黍離》通篇整體系統中包孕著主體強烈期待對象化確證的情緒力結構, 成爲一種難於代替的藝術刺激, 屢經重覆而不失情韻。同時其又喚起人匡救社稷的社會責任感, 由悲壯到豪邁, 由激越到嚴肅, 潛在地重塑、提高了接受主體的自我價值, 使之提純臻美。成型了的黍離意象又不斷結體

於作品，反饋回原型本身，強固並豐富了其價值內涵，愈加使後人將其奉為圭臬。

黍離之痛源於人對人化自然、群體結構的直觀理性思考，重在歷史的觀念且較多地受生產關係、上層建築變革的撞擊。主題在漫長的歷史流程中，具有週期性漲落的發展規律，其中較突出的三次高峰是漢末至晉初、中唐後及南宋後期，這是社會動亂、衰敗、危機的情勢使然。

經歷了空前繁盛的大漢帝國，人們對戰亂衰敗尤為難於適應，漢末直至晉初大多抒情之作都飽浸黍離之痛。如曹操《薤露》「瞻彼洛陽邦，微子為哀傷」的以古詠今；《蒿里行》「白骨露於野，千里無雞鳴」的憂國憂民；又王粲的《從軍行》：「悠悠涉荒路，靡靡我心悲」，潘岳的《西征賦》，傅咸的《登芒賦》；直至鮑照《蕪城賦》，等等，痛嘆之言連綿不絕。人們內心情感疆土的不斷開拓，因黍離之痛染濃、深化了魏晉「主悲」時代的文化氛圍。關心現實，注目人生，黍離之痛成為「建安風骨」「梗概多氣」的心理基石。許多懷古傷今的作品都灌注了黍離情味，如張載《七哀》詠北邙漢墓：「昔為萬乘君，今為丘中土」；劉琨《答盧諶》觸亂傷懷：「火燎神州，洪流華域；彼黍離離，彼稷育育；哀我皇者，痛心在目」等等，都承建安遺韻，體現為對人生命運、社稷危存的關注，超越了黍離原型感傷景物殘破、自我不為人解的先在範圍。

安史之亂後大唐王朝的由盛及衰，文學中沉鬱憤激的黍離之詠也驟然增多，這在杜甫詩中呼聲最高。膾炙人口的《春恨》自不必說，前人評：「『江水江花豈終極』，不待云『比翼鳥』、『連理枝』、『此恨綿綿無終期』，而無窮之恨、《黍離》《麥秀》之悲，

寄於言外。」⑥同前代《麥秀歌》、《蕪城賦》等相比，黍離之痛
又增多了不少無力回天又不甘於現實規定性的終古之恨。中唐後
黍離主題多在詠史懷古作品中，匯聚著氣勢雄渾，包舉宇宙的力
量。如「楸梧遠近千官冢，禾黍高低六代宮」；⑦「宮管遺基輦
棹過，黍離無限獨悲秋」⑧等，帶有對整個宇宙人生盛衰無常的
思考。至李后主又掀波瀾，但已哀怨多於壯烈，開宋初作品之先
聲。

　　清人曾指出，南渡後諸詩人「撫感時事，慷慨激越，寄托遙
深，乃往往突過古人」。⑨這是令人信服的結論。主題至此的確
湧起文學史長河中最大的一疊高峰。黃升《花庵詞選》評論曾
覯：「詞多感慨，如《金陵捧露盤》、《憶秦娥》等曲，淒然有黍
離之感」；陳廷焯《白雨齋詞話》謂王沂孫詞：「黍離麥秀之悲，
『山色』六字淒絕艷絕，覺『國破山河在』猶淺語也。」故而清人
總結道：「南宋詞多黍離麥秀之悲」；⑩當代學者更確切地指出：
「黍離之感可以說是南渡詞人所共同選用的突出的主題。」⑪許多
詞人甘冒有違詞旨的風險累累直呼：「夢繞神州路，悵秋風連營
畫角，故宮離黍」；⑫「莫望中州嘆黍離，元和盛德要君詩」；⑬
「過離宮禾黍，故壘煙塵，有淚應彈」⑭等等，而姜夔的《揚州
慢》則堪稱黍離詞章的壓卷之作。積弱積貧終至山河破碎帶給文
人更多的蒼涼淒婉，浸透著有志不獲逞的憤懣。

　　元明清黍離主題亦餘波不息。僅從詞看，金元詞有「英雄
骨，繁華夢，幾荒丘」；⑮「故園青草依然綠，故宮廢址空喬木，
狐兔岩穴城，悠然萬感生」；⑯明清詞如「燕子堂空，鳳凰臺遠，
剩有春風秋露」；⑰「閑憑弔，興亡滿眼，衰草漢諸陵。」⑱戲曲
中更不乏以歌舞之事寫故國之思的佳作。其尤以清初為多，由戰

國吳亡、南朝陳亡、隋亡、唐安史之亂、後蜀與南宋亡等淫樂失國詠起。如吳偉業《秣陵春》、李玉《千鍾祿》、洪昇《長生殿》等，特別是「借離合之悲寫興亡之感」的《桃花扇》，其中都不約而同地強調黍離之痛的情感意緒。「莫愁湖，鬼夜哭；鳳凰台，棲梟鳥。殘山夢最眞，舊境丟難掉。不信這興圖換稿。謅一套《哀江南》，放悲聲唱到老。」⑲何等淒楚悲凉，跳動著黍離之痛的沉重的情感脈搏。

如此經久不息的歷史情氛不能光用現實現世的觸發來簡單對應式地解釋，古人其實正沿著一種穩態化了的知覺習慣與情緒慣性來感知社會興衰、風雲變幻。如同榮格指出的：「從科學的、因果的角度，原始意象（原型）可以被設想爲一種記憶蘊藏，一種印痕或者記憶痕跡，它來源於同一種經驗的無數過程的凝縮。在這方面它是某些不斷發生的心理體驗的沉澱，並因而是它們的典型的基本形式。」⑳黍離主題藝術創作正體現了這種原型意象的持續流傳過程。黍離原型不單是一個榮華盛景殘破頹敗的形象畫面，更是一種濃烈的傷今悼往、悲憤沉郁的情緒熱流。其作品系列在中國文學史上亦形成了自己獨特的藝術及情感心態的衝積層與流域，建構了中國文人的接受心理，啓悟並感發了人們適逢社會變故時進行整個的精神指向與美感觀照的焦點調節。

二、「慨故都禾黍，故家喬木，哪忍重看」㉑

—— 黍離之痛成因透視

神州大陸尤其是中原大地的地理環境，造成了中華民族生命形態的種種特徵。像農業經濟、宗法制度及其派生的排外循舊、

內向守恒等等文化心態。大河流域豐腴的自然環境滋養了中華民族；治理黃河的反抗自然力的鬥爭，使民族群體協同力效應得到重視而愈顯突出。農業定居當然免不了常受北方遊牧民族侵擾，於是社會組織的嚴密與穩固性便成為中華民族在自然界（洪水）與社會（外族）敵人面前維持生存與發展的必要保證。文化表層結構如經濟形態、宗法制度等等又強化了人們價值觀念上的深層結構。強勁的群體向心力所造成的隔離機制，也強固了民族濃烈的愛國保種、忠君報國、不忘舊故等等維持傳統網常體系不可移易的意識。

　　作為中國文化主體的儒家思想講求人與社會、他人的存在發展相依並行。因而就符合這樣一條規律：「封建社會的個體首先是通過他對一定社會群體、亦即他對他的『我們』的從屬性而意識到自己的。但是，除了本位的、世俗的『我們』（家族、鄰里、階層）之外，基督教特別強調在精神上與上帝同在的全體的『我們』。」㉒由於儒家精神所提倡的是一種「宗教式的道德」，在這一點上，同基督教這一「道德式的宗教」極為相似。正如台灣學者指出的，「儒家的倫常道德實與基督教『救世救民的天國』運動方式、途徑有異，目標與實質則無不同。」㉓因此，所謂「修身齊家」與「治國平天下」正在於其要求個體、家族與社會三者共處一個具內在有機聯繫的統一體中。非但「天下興亡，匹夫有責」的社會倫理義務觀念與個體、家族利益血肉相通，深入人心，且適逢大的外在力量碰撞時更加互相作用而產生巨大的聚合力、凝結力。以「內聖外王」為終生奮鬥目標的中國文人，居於「士農工商」「四民」之首的文化精英，也就極為重視匡濟天下、扶助眾生的社會使命。

黍離之思雖是深植於主體內心的一種複雜的文化情緒力結構，但其往往在歷史的重要機緣下才釋放出巨大的精神能量。如有著亡國之恨深切體驗的庾信曾斷言道：「山岳崩頹，既履危亡之運；春秋迭代，必有去故之悲。」㉔情感衝擊力之大的又一原因在於，黍離之痛不單只是懷戀憑弔某一個政權、朝代和具體的國家、君主，而是在一種匡扶社稷的主體道德力量支配下，對整個今昔盛衰變化的不適應感。黍離之感是由眼前之景向歷史時空回溯而生，因而其價值關懷審視的重點往往是今昔之別。求異的前提是同，即客體本在同一個空間，只不過因為時間流逝，這個空間實體未變，而承載的場景外貌卻已全非既往，內在含義也與昔日判然有別，帶有對逝去一切的否定。黍離之思最初正是在這種體物觀照中產生，後來又不斷為人認同。

《世說新語·言語》載溫嶠為劉琨使，過江與王導言曰：「主上幽越，社稷焚滅，山陵夷毀之酷，有黍離之痛」；於是「溫公忠慨深烈，言與泗俱，丞相亦與之對泣」。這種撼動人心，令人涕淚交流的家國之痛，來源於對社會倫理秩序、大自然與人化自然被毀壞的切膚之恨。這種現實感受的強烈，正由於主體是處在特定的歷史環境中，又聯想到曾經有過的「黍離之痛」情緒體驗，舊憂新愁，齊湧於中。文化積澱帶來的情緒記憶受現實衝動觸發，所產生的美感搖撼力量才使人如此動容。

文學作品中黍離之痛的感染力也借重於這種文化積累。這積累不光是主題系統，也是歷代滄桑變故歷史年輪與文學主題互為作用而生成的。還不應忽視主體結合現實感受，常常融入自我身世之悲。家國毀亡，直接構成了對正常人生、人生價值及其實現的威脅，打破了人們的理想之夢。於是對故國鄉邦的憑弔，對宗

社丘墟之痛的品味，也就是對自我命運憂心忡忡的情感體驗過程。吳梅《顧曲塵談》曾體會到：「吳梅村所作曲，如《秣陵春》、《臨春閣》、《通天台》，純為故國之思，其詞幽怨悲慷，令人不堪卒讀。余最愛《秣陵春》，為其故宮禾黍之悲，無頃刻忘也……詞中欲眠還起，一番桃李，春去誰主，皆感傷時也，憑弔一身也。」就是說，其不光具有社會意義與歷史反思，更具有生命個體人生價值的啟迪，情感指向是一個問題的兩個方面。社會體現了人生的空間化，人生體現了社會的時間化，二者聯結點在此是主體內心的悲劇性情感—— 黍離之痛起於社會悲劇，而社會的陵谷巨變往往導致主體人生變故，引發或加劇了主體的人生悲劇。黍離之痛正由於可以充當聯結這兩大悲劇的契機，這樣便有了較廣闊的現實含義與審美情感域。

有如美學史上的儒道互補一樣，黍離之痛及其主題之中社會與人生兩大指向也是彼此交錯相通、互為生發，不斷豐富著對方。且儒道精神又不同形式不同程度地充實強固著主體的黍離情結。黍離之痛契合儒家崇尚的社會倫理與心理欲求一致（儘管有時偏重前者而貶抑後者）的觀念，有助於將個人感性心理欲求同社會理性道德規範結合；道家反對人的異化，追求個體自由而偏偏在現實中難於實現，推及到黍離之痛上，即是由對現實失望到憤世嫉俗，進而不滿足於懷古傷時，頌古非今，而去尋求在廣闊的宇宙空間和內在精神世界的超越中實現理想。

黍離之痛緣其與古人許多永恆常駐的情感相聯繫而更加深沉篤厚，如思鄉與懷古。那種失落的悲哀，不為人解的孤寂，向既往記憶時空延展理性的不懈努力，都使得黍離情結與上述二者息息相通，它們都是創作主體精神形態系統中的不可或缺的要素。

但黍離之情有別於鄉思，後者重視的是將昔日美好的記憶表象重現重溫，癡迷於對過去了的生活、離別了的親人故舊與土地家園的眷戀，力圖回歸既往的一切之中，主要想借助空間超越形式來實現願望；黍離之思則飽含對既往的痛悼，主體深知這一切不再重返而頓足無奈，其懷悼指向主要為社稷舊朝而非故里鄉邦，親朋好友。但它們都集中體現了儒家倫理思想中的「差等的愛」——承認自然的、相對的倫理關係而採取有差別、等級的立場與態度。由對自己親人故土的摯愛，再推及鄉邦社稷。這是大不同於墨子的「兼愛」與楊朱的「為我」的。至於懷古，則是將歷史有選擇地完美化或簡單化，強調其在現實映照下的合理性或不合理性。這一點與黍離情思有相通處，因為後者很大成分上帶有觸物傷情、今昔對照後的失落感。「城郭崩毀，宮室傾覆，寺觀灰燼，廟塔丘墟，牆被蒿艾，巷羅荊棘⋯⋯麥秀之感，非獨殷墟；黍離之悲，信哉周室！」㉕然而，懷古強調的大多是昔日的美好，黍離著眼在現今的凋敝；且懷古中有相當一部分是以古鑒今，借古刺今。總之，黍離之痛強大的美感效應來源於其豐富的文化容量與深層意蘊。

三、「黍離麥秀之悲，暗說則深，明說則淺」㉖

　　—— 黍離主題表現特點舉要

　　為了表現原型意象蘊含的情氛意境，又不簡單地重複既有的原型畫面與符號象徵，後人根據風雲變幻的史實，逐漸由基本原型派生出一系列為其親族子孫的亞原型意象。論者認為，象徵具有重複與持續的意義，「一個『意象』可以被轉換成一個隱喻一

次，但如果它作爲呈現與再現不斷重複，那就變成了象徵，甚至是一個象徵（或者神話）系統的一部分。」㉗析譯黍離主題中富有象徵意義的一系列意象密碼，有助於理解整個主題系統的表現特色。

在「麥秀」之後的「銅駝荆棘」，即往往是黍離之感的輔助與補充。相傳索靖「有先識遠量，知天下將亂，指洛陽宮門銅駝嘆曰：『會見汝在荆棘中耳。』」㉘荆棘是荒山野嶺較常見的植物，此說既出，無心暗合與有意借用者紛紛而至，使之超越了即景寫實的範圍。宋元人應用得較多。如：「洛下銅駝，昭陵石馬，物不自愁人替愁。興亡事，向西風把劍，清淚雙流」；㉙「但見觚棱上金爵，豈知荆棘臥銅駝」；「銅駝荆棘千年後，金馬衣冠一夢中」；㉚「不信銅駝荆棘里，百年前是五侯家」㉛等等，此語在明清人的筆下更意滿情濃：「王室猶全盛，兩都曾壯遊……銅駝滿荆棘，江漢淚同流。」㉜銅駝，在這裏象徵昔日的價值，可以說是舊朝王室與繁榮景貌的代表，至於其與荆棘相伴則意味著美的價值竟遭毀棄，於是一種悲劇的淨化感便使人慨然生悲。爲達到黍離意趣，有的作品甚至被指責爲不顧人物性格、朝代來渲染，如論者指出的《老君堂》雜劇寫李世民爭雄天下，在登上洛陽故都的北邙山時發出黍離之嘆：〔混江龍〕「則見那園蕪碑斷，漫漫松柏翠煙寒，倒塌了明堂瓦舍，崩損了石器封壇，辨不出君臣賢聖冢，看不盡碑碣蘚苔斑。我則見山花簇簇，山水潺潺，惟生荆棘，不見芝蘭。荒涼境界少人行，狐蹤兔跡縱橫亂，嘆世人百年歸土，爭名逐利到此般。」這種「消極情緒」㉝不應完全否定，乃是社會現實讓人聯想自我價值後必然產生的困惑、疑慮與矛盾鬥爭。從作品本體說，李世民也是血肉之軀，不可能在興廢

滄桑的歷史人生面前光有英雄浩氣；從作者創作上看，舉凡寒煙衰草、斷壁殘垣、斜陽碑墓等等，都以其特定的文化內容，匯注到黍離原型系統中，達到了「暗說則深」，得乎主題之神的功效。

　　與上述「荆棘」等意象不同的是「喬木」。爲什麼古人要聲言：「亡宗滅廟，望喬木而可悲」㉞呢？《孟子·梁惠王下》曾載曰：「所謂故國者，非謂有喬木之謂也，有世臣之謂也。」將故國與喬木並提，否定性地表達了二者同一的內涵。今人認爲「喬木」爲社樹崇拜的一種，其宗教觀念中又包含有故國、鄉里、福祿、國祚等意義。㉟清蔣驥《山帶閣注楚辭》注《九章·哀郢》：「望長楸而太息兮，涕淫淫其若霰」句，稱「長楸，所謂故國之喬木，令人顧望而不忍去者。」王充《論衡》有「睹喬木，知舊都」；顏延年《還至梁城》言：「故國多喬木，空城凝寒雲」；江淹《別賦》謂：「視喬木兮故里」；直至宋代詞人亦每每言及：「虎踞龍蟠何處是，只有興亡滿目……隴上吹喬木」；㊱「自胡馬窺江去後，廢池喬木，猶厭言兵。」㊲此均可見出，「喬木」這一原型意象，主要價值在其家國社稷象徵的那種不可移易性，它雖歷經戰亂滄桑、物是人非之變而依然作爲家園故國的神聖標誌，可謂遭遇變故的舊朝遺民與背井離鄉難民百姓的精神支柱。飽覽金元兵燹的元好問對此有特殊的偏愛，如：「喬木他年懷故國」；「故都喬木滿蒼煙」；「百年喬木衣冠古」；「兩都秋色皆喬木」㊳等屢屢提及。他還寫道：「橫流萬靡，而砥柱不移，故國已非，而喬木猶在……」㊴「喬木」正是以其高大偉岸的形式要素與人們心中故國社稷的堅強信念間建立了一種「異質同構」聯繫。這個黍離原型的分支是較有特色的。

　　由上亦可見出，黍離之作多借重於視覺分析器接收信息，將

眼中所見的「今衰」與心中追懷的「昔盛」平行對舉，兩兩相照。在視覺物象與內化表象的異點上給人以警醒深邃之感。這與思鄉主題中的多以聽覺意象勾起鄉思，同是帶有空間性的特點，但各有側重。聽覺，緣其音波刺激更具不確定性，引人聯想內容較寬泛；而視覺所見則明確直接，尤其是與黍離意象相關景物的萬線歸綜，家國之恨就較爲具體單一。當然，後者往往又與去國離鄉之憂融會。因爲黍離原型系統本身就帶有家國全非，行無止處的失落感與不爲人解的孤寂感。如陶淵明的《箕子》詠嘆：「去鄉之感，猶有遲遲。矧（況且）伊代謝，觸物皆非。哀哀箕子，云胡能夷！狡童（麥秀）之歌，淒矣其悲。」⑩

因爲重視於視覺感知，偏重於今昔對比，黍離主題屬下的作品又常常以物之無情，烘襯人之有情。如「江頭宮殿鎖千門，細柳新蒲爲誰綠？」⑪「庭樹不知人死盡，春來還發舊時花」；⑫「念橋邊紅藥，年年知爲誰生？」⑬人事已變，物如故理，完全漠視人的無邊傷痛。至於《管錐編》列舉的：「人世幾回傷往事，山形依舊枕寒流」；「江山不管興亡事，一任斜陽伴客愁」⑭等，與此略有不同。前者畢竟還算是有生命的植物，隨季節律動而興衰不已；後者則完全是無生命物。不過，兩者都含有比擬性，即先假設物爲有情物，將物人化；而這有情之物偏偏又無情，特別是沒有傷心人那種必然發生的情，這就尤其令人遺憾不已。然而感嘆的並不是以物的無情爲可恨，而是無可奈何。無可奈何中正見出天地河山的廓大深遠，宇宙運作的永恆無限，人在自然大化、歷史規律面前的渺小無力。因此，這種物我烘映，基點還是在感慨自我價值，其乃是由於對立的客體過於強大而不能使主體價值見諸客觀的無窮之恨。

　　黍離之痛多哀中有怨，主調悲憤，其和聲多是悲切、悲壯、悲惜、悲悼等深沉的情感，感痛力度較強。像「慨故都禾黍，故家喬木，哪忍重看」，似乎已到了情感的臨界點。有時這免不了惹得喜好「溫柔敦厚」的評論者嗔怪。如清人評王沂孫：「碧山胸次恬淡，故黍離麥秀之感，只以喵嘆出之，無劍拔弩張習氣。」㊺反倒讓人見出這個「習氣」正是該主題神髓，爲大部分黍離之作所具備。當然，黍離痛嘆極易衝破情感國限而流於「叫囂」，像人們批評辛派末期詞人那樣。可藝術畢竟有時要超越自身，表達百緒千端的情感，應當允許一些「出格」的形式有存在的空間，不宜苛求一律。由是觀之，黍離主題在中國抒情文學崇尙纏綿、缺少直呼的藝術風格系統中還應占一席之地的。

四、「故宮禾黍之感，有餘痛焉」

—— 黍離主題的文化意義與價值遷移

　　黍離主題的創作，基於主體深厚的愛國情懷，強烈的民族意識，吸引並推動了詩人作家關心現實、重視文學的社會功用。前已提及，黍離痛嘆高漲之際，往往是萬目時艱、國將不國之秋。於是一種對現實規定性的不適應感，激發了創作主體提高感應現實神經的敏感度，推動人們關注國家與民族命運。強烈的情感結體於文學作品，眞所謂「國家不幸詩家幸，賦到滄桑句便工」。㊻感應現實能力提高了的主體，將前代懷邦去國佳篇的文化積澱更爲自覺地同社會現實不可人意處聯繫起來，進行個體與社會、自我與對象間深刻的思考反省、不斷地踵事增華推出新作，從而將主題升華爲維繫民族群體價值尊嚴、愛國保種、社稷永存的強

大精神力量與情感紐帶。

　　黍離之感植根於社會現實的沃土中，非激烈變故的強烈震撼
而難於體會深切。它往往因文及人，給人高山景行的審美感受。
其反映現實的眞實與深刻，亦極大地推動了中國文學在個體與社
會關係中對二者聯繫的重視。無可否認，「一個用原始意象（原
型）說話的人，是在同時用千萬個人的聲音說話。他吸引、征服
並且與此同時提昇了他正在尋找著加以表現的表象，使這些表象
超出了偶然的、暫時的意義而進入永恆的王國。他把我們個人的
命運轉變爲人類的命運。」⑰正因如此，黍離之痛不同程度地滲
透進了諸多詠懷、懷古、思鄉、念舊等作品中，因其原型本身就
含有眞摯動人、發人深省、催人感奮的情感因子，跨越幾千年歷
史時空，乃讓人感到：「黍離之大夫，始而搖搖，中而如噎，既
而如醉，無可奈何而付之蒼天者，眞也。」⑱的確，黍離原型反
映現實之眞，內心情感之眞，抒情方式之眞都是澤被後世的；而
主題系統不斷充實豐富，給中國文學的美學精神良多薰陶。可謂
是中國文學眞與善、人品與文品、抒情與敘事、歷史與現實等高
度結合的民族特色潛在成因之一。

　　黍離之感，以一種獨特的情感思維模式影響到創作主體的題
材選擇與構思。特別是元明清文學受此美學原因內在影響極大。
如果說，承《詩經》餘緒，漢魏兩晉作家詩人受黍離之感推動，
寫下了許多具有社會意義的詩文；那麼，經安史之亂後的杜甫、
南宋後期的詞人們沉鬱頓挫又慷慨激憤的呼喊，則切實建構了中
國文人關注現實、熱心於擔負社會使命的深層文化心理，使之具
有不單單爲「愛國主義」一語所涵蓋的豐富深厚的民族與文化意
識。每當中國文人遇到對現文化或外來文化不滿時，就湧現出華

夏民族突出的懷舊戀故，思鄉尙一、自尊自勵又自我表白，標舉不忘故舊不變節易主等複雜的情緒心理。「蓋忠臣過故墟而歔欷，孝子入舊室而哀嘆」；㊾「山陵暴骨兮，社稷黍離；故臣酸嘶兮，行人涕洟」㊿等等，見出黍離之嘆的倫理意義。因此，在面臨南宋以河山兩次落於外族之手時，以漢族知識分子爲主要創作隊伍的中國文學就時時出現特定時期內黍離題材、情韻相對密集的現象，集中表現在戲曲的創制上。

古典戲曲突出的民族特徵是抒情性與象徵性，能曲折盡致地展露創作主體的熾烈情懷；且由於戲曲藝術消費的實現方式主要是演出，必然要適應與滿足廣大欣賞者的價值取向與審美情趣。以故元雜劇《單刀會》的「漢家劉姓」意識，《趙氏孤兒》的「存趙」（宋朝）蘊味，《東窗事犯》的「還我河山」隱願；又《漢宮秋》、《梧桐雨》、《七里灘》等等都煥發出一種黍離文化的傳統意味。諸多的三國戲、水滸戲、以及由包公戲爲代表的公案戲等，都不同程度、角度各異地表現出並非「愛國保種」概念所能界定的豐富深遠的文化追求。

黍離之痛的特質，不光給諸多抒情意味濃鬱的戲曲構成了特定題材隆盛的契機，亦形成了由元至清文人借詠史、歷史題材發抒懷念舊朝、對現文化不滿的感傷憂憤情氛。這種情氛在明傳奇中綿綿不絕，至清戲曲和《長生殿》、《秣陵春》、《桃花扇》等更爲沉痛。元雜劇鬥爭精神還盛，憤多於憂；而清代戲曲中黍離之感則憂多於憤。統治者文化統治的較爲精緻內行與變本加厲，制約了黍離原型內在的流變。雖則如此，原型模仍然在較爲適合的原型場——社會文化思潮中瀰漫於文學創作。「水滸」、「楊家將」、「三國」故事的由話本入雜劇、又由雜劇入小說。加上清代

風靡一時的《水滸後傳》、《說岳全傳》等。上述種種，其貫注的漢家正統、大宋天子等忠君報國觀念，成爲作品家喻戶曉、受人喜愛的主要原因之一。某種意義上可以說，這時期文學繁榮、主題趨近的主要推動力是黍離原型及其深在持久的文化流播和情感慣性，其也直接地啓發了近代文學中的救亡等主題。所謂：「殘山剩水黍禾荒，詠史游仙盡慨慷。」(51)

當代學者認爲：「黍離的感嘆是由於過去一向被珍重、尊敬的故地變化了、破毀了。有的回憶，則是景物依舊，人事已非。比如天寶亂後，杜甫也有《黍離》樣的作品，只是《黍離》悲嘆宗廟、宮室故地已夷爲農田，杜甫則悲嘆山河依舊而國已破敗，這就是著名的《春望》。」(52)形成黍離這種帶悲劇性的價值失落感，離不開傳統文化諸多因素制約，而該主題在文學史、文化史上的流傳，又通過中國文人內在價值系統，建構了中國文學批評史中的一個特殊的價值尺度，因而遺響後代，流播廣遠。

黍離之思含有豐富的思想意義與歷史感，可巧妙別緻地表達接受主體的文化認同與美學評判。如黃庭堅評劉禹錫《三閣詞》：「此四章可以配《黍離》之詩，有國存亡之鑒也。大概劉夢得樂府，小章優於大篇，詩優於他文耳。」(53)由單篇黍離之作譽及其餘。又《樂府詩集》評李後主：「每懷故國，詞調愈工，其賦《浪淘沙》、《虞美人》云云，舊臣聞之，有泣下者。」間接地稱頌黍離之感的藝術魅力。淸人還將作家個人的身世命運與國祚興衰聯繫，於是對某些作品的評價採取了較寬容的態度。如評阮籍：「嗣宗運際鼎革，故《詠懷》詞近放蕩，指實悲憤，與嘆銅駝、悲麥秀亦連類之文也。」(54)又沈德潛《吳不官詩序》極力贊揚明末遺民「鼎革後，欷歔慨嘆，銅駝荆棘黍離麥秀之感，時見於

詩」，「然君子生濡首之時，值焚巢之遇，觸物而含淒，懷清而激響，怨而怒，哀而傷，固其宜也」，竟然在「黍離」價值參照系下一改「溫柔敦厚」的傳統詩敎標準。不過儒家詩學傳統畢竟根深蒂固，這種褒揚往往建立在正統倫理觀念基礎上——「詩人佳處，多是忠孝至性之語」，「忠孝之詩，不必問工拙也」。⑮把反映個體與群體、詩人作家與社會關係的黍離之思歸結爲「忠孝之性」，當然有些簡單化，卻道出了該主題文化價值遷移的主要途徑，即它得到了歷代統治者與文人群體的倫理認同。因此它常常被說成是優秀作品成功緣由便不爲怪。如元好問「值金源亡國，以宗社丘墟之感，發爲慷慨悲歌，有不求而自工者」，這是「時爲之也」，社會客觀情勢造成了詩人家國不幸而創作豐收。於是「此等感時觸事，聲淚俱下，千載後猶使讀者低徊不能置，蓋事關家國，尤易感人。」⑯

　　上述概括反映了中國文學的一些接受心理。只要作品中帶有黍離情味的便會得到較高的稱許，提高作品的通體價值。如淸人評曹植：「其《情詩》曰：『遊者嘆《黍離》，行者歌《式微》』，《送應氏》詩曰：『洛陽何寂寞，宮室盡燒焚』，故宮禾黍之感，有餘痛焉。」⑰《蕙風詞話》卷三評劉起潛《菩薩蠻》：「僅四十餘字，而麥秀之悲，黍離之感，流溢行間。」而作品缺乏這種意味的，則要引起批評：「升庵《詞品》謂（元詹天遊詞作）『此伯顏破杭州之後，其詞絕無黍離之感、桑梓之悲，止以遊樂爲言，宋季士習一至於此。』」⑱這種評論雖被淸人指摘爲有欠公允，卻足見構成如上評議的原因之一是黍離主題形成的價值尺度。這的確是古人衡量估價作家品格、作品思想性與感染力甚或某時代風情的一個重要標誌。

　　無須諱飾，也正由於黍離之痛強大的情緒力結構，其主題系統中的一些作品過於直露而流於議論化，違反了藝術創作的規律而幾近口號。主題流傳擴散的結果之一又強化了傳統文化中重倫理價值、群體整合功能及道德論美學批評等傾向，一定程度上對多樣化抒發主體個人情致有所同化與阻遏。但這不能完全歸咎於該主題，它在中國文學史、文化史上的積極作用還是不可忽視的。

註　釋

①向秀：《思舊賦》，《全晉文》，第1876頁。

②《毛詩正義》卷四，《十三經注疏》，中華書局1979年版，第330頁。

③吳闓生：《詩義會通》卷一，中華書局1959年版。又參見《史記·宋微子世家》、《新序·節士篇》、王應麟：《困學紀聞》卷三。

④溫儒敏等編：《尋求跨中西文化的共同文學規律——葉維廉比較文學論文選》，北京大學出版社1987年版，第 1 頁。

⑤如辛棄疾：《賀新郎·甚矣吾衰矣》即以「知我者，二三子」收束。

⑥張戒：《歲寒堂詩話》卷上，《歷代詩話續編》，第457頁。

⑦許渾：《金陵懷古》，《姑蘇懷古》，《全唐詩》，第1346頁。

⑧同⑦。

⑨《四庫提要》卷一五六。

⑩《賭棋山莊詞話》卷一，見《詞話叢編》，第3321頁。

⑪胡雲翼：《宋詞選·前言》，上海古籍出版社1978年版。

⑫張元幹：《賀新郎》，《全宋詞》，第1073頁。

⑬辛棄疾：《定風波》，《全宋詞》，第1880頁。

⑭高觀國：《雨中花》，《全宋詞》，第2365頁。

⑮高憲：《三奠子》，《全金元詞》，中華書局1979年版，第54頁。

⑯劉壎：《菩薩蠻》。

⑰朱一是：《二郎神》，《全清詞鈔》，中華書局1982年版，第19頁。

⑱曹貞吉：《滿庭芳》，沈軼劉等：《清詞菁華》，安徽文藝出版社1986年版，第77頁。

⑲《餘韻》，王季思等注：《桃花扇》，人民文學出版社1980年版，第260頁。

⑳《榮格文集》第15卷，普林斯頓大學出版社英文版，第443—444頁。

㉑陳與義：《木蘭花慢》，《全宋詞》，第1070頁，又見《全金元詞》，第733頁，「都」作「宮」。作者陳參政，參政，官名。

㉒〔蘇〕伊·謝·科恩：《自我論》，三聯書店1986年版，第133頁。

㉓謝扶雅：《儒教與基督教的比較研究》，《中國哲學史研究》1985年第3期。

㉔《哀江南賦》，《全宋文》，第3924頁。

㉕楊衒之：《洛陽伽藍記序》，上海古籍出版社1978年版。

㉖陳廷焯：《白雨齋詞話》卷六，人民文學出版社1983年版，第167頁。

㉗韋勒克、沃倫：《文學理論》，第204頁。

㉘《晉書·索靖傳》。

㉙陳人傑：《沁園春》，《全宋詞》，第3083頁。

㉚元好問：《出都》、《寄欽止李兄》，施國祁：《元遺山詩集箋注》卷九、卷八，人民文學出版社1958年版，第439頁，第400頁。

㉛宋元：《公子家》，清顧嗣立編：《元詩選》，中華書局1987年版，第1286頁。

㉜沈仁叔：《秋望雜詩》，陳濟生：《天啓崇禎兩朝遺詩》卷十，中華書局1958年版，第1681頁。

㉝參見商韜:《論元代雜劇》,齊魯書社1986年版,第232頁。

㉞魏收:《爲侯景叛移梁朝文》,《全北齊文》,第3849頁。

㉟趙沛霖:《興起源的宗教根源》,《津門文學論叢》1982年第 7 期。

㊱辛棄疾:《念奴嬌》,《全宋詞》,第1875頁。

㊲姜夔:《揚州慢》,《全宋詞》,第2180頁。

㊳《壬辰十二月車駕東狩後即事五首》、《送輔之仲庸還大梁》、《超然王翁哀挽》、《存歿》、《元遺山詩集箋注》,第385頁,第398頁,第479頁,第500頁。

㊴《贈馮內翰二首並序》,《元遺山詩集箋注》,第507頁。

㊵《讀史述九章》,《陶淵明集》,中華書局1979年版,第108頁。

㊶杜甫:《哀江頭》,《全唐詩》,第513頁。

㊷岑參:《山房春事二首》,《全唐詩》,第478頁。

㊸姜夔:《揚州慢》,《全宋詞》,第2180頁。

㊹《管錐編》,第1351頁。

㊺周濟:《宋四家詞選目錄序論》,《詞話叢編》,第1644頁。

㊻趙翼:《題遺山詩》。

㊼《榮格文集》第15卷,普林斯頓大學出版社英文版,第82頁。

㊽顧炎武:《日知錄》卷十九,上海古籍出版社1984年影印本,第1460頁。

㊾馮衍:《顯志賦》,《全後漢文》,第578頁。

㊿劉基:《弔祖豫州賦》,《誠意伯文集》卷九,四部叢刊初編縮本,上海商務印書館版,第208頁。

(51)徐嘉:《論詩絕句五十七首》,《中國近代文論選》上冊,人民文學出版社1959年版,第382頁。

(52)毛星:《形象和思維》,《中國社會科學》1986年第 2 期。

(53)何汶:《竹莊詩話》卷二十,中華書局1984年版,第388—389頁。

⑭毛先舒：《詩辯坻》，《清詩話續編》，上海古籍出版社1983年版，第29頁。

⑮賀貽孫：《詩筏》，《清詩話續編》，第195—196頁。

⑯《甌北詩話》卷八，《清詩話續編》，第1267—1268頁。

⑰丁晏：《曹集詮評·陳思王年譜序》，《三曹資料匯編》，中華書局1980年版，第223頁。

⑱《蕙風詞話》卷三，人民文學出版社1982年版，第70頁。

中國古代文學中的生死主題

死亡是一個永恆的存在，恰如人的生命有限這個事實是永恆真理一樣。生與死給予中國文人無法迴避的困惑、憂懼、思考與感喟，使之成為引人注目的文學主題之一。正因為有了對死亡的審美觀照與哲學思考，有識之士們才得以展示其對於人、人生價值的集中思索、熱切關注與深沉浩嘆，從而用特定的多元化民族心理去解悟、把握這一宇宙人生的規律事實。生死之謎，以此深在地影響了詩人作家的情緒心態，使中國文學的內蘊為之豐富深邃。

一、「知死不可讓，願勿愛兮」①

── 生死之念的理性支點

同惜時主題、遊仙主題類似，生死主題濃鬱的文化情氛與鮮明的哲學色彩，決定了其與前二者具有同源性，均是以人對自身生命的珍重、對死亡的惶恐為基質。不過，惜時集注在人的價值在生命有限延續區間內如何實現於塵世，遊仙矚目於人如何在打破肉體生命與時空限制的非現實世界中達到理想與精神的超越；而生死主題，則是對人生命的本體意義、奧妙的洞察、嗟嘆，其體現了文學對人價值本身的直接的深思反省。

　　人類那最古老而最熱烈的願望，乃是對不死的追求。早在山頂洞人往安葬的屍體上撒紅色礦粉時，原始人就開始了對生命的宗教呼喚。然而，「只有藝術才是最早對宗教觀念的翻譯。」②《詩經》自古神話對「不死藥」的追慕之後，③主要表現爲對生的愛戀和對死的無可奈何，又在無奈中痴迷地祈求，此多在祭祀和宴祝時表達。如《小雅》中的「孝孫有慶，報以介福，萬壽無疆」；④「曾孫壽考，受天之佑」；⑤「樂只君子，萬壽無期」；⑥「報以景福，萬壽無疆」；⑦「君子萬年，保其家邦」；⑧「其德不爽，壽考不忘」⑨及《商頌·烈祖》「綏我眉壽，黃耇無疆」等等。愈是興高采烈，便愈忘不了死亡的陰影籠罩這人世的一切。於是在初民的價值觀念中，最大的福——「介福」，莫過於「萬壽無疆」了。生命永恆無界的期待，凝結在對神靈宗祖的最佳祝願中，實則對生命個體自身的希冀，於是有時便直呼爲：「綏我眉壽，介（助）以繁祉（多福）」。⑩生命的延續是享用一切人世之福的前提，因此《大雅》中的《行葦》、《載見》、《閟宮》諸篇中此語亦見。對未來的注目不免聯帶著對現世價值的看重，《曹風·蜉蝣》、《小雅·頍弁》、《唐風》、《蟋蟀》和《山有樞》等，也都不同程度地袒露了這種「死生之慮。」⑪

　　春秋戰國時代理性與文化精神的增強，使得宗教神氛淡化了，生死之思較之於《詩經》單純性感受、率直的抒發已有質變端倪。孔子之於生死，坦然中有偏重，與其說是忽視死，毋寧說其更看重生。《論語·衛靈公》謂「朝聞道，夕死可矣」，「志士仁人，無求生以害仁，有殺身以成仁。」在道德律令的強調時，死亡所必然帶給人生的惶懼焦慮，也被若無其事地略掉了。「未知生，焉知死？」⑫這啓發了孟子的「捨生而取義。」⑬

　　如果說，儒家禮義規範倡導的是「以理節情」，對生命個體壓抑、限制；那麼，莊子爲代表的道家始祖則凸顯了對生命毀損的關注憂傷。冷眼看來，《莊子》一書似乎超脫於死亡：「明乎坦塗，故生而不說，死而不禍，知終始之不可故（固定）也」；⑭「人之生也，與憂俱生；壽者惛惛，久憂不死，何苦也！」⑮但實際上，《莊子》還是視死生大事重於具體性的其他事物的。「死生亦大矣，而無變乎己，況爵祿乎？」⑯「死生終始將爲晝夜，而莫之能滑，而況得喪禍福之所介乎！」⑰「乘雲氣，騎日月，而遊乎四海之外，死生無變於己，而況利害之端乎」⑱等語，均見出其的確承認死爲人生一大悲事，並以此爲論述事理的前提條件。「已化而生，又化而死，生物哀之，人類悲之。」⑲當然承認這些，最初或許並非只憂慮死亡本身，基本上還旨在說明要達到一種「道」的境界，以爲要及早排除雜念，方一切釋然。《駢拇》篇中更是否定了不同階層人們的死，指出他們「所死不同，其與殘生傷性均也」，可知其雖重理言道，終究別於儒者。

　　哲理性散文是較明確的生死之慮或借此喻事明理，叙事散文則飽浸了對人未來命運的矚望估測。此以《左傳》居要。不論是對人狀貌、聲音、行爲的伺察分析，還是引《易》占卜，夢驗合契，聯繫自然界與社會的偶然事變、事件來推究人物的遭逢結局，都透露了主體試圖了解洞悉生死攸關至要問題的企冀努力。⑳即便限於認識能力而誤解曲解，終歸是朝著了解與認識自身的方向前進的。對人自我價值的重視，引發並促進了人觀照世界及其藝術思維的活躍。中國的神秘主義很大一部分植根並拓展於生死問題的尋秘上，《左傳》等影響下的歷代史書、志怪小說等創作從一個側面說明了這點。

與上面數者大異其趣，展望必然到來的死亡，屈原則是認定死爲精神解脫、人性高揚、價值實現的最佳途徑。「知死之不可讓（辭），願勿愛兮」，竟至以身殉志。如當代學者指出的，屈原以死了生，是對自己信念情感執著的極端表露，其「所突出的死亡的複雜性卻在於，它並不只是對死亡的悲哀，而是在死亡面前那種執著頑強、不肯讓步的生的態度。」正因如此，「死亡構成屈原作品和思想最爲『驚采絕艷』的頭號主題。」⑳這個主題意義在於，它集先秦理性精神之大成，又有較之於孔、莊更爲深刻豐富的情感內涵。孔子輕視死亡而躲躲閃閃，莊子明其所欲而故作超脫，屈原則正顯示了極爲眷戀人生卻又爲了這眷戀不得不死的終天之恨。他不平靜的內心深潛著篤厚的道德倫理使命；但又不限於茲，而伸展到人性宇宙的無限中，生死之戀閃爍著不可替代的人性光輝。《離騷》的「旣莫足與爲美政兮，吾將從彭咸之所居」；《悲回風》的「浮江淮而入海兮，從子胥而自適……思蹇產而不釋」；《惜往日》的「卒身沒而絕名兮，惜壅君之不昭」，此較之於單純性的悲劇意識具有更深廣的文化意義和民俗背景。又《離騷》的「鯀婞直以亡身兮，終然殀乎羽之野」，《國殤》的「首身離兮心不逞」，還只是將「夸父逐日」那種種神話中的英雄氣概直線式的抒發，直到趨向自沉的情堅意決，才正式完成了無比珍重人生價值的否定性表現形式。生死觀的流變過程也讓人體察出人性的複雜性。

可見，屈原的生死之擇更具特色，這是時代文化精神的折映。荀子就不同意孔子的重生輕死，認爲君子應該「敬始而愼終」，如果「厚其生而薄其死，是敬其有知而慢其無知也，是奸人之道而倍叛之心也。」㉒因此荀子提倡要「畏患而不避義死」，

㉓既有死亡的憂懼又不致「貴生樂安而棄禮義」。㉔也許，是列國間連年互相殘殺，人命如蟻的腥風血雨陶鑄了幸存者們見危授命、「視死如歸」㉕的情懷吧，侯嬴、荊軻、聶政等人都為行義而不避死亡。這對戰國文人「處士橫議」之風自然是一種推動。

　　莊子的「齊生死」，對死亡無可無不可的超然透露了全身存性的楚楚隱衷，屈原卻以必死不可的率性決斷達到生命的最高價值，人生的非凡超越；因而司馬遷深有體會：「余讀《離騷》、《天問》、《招魂》、《哀郢》，悲其志……又怪屈原以彼其材，遊諸侯，何國不容？而自令若是。讀《鵩鳥賦》，同死生、輕去就，又爽然自失矣。」㉖屈原以死殉志所釋放出的巨大人格價值能量，美感效應遠遠大於賈誼承莊子而來的對死生禍福「達人大觀兮，物無不可」，「其生兮若浮，其死兮若休」之嘆。屈賈二人生死之語在兩個不同的參照系中，後者這裡已很難覓得戰國精英們的豪邁。秉承「天行健，君子以自強不息」的司馬遷，厄運適臨，非「捨生取義」，也非「以死殉志」，而是發憤著書以「成一家之言」。生命的延續成為主體自身價值確證於現實不成，終竟有獲於未來的前提。此近似於揚雄《反離騷》中語：「夫聖哲之不遭兮，固時命之所有，雖增欷以於邑兮，吾恐靈脩之不纍改！昔仲尼之去魯兮，斐斐遲遲而周邁；終回復於舊都兮，何必湘淵與濤瀨！」揚雄欽佩屈原的文章人品，對其殉身求志的態度行為則不以為然：「以為君子得時則大行，不得時則龍蛇；遇不遇，命也，何必湛（沈）身哉！」㉗標志著漢代文學雖得屈賦之神，仍然充實了重視生命價值的人性意識，偏離了先秦理性精神的軌道，朝著情理交匯，重生惜身的歷史走向運行。

二、「圓首含氣，孰不樂生而畏死」㉘

—— 生死主題的人性延展

　　興起於三國，隆盛於兩晉且流注整個南北朝時期的玄學，㉙是含孕莊子生命意識、自然哲學又爲儒家精神所理性化了的混合體。其個性與超越精神對人性的喚醒，有力地促進了中國文人對生命意義、人生價值的發現與追求。西漢統治階層權力再分配時的功臣被殺、諸王貴戚被族滅帶來的可怖感，引起的還多是如廣陵厲王胥自殺前所歌的：「欲久生兮無終……人生要死，何爲苦心」，㉚因死無人替而遺憾。到東漢災荒戰亂等繼踵而至，人生悲劇雪上加霜，所謂：「念人生之不再兮，悲六親之日遠」㉛之類的憂懼之嗟連連不絕。漢樂府《怨詩行》：「天德悠且長，人命一何促！百年未幾時，奄若風吹燭」等凄婉之音，伴隨著《薤露》、《蒿里》等悼亡之樂，引起了時人的普遍共鳴。像《薤露》：「薤上露，何易晞，露晞明朝更復落，人死一去何時歸？」又《蒿里》：「蒿里誰家地？聚斂魂魄無賢愚！鬼伯一何相催促，人命不得少跼躅」。大將軍梁商會宴，「及酒闌倡罷，續以《薤露》之歌，座中聞者皆爲掩涕。」㉜至若《古詩十九首》：「人生非金石，豈能長壽考」；「人生寄一世，奄忽若飆塵」等等，對人生倏忽即滅的感慨萬端，更給予曹氏父子和建安文人的生死之嗟直接的情感媒介，主題至此超越了孔子、莊子、屈原的生死哲思而回歸《詩經》時代的對有限生命本身的關注。這個哲學、文學與美學史上的「圓圈」，並未回歸端點，卻螺旋式地上升爲理性化了的對死亡沉重的悲哀。

　　曹操《短歌行》率先發出：「人生幾何？譬如朝露」的哀壯之語，曹丕有：「人生居天壤間，忽如飛鳥棲枯枝」；㉝曹植亦詠：「人生處一世，去若朝露晞」，㉞感傷「日月不恆處，人生忽若寓」；㉟徐幹《室思詩》言：「人生一世間，忽若暮春草」；阮瑀《怨詩》稱：「民生受天命，漂若河中塵」。凡如此類，感嘆人生苦短，運命難料，並不意味著否定死亡，恰恰是在這無可回避的必然面前直面人生。遊仙之作的競相創制，意欲在非現實世界中超越生命極限，也並不意味著真信神仙果能長生，「夫存亡之異勢，乃宣尼之所陳；何神憑之虛對，云死生之必均？」㊱這是時人對死亡的具代表性的認識。由深知死亡之不可超越，進而激發出在有限生年內建功立業的豪語：「生存華屋處，零落歸山丘，先民誰不死，知命復何憂！」㊲生命樂章的反覆彈奏，面對死亡之谷的慘怛沉吟，昭示著氣韻沉雄，慷慨悲壯時代文人的情感流脈。

　　嵇康平素的「人生壽促，天地長久；百年之期，孰云其壽……」，㊳「思與君子，窮年卒歲，優哉逍遙，幸無隕越」㊴等，還是泛泛地思忖著延壽之徑，一旦入獄就死作《幽憤詩》，這種生死之念的指向才更現實具體：「采薇山阿，散髮巖岫，永嘯長吟，頤性長壽。」憂生懼死意緒在生命受到威脅時為之迸湧。阮籍《詠懷》不光憂生，且還憂世，憂世強化了憂生。政治昏暗帶來的憂憤交織著時代熏風吹布的人性溫馨，使生死之慮更為深沉。

　　如同建安風骨向正始之音轉化主要以曹植憂生情緒為中介一樣，承繼正始之音而大發生死痛嘆的，是《詩品》稱為「太康之英」的陸機。所謂：「陸平原多為死人自嘆之言。」㊵壯齒便遭國

喪家禍，後來又蒙受親友被害之哀的詩人，對死亡有著特殊的敏感：「嗟人生之短期，孰長年之能執」；㊶「傷年命之悠忽，怨天步之不幾」㊷《百年歌十首》中還述及了人十歲到百歲的十種狀態，見出人生思考的細緻。另一方面，《長歌行》中他又自嘆：「但恨功名薄，竹帛無所宣」；《折楊柳》謂：「人生固已短，出處鮮爲諧」。陸機生死情結是儒家入世精神和道教保身全性的集合體，不像謝靈運生死之見更有佛影斑斑。深諳佛理的謝客之於生死頗爲達觀：「居常以待終，處順故安排。」㊸但覺醒了的生命意識又使他常常無法那麼曠逸：「物皆好生，但以我而觀，便可知彼之情，各景懼命，是好生事也。」㊹

陶淵明生死之念中則鮮見佛影而儼然道家之風，他雖於此淡泊平和：「有生必有死，早終非命促」，㊺「老少同一死，賢愚無復數……應盡便須盡，無復獨多慮。」㊻卻逃不脫生死之憂：「日月有環周，我去不再陽，眷眷往昔時，憶此斷人腸」；㊼「從古皆有沒，念之中心焦」。㊽終歸「也不能忘掉死，這是他詩文中時時提起的」。㊾

顯然，正是基於對現世人生的一種正視，該主題才爲中國文人所如此看重。而這一切又大都是在政治環境險惡，文化上因循自然的玄風浸染下形成的。思想史上，外來的佛教與儒學爲代表的傳統文化鬥爭的焦點是有神論與無神論紛爭，其鼎沸階段便是南北朝時期神滅與神不滅的論辯。由顏光祿、顏延之、何承天、宗炳到劉孝標、范縝，關於生死哲學思辯的邏輯進程深化了中國文人生死主題的情緒感受。民間傳說中所謂南斗北斗主生死的職分及壽星權限亦明確化，㊿這也給生死文學主題注入了濃重的宗教文化色彩。

　　唐代的「三教」進一步合流，生死往往被看得極為豁達，主題由是呈顯出更為複雜的狀貌。「興盡悲來，識盈虛之有數」，⑤這是儒家生死由天的命定之言；「吾當乘雲螭，吸景駐光彩」，⑤這是力求超越死亡的道教之志；「欲知除老病，唯有學無生」，⑤這是滅寂除欲獲得解脫的禪家謁語。宋元以後，在詩詞歌賦等抒情文學中基本定型化了的生死情脈逐漸向戲曲小說滲透。伴隨著禪宗文化在中國歷史上的擴散，宋明理學又將儒家學說宗教化，以及道教的流播衍化，文學中的生死主題遂體現出愈加分明的不同審美價值取向。

　　縱觀中國古代文學生死主題的起伏漲落，可以看出：每當家邦淪陷、政治黑暗、國步維艱時代，中國文人就頻頻發露生死之篇，言辭悲愴沉鬱，大都是痛嘆生命價值得不到應有的重視肯定。如果說，像曹植《白馬篇》：「捐軀赴國難，誓死忽如歸」之類的對外鬥爭壯語，在唐以前不多見；像鮑照《飛蛾賦》：「本輕死以邀得，雖靡爛其何妨！豈學南山之文豹，避雲霧而岩藏」式的在統治者內部鬥爭裡一往無前的，（儘管鮑照現實中並未如此行事）更屬罕見。而民族矛盾激烈的南宋、宋元之交與明清之際，情形就大為不同了。正是在這自我身家性命尤且難保的危機關頭，主體反倒更將自我安危置之度外，似乎有些輕視個體生命而重視社會的群體利益了。因為在這社稷故土遭到侵犯的時刻，主體反倒有了自身價值實現的更多機會，值得去作出犧牲。於是，「生當作人傑，死亦為鬼雄」的李清照的豪邁；「死去原知萬事空，但悲不見九州同」的陸放翁的惜憾；「粉身碎骨渾不怕，要留清白在人間」的于謙的壯烈，均見出儒家「捨生取義」生死觀神髓所在。而每當朝廷內部政治鬥爭酷劣，國勢不起，文人士

大夫才無所展之時，作為心曲譜就的生死主題所屬作品裡，就再
難找到「醉臥沙場君莫笑，古來征戰幾人回」；⑭「苟效用之得
所，雖殺身而何忌！」⑮那種建功立業、報效恩遇而漠視死亡的
豪言壯語，我們常聽到的是古今賢愚共沒、生命短暫、不如及時
享樂的感傷之音。江河日下的中晚唐，積弱積貧的北宋，知識分
子地位陸沉的元代，生死之慮便時時與佛道二教的仙篇謁語相伴
生，借助於宗教的精神超越功能來遣憂釋愁。因為生死之念本質
上是一個人生價值觀的問題。如能知君遇世，自我價值為外界承
認肯定，死得其所，死而無悔無憾；若碌碌平生，懷才不展，這
種浪費生命的痛苦更夾雜著不值得去死卻不得不無聲無息結束生
命的巨大遺憾，而使人痛感缺失，飽受折磨。由生死主題的盛衰
遞變，內在價值流向的更替遷移，可以深切地感受到中國文人社
會地位的昇沉，價值取向的變化，以及文人自我中心意識同嚴酷
的社會現實間激烈的對立衝突。

三、「死生亦大矣，豈不痛哉」⑯

—— 生死主題原型意象略示

生死之念既作為中國文人常常痛感於心，無法回避的人生思
考課題，其訴諸文學藝術的表現就必然帶有緣事而起，進而聯想
主體自身存在意義的「興」的特色。這並不僅僅是借此來喚起接
受主體對作品深義的感悟領會，更重要的是自覺不自覺地用某些
穩態化了的東西觸發人們深層結構中文化積澱與自我意識。作為
中國文學重要主題之一的生死主題，偏愛於借重前代既有的原型
意象、象徵等模式化了的東西，以此抒發難盡意表的生死之痛、

生命意緒。

　　一是牛山之嘆。《晏子春秋·內篇諫上》載，齊景公「遊於牛山，北臨其國城而流涕曰：『若何滂滂去此而死乎！』艾孔、梁丘據皆從而泣……」㊌在對大自然和故國景物進行審美觀照時，主體從對象的永恆與經久聯想到人生運命無常，從宇宙意識的萌蘖中重新審視人生的意義。因而這意緒雖在《韓詩外傳》、《列子》諸書中略有變動，卻常引起後人深會我心的情緒體驗。曹植《感節賦》：「唯人生之忽過，若鑿石之未耀；慕牛山之哀泣，懼平仲之我笑」；阮籍《詠懷》亦有：「人生若塵露，天道邈悠悠，齊景升丘山，涕泗傷交流」；劉宋時何承天《上陵者》言：「指營丘，感牛山，爽鳩既沒齊景嘆……」王僧達《祭顏光祿文》亦謂：「古來共盡，牛山有淚……顧望歔欷，嗚呼哀哉！」直至曠達的唐人也在流變著的原型中詠嘆：「人生鳥過目，胡乃自結束？景公一何愚，牛山淚相續」；㊎「古往今來只如此，牛山何必淚沾衣！」㊏明清人還纏綿於「把菊提壺上古臺，牛山淒泣轉堪哀。」㊐雖則作品的情調、用意各異，死生價值取向有別，但基本的原型印痕猶在。

　　與此相類似的峴山之傷亦處同一原型系統中。《太平御覽》載：「羊祜常與從事鄒潤甫共登峴山，垂泣曰：『自有宇宙便有此山，由來賢達勝士登此遠望如我與卿者多矣，皆湮沒無聞，不可得知，念此使人悲傷。我百年後，魂魄猶當登此山也。』」㊑也是由空間的景物頓悟時間的恆久，由客體存在的綿遠反思自身生年的短促。與牛山之嘆不同的是，雖都面對永恆經久的空間場景，此刻主體又由人事的變遷，古者難存進而形成了與同構異質物我對照並行的同構同質的相似性聯想。古人皆已沒，自身亦難逃。

人在與時、空這兩個最基本的物我關係中，將空間體驗時間化爲
自身生命意識的湧現，用生命意脈能否長久這個時間性的命題來
化解、闡發空間的存在意義。於是無生命的自然空間與有生命的
人之間達到了一種深刻的物我對應關係。外在物的無限性烘托了
人生的有限性；外在人事流逝所表明的有限性又強化了人對無限
不盡的企望，以及這種企望終竟不可得的無窮憂傷。因而《韻語
陽秋》指出：「羊叔子鎭襄陽，嘗與從事鄒湛登峴山，慨然有湮
滅無聞之嘆。峴山亦因是以傳，古今名賢賦詠多矣。」⑫

　　正是這後一種略有差異的原型的存在，豐富並確立了牛山之
嘆原型。猶如當年的羊祜「自顧而悲傷，然獨不知茲山待己而名
著也」⑬一樣，原型演變延伸的歷史性審美效應也是初所未料
的。如果說，唐人的「人事有代謝，往來成古今……羊公碑安
在，讀罷淚沾襟」⑭等是舊地重遊，懷古憶舊的人生感喟，那
麼，像寄慨遙深的《三國演義》卷首詩：「是非成敗轉頭空，青
山依舊在」一類，並未重遊牛山、峴山故地，依然訴此衷款，引
人遐想，足見原型的集體無意識潛在功能。

　　二是傷逝之嗟。面對流逝過去的人、事、物、時間等等，聯
想到人生時促運蹇、主體自身在無法抗衡的宇宙規律規定下的必
然歸宿，從而形成一種物我之間同質同構的對應性解悟。孔子觀
於川流，即有：「逝者如斯夫，不捨晝夜」，對光陰不返的惜憾，
⑮魏晉時這種感慨更不勝枚舉。曹丕有「喪亂以來……乃種諸蔗
於中庭，涉夏歷秋，先盛後衰，悟興廢之無常，慨然詠嘆。」又
感念亡友而「嗟日月之逝邁，俯惆悵以傷情。」⑯《世說新語·言
語》中桓溫攀柳自嘆那種撼動人心的情緒感受，均在於人生的短
暫性因主體對自身存在價值的正視而得到眞正的展示，悲劇感深

化了生死之慮的迫切性，又擴展了其普遍性。舉凡荒城、曠野、殘照、落葉、芳草、流水、哀鴻等等帶有由盛及衰、變遷流動的意象畫面，都極易喚起主題這種對象化感悟聯想，同時作爲此類原型系統的成員而累累出現。

　　三是北邙之痛。此較傷逝之嗟有著更爲具體的空間指向性，較牛山之嘆又有著更爲明確的內在含義。北邙本爲洛陽東北山名。洛陽曾爲周鎬京，漢魏、西晉、北魏等均建都於此，歷代王公貴族紛紛「一旦百歲後，相與還北邙。」⑥其逐以墓地而成爲標誌死亡去處的符號象徵。晉張載《七哀詩》有「北芒何壘壘，高陵有四五……感彼雍門言，淒愴哀往古」；張協《登北芒賦》有：「山川汨其常弓，萬物化而代轉，何天地之難窮，悼人生之危淺……」至沈佺期《邙山》亦淒涼調哀：「北邙山上列墳墓，萬古千秋對洛城。城中旦夕歌鐘起，山上惟聞松柏聲。」生與死是如此的相近，生而終不免於死，生的意義到底何在？不免令人困惑：「長嘆內傷心，富貴亦何爲？」也許，正由於有了死，生才更顯得有意義。然而死，畢竟是生命的終結點，令人傷嗟不止。如李賀《浩歌行》：「賢愚貴賤同歸盡，北邙冢墓高嵯峨……」吳商浩《北邙山》：「賢愚同一盡，感極增悲歔……焉知原上冢，不有當年吾」；於是爲之發終古長恨：「今古北邙山下路，黃塵老盡英雄，人生常恨水長東。」⑥類似的意象、意境結構套語每見於作品，像江淹《恨賦》：「試望平原，蔓草縈骨，拱木斂魂，人生到此，天道寧論？於是僕本恨人，心驚不已……自古皆有死，莫不飲恨而吞聲。」范成大承唐人王梵志詩句，在《重九日行營壽藏之地》中言：「縱有千年鐵門限，終歸一個土饅頭。」直面死亡，人的主體意識得到了全面的展示、激發。

在中國文化中，山的雄偉與尊嚴使之在視覺上就給人以直觀的感受，何況古人又實行土葬，於是很早便將死與山聯繫起來。一個突出例證就是將國君死亡稱爲「山陵崩」。而將各地的山概括爲「五岳」，作爲山岳的代表而統一祭祀，始自秦漢。「人間樂未央，忽然歸東岳」，如果說中國神話系統裡最重要的神山是崑崙，那麼，文學中最重要的則是散佈於華夏民族聚居之地的五岳，而泰山居首，爲其主死生。《史記‧淮南衡山列傳》載：「封禪者，言不死之名」；《後漢書‧烏桓鮮卑傳》：「中國人死者，云魄神歸岱山」；張華《博物志》卷一稱：「泰山，天帝孫也，主召人魂；東方，萬物之始，故知人生命爲長短。」張君房《雲笈七籤》亦言：「東岳泰山領群神五千九百人，主治死生，百鬼之主帥也。」於是生死之詠屢提泰岱。曹植《驅車篇》有：「神哉彼泰山，五岳專其名……魂神所繫屬，逝者感斯征。」謝靈運、李白等也都頗爲下力地吟誦著《泰山吟》，震懾於魂赴泰山，企慕著超越死亡。

弗萊認爲，原型並不僅限於某些具體的意象，舉凡作品中反復出現的主題、象徵及某種較固定的作品結構和類型均算作原型，其作用在於通過它，使得「一種象徵將一首詩和另一首詩聯結起來，因而幫助統一和整合我們的文學經驗。」⑲中國文學生死主題上述三個原型意象系統，也帶有這種「泛原型」的特點。借助於使事用典的稽古習尚，生死原型意象逐漸漸形成了一種爲主體難於察覺的深層結構中的「原型模」。於是中國文人在觀照外界山山水水時，往往不期然而然地頓生感傷之憂，墜入到生死主題原型場中。主題正是借助於此，促動並整合了創作主體對藝術人生感知體認的心理程式與情感脈搏。

四、「有是胸襟以爲基，而後可以爲詩文」

—— 生死之痛的審美價值

生生死死，本是一種見慣不驚的自然過程，但對生死的悲喜之情，又是一種極爲自然的、人所共通的情緒。因而生死旣爲文學主題，又是人生主題，是哲學史、思想史及至文化史上的重要課題。我們從文學、審美上探討之，重視的不在其命題實質與本身的意義，而在於因其存在而產生的對創作主體深在結構的巨大整合作用—— 其引起了中國文人人生敏感點、審美情趣尤其是價值軸心的變化。

死，作爲肉體生命、人世幸福的結束，是令每個人都深感遺憾，心有不甘的。人們恐懼、茫然，又因其同時會擺脫痛苦和苦惱而釋然，因其無法避免而達觀。也正由於生命是一次性的，非有死，不能呈現出人的種種思緒、個性與眞情。死，所留給人生的巨大缺憾是衆生均同的，但不同的人對此內心感受卻千差萬別。在這缺憾的正視、慨嘆、思索的過程中，人類文化才有了更爲豐富深刻的含義。這樣，人生本身才成爲一個時刻力圖超越死亡的戰場，人作爲個體生命的意志力量才有了進一步的覺醒與加強。

黑格爾認爲希臘人最初對死不感到畏懼與恐怖是由於不理解死的基本意義，「但是等到主體性變成精神本身的自覺性因而獲得無限的重要性的時候，死所含的否定就成爲對這種高尙而重要的主體性的否定，因而就變成可怕的了」；「只有當主題認識到自己是精神的具有自我意識的唯一的實在，有理由怕死，把死看作

對自己的否定時，他才意識到上文所說的生的無限價值」。⑦無獨有偶，《老子·四十章》亦謂：「天下萬物生於有，有生於無」。「無」的存在，給予了「有」以重要意義；「死」的威脅之於「生」亦然。迎著撲面而來的死亡，人不能不認眞思考生的價值。因此，人往往是中老年時更珍重人生。如年邁的陶淵明在《雜詩》中痛切地寫道：「昔聞長老言，掩耳每不喜。奈何五十年，忽已親此事。求我盛年歡，一毫無復意。去去轉欲速，此生豈再值？傾家時作樂，竟此歲月駛。有子不留金，何用身後置！」⑦這正如同存在主義美學家海德格爾的看法：只有有了非存在的「無」── 死亡，才令人更珍惜「有」── 存在的價值。

　　溯及生死主題，可以清晰地看出生與死二者辯證關係。《詩經》、《左傳》的祈生懼死，尤其是後者由人的出生之兆推測終生命運結局的神秘主義嘗試，已見生與死某種內在關聯。而先秦諸子理性精神的高揚，一定程度上貶抑了求生懼死本能的主體意識，直到漢末的倫理秩序與觀念被打破重組，人主體意識才在否定之否定中回歸，生死主題才完成文化意義上的歷史圓圈，進入到本質意義上的較高層次，從而在魏晉南北朝之際成爲人們思考與詠嘆的中心。對生、生命個體的重視與對死的關注是呈正比的。

　　死，作爲對生的一種否定，其激發人主體意識的作用是極爲獨特的。死是無法回避的物種必然規律，它從生的對立角度，以否定形式促使人們熱愛生命、熱愛生活、熱愛人世間一切美好的東西。「死亡的可能性中也還有一種更深的意義，有一種冒險拚搏的動力。有些人（也許是大多數人）直到通過某人的死，體驗到友誼、奉獻、忠誠的可貴後，才懂得什麼是深摯的愛」；「不免

一死的意識，不僅豐富了愛，而且建構了愛。」⑫死正是從愛、從生命價值的角度莊重地界定了生命的意義。死的威懾讓人在恐懼憂傷之餘，通過人由此喚發起來的主體意識，轉化爲人對生命、愛情與事業的深摯強烈的慕戀。所以古人曾明確指出：「由致新而言之，則死亦生之大造矣。」⑬人們深知大限有日，便愈加痛切地要讓美好而短暫的人生更有意義。意識到了的非永恆性激發與強化了人對永恆的需要與追求，「美的短暫性會提高美的價值，非永恆性的價值是時間中的珍品。對享受的可能性的限制同樣提高了享受的價值。」⑭因而，及時行樂也好，建功立業也好，或出或處，人們都力圖要在不同的價值選擇中實現自身的主體性。從「不死藥」的神話傳說到「長生草」的仙話故事，其均體現了不同歷史階段中民俗心理的流變。是爲祈賴於原始的巫術醫術來延續生命，對抗死亡。不死藥，最初本是現成的，從某地（仙人所居處）取來服用便是，後來卻要人工煉製；長生草雖自然生長，卻因極難採集而更需要人發揮主體性（智與勇），去從守護神手中冒生命危險去奪取。至於遊仙意識與煉丹活動，則是在虛構的天堂中復活現實世界裡已死去的理想生活，在非科學的實踐中延展人生的歷程，這一切也各從某個側面體現了人的生命意識。

　　顯而易見，正由於死亡——生命的結束帶來的人生價值的重新審視，人在死亡面前無形中也就得到了一種無法替代的審美觀照與創造的特殊心境。生死主題的美學意義正在於此。誠如清人所體會的：「蘭亭之集，時貴名流畢會。使時手爲序，必極力鋪寫，諛美萬端，決無一語稍涉荒涼者。而羲之此序，寥寥數語，托意於仰觀俯察，宇宙萬匯，繫之感慨，而極於生死之痛，則羲

之胸襟又何如也！由是言之，有是胸襟以為基，而後可以為詩文。」⑦

曾幾何時，「金谷之會」與「蘭亭之集」是晉代文人兩次大的聚會。歡會之聚，盡興為旨，而石崇與王羲之這兩位宴集主人卻反悟悲哀，不僅說明此時中國文化以悲為美時尚更為突出，且文人在生死反思的歷史進程上又邁進了一步。《金谷詩序》的核心之旨是：「感性命之不永，懼凋落之無期」。⑯而《蘭亭集序》的獨標一格，也正在於其作者將宇宙意識與生命情愫合一，在眼前盛況中體認到流動著的時間必將帶給人的一切：「固知一死生為虛誕，齊彭殤為妄作」；從而發出「死生亦大矣，豈不痛哉」的浩嘆。《晉書》本傳謂：「或以潘岳、《金谷詩序》方其文，羲之比於石崇，聞而甚喜」；《世說新語·企羨》稱：「王右軍得人以《蘭亭集序》方《金谷詩序》，又以己敵石崇，甚有欣色。」可見生死主題的認同效應及在文人價值體系中的位置。中國文化屬「飲食文化」，而文人又極喜好宴集唱和，飲酒賦詩，賦詩又要標舉高雅，思致深邃；酣樂思悲，痛悟人生無常，好景不可永駐，無窮之恨溢於言表，生死意緒便積澱為一種文化心理。李白《春夜宴從弟桃花園序》便語及「金谷」，慨嘆：「浮生若夢，為歡幾何」；蘇軾《滿江紅·東武南城》亦云：「君不見，蘭亭休禊事，當時座上皆豪逸。到如今，修竹滿山陰，空陳跡。」《金瓶梅詞話》中也引詩曰：「細推古今事堪愁，貴賤同歸土一丘；漢武玉堂人豈在，石家金谷水空流……」⑰足見生的快慰總是伴隨著死的苦澀。

本世紀二十年代，鄭振鐸先生著述《文學大綱》，⑱歷數各國文學發展歷程，配有三色版插圖凡三十三幅，中國的占五幅。

而這五幅中即有仇英所作的「金谷園遊宴圖」和「春夜宴桃李園圖」。可見著者對文人唱和宴飲之重視，亦反映了生死主題之於文學發展的關係及其為今人重視的程度。

　　生生死死之於人是如此的至關緊要，生死主題在中國文學中的流播是如此的廣遠，以致清人曾予以明確的總結：「《唐風》『子有酒食，何不日鼓瑟？宛其死矣，他人入室』，魏武『對酒當歌，人生幾何？譬如朝露，去日苦多』，子恆『人生如寄，多憂何為？今我不樂，日月如馳』，陸機『人壽幾何，逝如朝霜，時無重至，華不再物』，嗣宗『丘墓蔽山岡，萬代同一時，千秋萬歲後，榮名安所之』，十九首『古墓犁為田，松柏摧為薪，白楊多悲風，蕭蕭愁殺人』，子建『驚風飄白日，光景馳西流，生存華屋處，零落歸山丘』，太白『功名富貴若長在，漢水亦應西北流』，子美『臥龍躍馬終黃土，人事音書漫寂寥』，魯直『賢愚千載知誰是，滿眼蓬蒿共一丘』等語，雖是口頭慣熟，然鐘鳴酒醒之餘，每一念過，未嘗不泣數行下也。」⑦⑨

　　生死意緒觸發創作主體的藝術思維，亦常常通過其懷故悼逝，反省自身而實現。魏文帝曹丕就已開文人相聚唱和風習，且中國文化又極重視親朋故舊等人倫關係，因而親人、至友的凋謝作古往往讓人傷憶多年。如：「元瑜長逝，化為異物，每一念至，何時可言……節同時異，物是人非，我勞（憂）如何！」⑧⑩對親友故去的傷痛連同對自身必然作古的確認，泛化為一種對死亡、悼挽本身的價值關懷。如《世說新語·任誕》即載：「張湛好於齋前種松柏。時袁山松出遊，每好令左右作挽歌。時人謂：『張屋下陳屍，袁道上行殯』」。⑧⑪其注引《續晉陽秋》亦稱袁氏喜好《行路難曲》，「每因酒酣，從而歌之。聽者莫不流涕。初，羊曇

善唱樂，桓尹能《挽歌》，及山松以《山路難》繼之，時人謂之三絕。」為什麼出現這種居處不避墓地象徵（植松柏）之忌，且以挽歌暢神悅意的文化現象？單只從「以悲為美」時代氛圍解釋不免簡單化了。這與生死主題原型模式的整體性文化整合功能是分不開的。《論語·學而》即言：「愼終追遠，民德歸厚矣。」《集解》孔安國曰：「愼終者喪盡其哀，追遠者祭盡其敬。」如果對死者不敬，則是人格價值的降低。《世說新語·規箴》謂：「王右軍與王敬仁、許玄度並善。二人亡後，右軍為議論更克。孔岩誠之曰：『明府（右軍）昔與王、許周旋有情，及逝沒之後，無愼終之好，民所不取。』右軍甚愧。」⊗傷逝悼亡的傳統習俗既受華夏之邦價值取向的制約，反過來又影響到生死主題對人的價值、人生存在意義的關注。對自我價值的珍愛，對至愛親朋亡故無可挽回的傷痛，有時還使得人們對死亡的懼怕及其死亡所含的不祥意義淡化了，認識到了這種無可回避的悲哀竟反倒讓人曠達自若，這正是對人本體存在的一種獨特的價值關懷反映。

悼亡之作的繁興與層出不窮，正是緣其與生死之念的交織才不斷地被注入了生命活力。由潘岳的悼亡詩賦、陸機《嘆逝賦》到元稹、蘇軾直至納蘭性德的悼亡之作，都滲入了主體自身的生死之念。像袁枚《祭妹文》：「吾又不知何日死，可以見汝，而死後之有知無知與得見不得見，又卒難明也，然則抱此無涯之憾，天乎，人乎，而竟已乎！」這種由人觀己、由己通人的生死悼亡之念，都基於人潛意識層次的生死文化遺存，常常形成創作上的奇特現象。一如宋人指出：「蘇文忠公詩文少重複者，惟『人生如寄耳』，十數處用，雖和陶詩亦及之，蓋有感於斯言……」⊗生死主題因此而拓展了中國文人生命意緒及感悟深度。

五、「續以《薤露》之歌，座中聞者皆爲掩涕」㉞

—— 生死主題的曲折擴散

在年深日久的超穩態封建社會裡，中國文人的個性主體意識處於君權凌壓、群體整合的文化環境中，求生企望的本能難免受到蔑視和貶抑。而生死主題的情緒力結構帶給人更多的對生命價值的珍重，從而使人們更警醒地關注自身的命運。每到政治黑暗、生計維艱的時代，中國文學生死主題就分外隆盛（如魏晉、元代、明清之際等）。而生死主題透過主體自我意識展示，常常不是單純的呈線性對應式的，而是交織著宗敎情緒多層次地曲折表現的。

任何宗敎首要的問題是要解決人們對死亡的恐懼與求生的恆願，在生死問題的闡釋上取得愚民的信任。包括中國在內的東方神秘主義很大一部分即植根與拓展於生死問題的思索與探秘中。在對生死問題的解釋上，儒家學說是十分蒼白無力的。如明清人所言：「夫王道廢而管、商作、聖學微而釋、老興。釋、老之不廢於天下者，以其稍知性命之端倪而吾儒不能勝也。」㉟「大雄氏知人之怕死也，故以死懼之；老氏知人之貪生也，故以長生引之。」㊱認爲佛敎、道敎擅長於在生死問題上作文章，故而盛傳不敗。今人進一步指出：「佛敎以生死問題爲出發點，儒家根本不重視生死問題，這是儒佛的一個根本區別，也是宗敎與非宗敎的一個根本區別。」㊲不光如此，對生死的態度也是道家與道敎的一個根本區別。道家以生死無差別來消釋其憂，道敎卻以「不老不死爲貴」，進而主張「練形」，㊳用煉丹修身來延年益壽。佛

教認爲死不可免，以有生爲空幻，主張「無生」，⑧超脫輪迴，在恐怖與悲觀中走向死亡（涅槃）。所有這些，都以生死之念爲情感中介，影響到人的文化心態。在生死之嘆中，總要散發著一定的宗教情緒；而一定的宗教情緒又要通過創作主體生死之念來「內化」整合，而後「外化」和「物化」爲特定的文學表達。中國文學中這類表現如恆河沙數，在此謹略以宋代之後的話本、雜劇及小說粗粗勾勒。

一是道教式的。道教是我國土生土長的宗教，極爲重視個體的情感意志，因而其是占主體地位的儒家文化絕好的補充。尤其是唐宋以來，中國的文人士大夫理性意識增強，「對迷狂的宗教情緒、虔誠的偶像崇拜、粗陋的巫儀方術越來越表現出了一種厭惡與鄙夷，卻對於道教中所蘊含的人生哲理與生活情趣，即清淨虛明的心理狀態、健康長壽的生理狀態及怡然自樂的生活狀態越來越發生了濃厚的興趣。」⑩而這種趨向染及下的道教人生哲學表現於文學作品，則是讓理性情感化，插上超越生死的羽翼。據《異聞總錄》敷演的宋話本《碾玉觀音》，女主人公死後仍苦苦追求意中人；元雜劇《倩女離魂》中張倩女鬼魂仍與王文舉終成眷屬；直至公案戲中常見的鬼魂復仇、「仙圓」結局，以及《封神演義》、《聊齋志異》諸小說中的神仙世界，均體現爲用非人工所能的道術魔力來超越生死，在理想的天國神氛中完成對死亡的鬥爭，從而神奇地實現人世間諸多美好善良的願望。當然，這之中許多生死糾葛本質上是悲劇式的，卻給人以寬慰，其契合民族文化心理中不死的追求之念，以藝術怡情冶性的方式調節著文人士大夫的心理、生理與生活狀態。

二是儒教式的。經宋明理學改造後教義化了的儒學，是爲儒

敎。其不主張有來世的天國，與禪宗的要在塵世中成佛相似，要求人因循生死運數，以禮節欲。於是出現了許多文學人物像現實中那樣盡孝盡節而死，這也是理學儒敎文化禁錮下社會的縮影。如《說岳全傳》中的岳飛雖死而不違君命；《儒林外史》中王玉輝女兒自殺殉夫—— 不單爲盡節，亦爲盡孝來從父命。杜十娘的投江，尤三姐的自刎本質上還是儒學的「捨生取義」。其壯烈義舉誠然是對封建文化帶來的偏見的控訴，但作爲個體生命本身卻無可挽回地毀滅了。儒敎與禪宗生死觀匯合，顯示了華夏本土生死之念的頑強，又突出表現在人物於有限生年之內的善惡因果報應上。(即「現世報」) 如「西門慶但知爭名奪利，縱意奢淫，殊不知天道惡盈，鬼錄來追，死限臨頭。」㉑而行善積德者，往往是得享天年，兒女成群。不單個體能夠得其善終，福胤亦延及種族後代。濃重的敎喻旨歸及其「合理性」，是這類生死主題餘波的突出特點。

三是佛敎式的。佛旨重生死輪回，倡導人從旋轉的「生死輪」中解脫而至「涅槃」。如《西遊記》中唐僧等人物均前世轉脫，果報相因。又《紅樓夢》「色空夢幻」、「運數難逃」，寶黛二人亦神瑛侍者，絳珠仙草，命緣前定。第一回中的《好了歌》即唱到：「古今將相在何方，荒冢一堆草沒了」，以人生無常，萬境皆空預示四大家族必然敗亡。《金瓶梅》、《醒世姻緣傳》、《長生殿》、《桃花扇》等作品的「色空」、「果報」等等亦然。此類生死之述給人的幻滅、悲劇感，與明清感傷主義時代風潮相應。而三敎合流的生死情緒常常使作品的情節更爲豐富複雜。如《西遊記》如來佛的佛敎系統、玉皇大帝與太上老君的道敎系統均以生死超越爲基，而孫悟空造反原因之一就是要衝破生死之限，這限

制正是傳統儒家、儒教所遵從順奉的。

「死與永生，那就是不死的欲求，像現在一樣，永遠都是人類預言底最動聽聞的題目。」㉜有如早自《詩經》起就通過生死主題將祭祀頌詩同宗教聯姻一樣，《小雅》中的《斯干》、《無羊》即以預見出生性別、家族繁衍的夢境鋪展了中國文學潛意識表露的歷時性線索。㉝先秦文學中夢境描寫最多、成就最高的《左傳》，多以夢兆展示人物的生死吉凶預言。其中，《成公十年》晉景公夢趙氏先祖（大厲）鬼魂復仇，《成公十六年》呂錡戰前夢射月而己退入於坑，分別為病態的夢與象徵的夢；《昭公四年》叔孫豹夢牛相之人助己與《僖公二十八年》晉文公夢楚子搏己等，則分別為願望的夢與焦慮的夢。此後經《莊子》及歷代史書、野史筆記將夢作為潛藏某種決定力量的自然力而人格化、神秘化，使之帶有某些功利性，其亦大多以預測死生大事為內容及其旨歸。《史記》發展了《左傳》、《國語》等書中王者出生的夢兆描寫，將漢高祖等出生之兆寫得活靈活現。出生方式與命運關係如此之大，自此諸史書對王侯將相、賢人聖手出生夢兆屢載不厭。《史記·趙世家》等篇又將人物死亡之兆渲染得夢象叢生，屢應不爽，直到《晏子春秋》、六朝志怪小說到唐傳奇、宋話本。佛經的傳入更添加了敘事文學中夢的濃氛。《西遊記》中唐太公入冥，《紅樓夢》裡以夢示命運結局等等，都將生死情緒作中介，展示了作品錯綜複雜的情節與作者深邃綿密的情感哲思。

阿恩海姆指出：「西方人做夢的時候，往往會保留著兒童和原始部族的人所具有的那種從外在世界的表象之中發現象徵性意義的能力和創造視覺概念的能力。這一事實理所當然地使藝術家們對夢發生興趣。原始理性永遠把注意力集中於基本的生死問

題，這個問題仍然是藝術創造的基礎。」⑨中國文學基於民族文化的早熟特質，受樸素的原始理性左右是歷時彌久的。生生死死給予人的大徹大悟，穿透了主體意識表層，不斷進入深層結構。這種創作主體特殊的精神現象，有力地促使文學向人的無意識底蘊開拓，以現實存在的「莫須有」，來表現精神主體強烈心理欲求下主觀世界的真實。中國文學對夢驗的尊崇，還遷移泛化到人們對「信史」的態度上，夢驗描寫在史書上「正反饋」式的循環，圍繞著生死之謎的夢兆被愈加豐富化精緻化，與宗教意識交織匯同，染濃了中國文化的神秘朦朧色彩。中國文學由此更為不願停留在具體個別可感的眼前事物上，老是力圖表現、覓求「境外之境」、「言外之旨」，在超越死亡與生命的潛意識趨動之下，盡情發揮藝術創作、欣賞過程中想像、聯想的不確定性和自由度，從而給中國文學增加了許多較為顯著的民族特色。

註　釋

①《九章·懷沙》，洪興祖：《楚辭補注》，中華書局1983年版，第146頁。

②黑格爾：《美學》第 2 卷，商務印書館1979年版，第24頁。

③如《山海經》中《海外南經》的「不死民」；《海內經》的「不死之山」；《大荒南經》的「不死之國」；《海內西經》的「不死樹」；《淮南子墜》《墜形訓》的「不死之草」；《史記·封禪書》和《淮南子·覽冥訓》等的「不死之藥」；《博物志》亦有：「員丘山上有不死樹，食之乃壽，有赤泉，飲之不老」；屈原《天問》：「黑水玄趾，三危安在？延年不死，壽何所止」；等等。

④⑤⑥⑦見《詩經》的《楚茨》，《信南山》，《南山有台》，《甫田》。

⑧⑨《小雅》：《瞻彼洛矣》，《蓼蕭》。

⑩《周頌·雝》。

⑪見《漢書·地理志》。

⑫《論語·先進》，楊伯峻：《論語譯注》，中華書局1980年版，第113頁。

⑬《孟子·告子上》，楊伯峻：《孟子譯注》，中華書局1981年版，第265頁。

⑭⑮⑯⑰《秋水》，《至樂》，《田子方》，《齊物論》，陳鼓應：《莊子今注今譯》，中華書局1983年版，第416頁，第446頁，第553頁，第539頁，第81頁。

⑱《知北遊》，《莊子今注今譯》，第570頁。

⑲同⑱。

⑳參見拙文：《＜左傳＞預見藝術的審美效應》，《青海師範大學學報》1987年第2期。

㉑李澤厚《古典文學札記一則》，《文學評論》1986年第4期。

㉒㉓㉔《禮論》、《不苟》，《強國》，章詩同：《荀子簡注》，上海人民出版社1974年版，第209頁，第18頁，第169頁。

㉕《呂氏春秋·孝行覽》謂：「臨難，死君父之難，視死如歸，義重身輕也。」其《知分篇》、《淮南子·泰族訓》等也有類似語。

㉖《史記·屈原賈生列傳》。

㉗《漢書·揚雄傳》。

㉘《抱朴子·至理》，王明：《抱朴子內篇校釋》，中華書局1985年版，第110頁。

㉙「玄」的原義是「幽遠」，參見《說文解字》。

㉚《漢書·武五子傳》。

㉛《後漢書·馮衍傳》。

㉜《後漢書·周舉傳》。

㉝《大牆上蒿行》，《先秦漢魏晉南北朝詩》，第396頁。

㉞㉟㊱㊲《贈白馬王彪》，《浮萍篇》，《髑髏說》，《箜篌引》，《曹植集校注》，人民文學出版社1984年版，第298頁，第311頁，第525頁，第460頁。

㊳《顏氏家訓·文章》，《見秀才公穆入軍贈詩十九首》，《郭遐叔贈四首》，《嵇康集校注》，人民文學出版社1962年版，第9頁，第60頁。

㊴同①。

㊵王利器：《顏氏家訓集解》，上海古籍出版社1980年版，第264頁。

㊶㊷《嘆逝賦》、《感丘賦》，《陸機集》，中華書局1982年版，第24頁，第28頁。

㊸《登石門最高頂》，《先秦漢魏晉南北朝詩》，第1166頁。

㊹《山居賦自注》，《全宋文》，第2608頁。

㊺㊻《擬挽歌辭三首》，《形影神三首》，《陶淵明集》，中華書局1979年版，第141頁，第37頁。

㊼《雜詩》，《乙酉歲九月九日》，《陶淵明集》，第116頁，第83頁。

㊽同㊼。

㊾《魯迅全集》第3卷，人民文學出版社1981年版，第516頁。

㊿《搜神記》載：《南斗注生，北斗注死，凡人受胎，皆從南斗過北斗。所有祈求，皆向北斗。」見汪紹楹校注：《搜神記》，中華書局1979年版，第34頁。又《集說詮眞》引《冊府元龜》：「壽星，角亢也。既爲列宿之長，復有壽星之名。秦時已有壽星祠，亦云舊矣。宜令所司特置壽星壇，宜祭老人星。」參見宗力、劉群輯：《中國民間諸神》，河北人民出版社1986年版，第123—125頁。

51王勃：《滕王閣序》，《全唐文》，第1846頁。

52李白：《古風》第十一，《李太白全集》，第102頁。

53王維：《秋夜獨坐》，《全唐詩》，第294頁。

(54)王翰：《涼州詞》，《全唐詩》，第366頁。

(55)張九齡：《白羽扇賦》，《全唐文》，第2869頁。

(56)王羲之：《三月三日蘭亭詩序》，《全晉文》，第1609頁。

(57)吳則虞：《晏子春秋集釋》，中華書局1982年版，第63頁。參見《列子集釋》，中華書局1979年版，第202頁；《韓詩外傳集釋》，中華書局1980年版，第350頁。

(58)李白：《古風》第二十三，《李太白全集》，第118頁。

(59)杜牧：《九日齊安登高》，《全唐詩》，第1323頁。

(60)范異羽：《九日同賀靜補臧日樬祝千秋登雨花臺》，陳濟生編：《天啓崇禎兩朝遺詩》卷四，中華書局1958年版，第335頁。

(61)《太平御覽》卷四十三引《十道志》，又參見《晉書·羊祜傳》。

(62)葛立方：《韻語陽秋》卷五，《歷代詩話》，第523頁。

(63)歐陽修：《峴山亭記》，《歐陽修文選》，人民文學出版社1982年版，第319頁。

(64)孟浩然：《與諸子登峴山》，《全唐詩》，第375頁。

(65)參見惜時主題。

(66)《感物賦》、《柳賦》，《全三國文》，第1073頁，第1075頁。

(67)陶淵明《擬古》之四，《先秦漢魏晉南北朝詩》，第1004頁。又戴延之《西征記》云：「西岸東垣，亘阜相屬，伊尹、蘇秦、張儀、扁鵲、田横、劉寬、楊修、孔融、吳後主、蜀後主、張華、嵇康、石崇、何晏、陸陲、阮籍、羊祜皆有冢在此山。」參見王琦注：《李太白全集》，第1083頁。

(68)元好問：《臨江仙》，《全金元詞》，中華書局1979年版，第89頁。

(69)N·弗萊：《批評的解剖》，普林斯頓大學出版社1971年版，第99頁。

(70)《美學》第2卷，商務印書館1979年版，第280—281頁。

⑦「長老」一語，又見陸機《嘆逝賦序》：「昔每聞長老追計平生同時親故，或凋落已盡，或僅有存者……以是思哀。」見《陸機集》，第24頁。

⑦〔美〕羅洛·梅：《愛與意志》，國際文化出版公司1987年版，第104頁，第105頁。

⑦王夫之：《周易外傳》卷二，中華書局1977年版，第63頁。

⑦弗洛伊德：《論非永恆性》，《美學譯文》(3)，中國社會科學出版社1984年版，第325頁。

⑦葉燮：《原詩》內篇卷一，《清詩話》，上海古籍出版社1978年版，第572—573頁。

⑦《全晉文》，第1651頁。

⑦《金瓶梅詞話》，第四十三回，人民文學出版社1985年版，所引詩句為晚唐詩人薛逢的《悼古》。

⑦上海書店1986年版。

⑦葉矯然：《龍性堂詩話》，《清詩話續編》，上海古籍出版社1983年版，第962頁。

⑧曹丕：《與吳質書》，《全三國文》，第1089頁。

⑧《世說新語箋疏》，第758頁。

⑧《世說新語箋疏》，第569—570頁。

⑧周必大：《二老堂詩話》，《歷代詩話》，第661頁。

⑧《後漢書·周舉傳》。

⑧程廷祚：《寄家魚門書》，《青溪文集》卷十，北京大學據道光丁酉本影印，1936年版。

⑧李贄：《答耿司寇》，《焚書》卷一，中華書局1975年版，第33頁。

⑧張岱年：《論宋明理學的基本性質》，《哲學研究》1981年第9期。

⑧《抱朴子》：《至理》，《辯問》，《抱朴子內篇校釋》，第110頁，第224頁。

(89)宗炳:《答何衡陽書》,《全宋文》,第2543頁。

(90)葛兆光:《道教與中國文化》,上海人民出版社1987年版,第306頁。

(91)《金瓶梅詞話》第七十八回。

(92)馬林諾夫斯基:《巫術科學宗教與神話》,中國民間文藝出版社1986年版,第29—30頁。

(93)參見拙文:《先秦文學中的夢境描寫及其歷史地位初探》,《內蒙古師範大學學報》1987年第2期。

(94)《論藝術心理學》,加利福尼亞大學出版社1966年版,第288頁。

後　記

　　本書的基本構想是在我1986年下半年進入中國社科院文學所第2期高級進修班學習之初。此後在京的這一年,正是我國文藝研究界觀念更新、視野開拓且動盪變革的複雜而特殊的歷史時期。學員們來自全國各地,在以文學所內學者爲主的老師們引導下,互相切磋、爭辯,時而興奮,時而憂慮,時而又感慨和慶幸。在京西萬壽寺中國現代文學館的住所裡,洋溢著今猶難忘的熱烈氣氛。此前,我雖開始對一些主題有所注意,也寫出發表了幾個,基本上還是在舊的思維框架中進行的。這時才眼界大開。也好在當時國內學術書籍出版值高峰期,而所裡老師們又以自我犧牲精神傾注很多時間來幫助我們。1987年春在杭州召開的首次古典文學宏觀研討會上,我又有幸親身感染到了學術界的新氣息、新動向,受到與會專家、學者們發言的啓發,明確了一些問題的認識。

　　由中國古代文學中提取的這十大主題,本書作者偏愛不一,把握的程度也不一樣。雖都說不上成熟,但有的成熟程度可能更差些。歷史的闡釋者自然擺脫不了歷史的局限,就讓這本習著作爲今後學習的鞭策吧。

　　有的同志誠懇地建議筆者進行全面的中西、中外對比,這的確是條好路子。但這種比較的基礎有待充實,不管是個人素質還是研究實況,就留給更有能力的同行去做吧。在知識素養準備不足

的情況下,爲不至大言欺世,毋寧搞點本國文學遺產研究的基本建設。我想,每個人都是在規定性的有限中存在,還是就力所能及與時代文化進程允許的來努力爲之吧。

一方面限於學力、篇幅與定稿時手頭資料,另方面爲避免不符題旨地滯留在一些具體、個別的問題上,本書一般未涉作者及其作品年代上的爭論。因爲許多類似問題,就整個文學史,文人心態與文化進程上看無關宏旨。不少僞作早爲古人信而不疑,是在「眞實」作者及其背景下被接受認同的,我們不去細究或許更尊重歷史事實。當然這並不妨礙我們從另外一個論題下對某具體問題進行事實性的而非價值判斷上的科學探討。

時下有的作者以不引原文自高,這在理論性較強的學科,有時大概是可行的;而對古典文學研究似欠妥,因爲至少讀者要有些憑依,找出紛繁史料中論旨的對應點。爲了表示對前哲今賢的尊重,以示不敢掠美,本書不光對原始材料,還對摘引書刊的出處作了較確切的標明,同時爲讀者省卻翻檢之勞。古人提倡言他人所未言,這在知識爆炸,信息傳播迅速的今天是很難完全做到的;但盡量避免複述人言,能言他人所未盡言,且避開那些一般性意義上的作家生平、作品繫年、時代概況等常識性的東西,也是本書作者的一個願望。有時爲論述、行文之便所不得不涉及處,也盡量簡化從事。

課題太大,探討中所用的武器也太雜,本書無疑是在以杯衡海。儘管在全面反省傳統文化、解剖中國古代文人情感心態時,抽樣分析也屬必要,但仍免不了時時冒著以偏概全之險。事物總是在探索中不斷認識的,鋪路之磚、野芹之獻,謹請前輩學者與同行們批評敎正。

寫作過程中,多得力於錦州師院、內蒙古師大、煙臺師院和社

科院文學所的資料室、圖書館, 並得到了《社會科學輯刊》、《內蒙古大學學報》、《中州學刊》、《雲南社會科學》、《文學評論》、《學術論壇》、《新疆師大學報》、《內蒙古社會科學》、《文學遺產》等刊物編輯同志的鼓勵扶植, 令人感動。書稿曾爲煙臺師院中文系84級、86級學生開設了「中國文學史宏觀研究」的選修課, 反響熱烈。

　　不應忘記的, 有這幾位老師曾較直接地給予本書以指導, 他們是:李致欽、溫廣義、徐公恃、董乃斌、陸永品、欒勛、曹道衡、宋蕭平、孫元璋、易朝志。在我學習的起步時所得到的幫助是十分可貴的。董乃斌先生熱情作序, 遼寧敎育出版社王之江同志爲本書出版付出了辛勤的勞動, 多有潤色之處, 也在此表示衷心的感謝!

　　有些章節摘要在刊物上發表過的, 謹以本書爲準。

　　　　　　作者　1988 年 6 月於煙臺師院中文系